学前教师教育案例评析教程系列

丛书主编 杨 彦

幼儿园班级管理实务与案例评析教程

主 编 唐碧云 伍友艳 杨 彦

副主编 黄 玲 黄媛莲 黄剑琴 邵小燕 韦积华

新形态 一体化教材

WUHAN UNIVERSITY PRESS
武汉大学出版社

图书在版编目(CIP)数据

幼儿园班级管理实务与案例评析教程/唐碧云,伍友艳,杨彦主编.—武汉:武汉大学出版社,2023.6
学前教师教育案例评析教程系列/杨彦主编
ISBN 978-7-307-23748-3

Ⅰ.幼…　Ⅱ.①唐…　②伍…　③杨…　Ⅲ.幼儿园—班级—学校管理—幼儿师范学校—教材　Ⅳ.G617

中国国家版本馆 CIP 数据核字(2023)第 080336 号

责任编辑:郭　静　　　责任校对:汪欣怡　　　版式设计:韩闻锦

出版发行:**武汉大学出版社**　(430072　武昌　珞珈山)
(电子邮箱:cbs22@whu.edu.cn 网址:www.wdp.com.cn)
印刷:湖北金海印务有限公司
开本:787×1092　1/16　印张:18　字数:368 千字　插页:1
版次:2023 年 6 月第 1 版　　2023 年 6 月第 1 次印刷
ISBN 978-7-307-23748-3　　定价:47.00 元

学前教师教育案例评析教程系列

丛书主编　杨　彦

丛书编委会

丛书顾问

文　萍　广西幼儿师范高等专科学校

王　屹　南宁师范大学

李艳荣　广西幼儿师范高等专科学校

张家琼　重庆第二师范学院

熊　伟　陕西学前师范学院

丛书主编

杨　彦　广西幼儿师范高等专科学校

丛书编委（以下按姓氏笔画排序）

丁桂苏　桂林师范高等专科学校

韦国善　崇左幼儿师范高等专科学校

田茂群　钦州幼儿师范高等专科学校

刘洪波　柳州城市职业学院

刘晓军　广西幼儿师范高等专科学校

李钰燕　广西教育研究院

李淑贤　广西幼儿师范高等专科学校实验幼儿园

杨廷树　铜仁幼儿师范高等专科学校

杨　彦　广西幼儿师范高等专科学校

杨晓云　南宁市直属机关保育院

吴宣毅　广西凌云县中等职业技术学校

佘雅斌　广西幼儿师范高等专科学校

陈金菊　广西幼儿师范高等专科学校

陈泽铭　中国儿童教育发展中心

陈　娟　广西演艺职业学院

林　丽　广西直属机关第一幼儿园

金晓梅　湖北幼儿师范高等专科学校

胡　明　广西直属机关第三幼儿园

贵尚明　广西博童教育发展有限公司

夏　蔚　川南幼儿师范高等专科学校

徐卫梅　广西实验幼儿园

徐晓燕　川北幼儿师范高等专科学校

唐翊宣　广西幼儿师范高等专科学校

蒙志勇　广西幼儿师范高等专科学校

雷一萍　广西二轻技师学院

熊秀峰　北海艺术设计学院

"骑马者应从马背上学"

　　"骑马者应从马背上学"是我国著名幼儿教育家张雪门先生关于幼稚师范教育要加强见习和实习、注重实践和实例，促进学生通过课堂听讲、实际体悟从而内化所学、善于应用，以培养合格而优秀的幼教师资的重要指导思想。张雪门先生创办的北平幼稚师范学校，在管理上特点突出：学生上午在校听课、下午到园实习，把一系列实践活动贯穿于三年学习之中，认为只有亲自参与到真实的幼教情景当中去观察、去尝试，才能获得有效的经验并且提升能力。"离开了马背，尽管念一辈子的骑马书，如果跨上马去，还是会从马背上翻下来。"张雪门先生用朴素至理的箴言，生动形象地诠释了幼教师资培育之"实"与"适"，至今仍具有重要的时代意义。

　　新时代的"骑马者"——幼儿园教师，无论职前培养还是在职培训，都更需夯实"马背"——实践教学体系，包括优秀案例及指导教程等专门的支撑。基于实践取向研发系列课程资源，强化实训实作实习，优化幼儿园教师培养培训，是国策精神、教育使命、社会期盼。

　　自 2012 年以来，《3—6 岁儿童学习与发展指南》《幼儿园教师专业标准（试行）》《教师教育课程标准（试行）》《中共中央国务院关于学前教育深化改革规范发展的若干意见》等相继出台，关于幼儿健康成长、幼教提质增益及其重中之重是打造专业化幼师队伍等研究日益深入。2018 年《中共中央国务院关于全面深化新时代教师队伍建设改革的意见》这一里程碑式的文件提出"大力振兴教师教育，不断提升教师专业素质能力""全面提高幼儿园教师质量，建设一支高素质善保教的教师队伍""强化实践性课程"等重要指示，为我们积极应答新时代学前教育高质量发展和幼教师资高水平建设明确了方向和要求。

　　"纸上得来终觉浅，绝知此事要躬行。"长期以来，尤其是在见习实习过程中与学生们和幼儿园园长、老师们大量接触和深入交流，感受到大家有很多好点子、好做法、好经验值得分享，如不注重收集整理则难免遗憾，若将其梳理集萃，得以"珠海拾贝"，传扬"典型正能"，创获"实践智慧"，对推进人才培养、丰富理论内涵和指导幼教实务将带来诸多利好。于是，经过集思广益和不懈努力，"学前教师教育案例评析教程系列"结集出版。丛书立足实践，以其理性的思考、独到的构想，将感性体悟、学理逻辑有机融入案例铺陈、图文并茂、资讯扩展和品评点拨之中，力求能够更好地诠释"实"与"适"。

实——衔华佩实。对于丛书和各册的体例架构，怎样才能基于实实在在的一线经验且不简单堆砌、不流于形式，我们几经思索、终得破解。遵循实践教学规律，以学习者视角，对教育随笔、教育故事、教育案例等材料进行有机重构，突出导引性、递进性、可借鉴性和可操作性。通过情境导入、单元聚焦来引领了解各单元要义，各单元之下设置若干课，将学习目标、学习准备、学习领航、学习支持、案例与评析以及拓展检测等板块组成各课的主体内容，并辅以扫码查阅资源链接、扩展认知和项目练习等内容，把各册编写成一本本扎实、平实、充实的案例式指导教程。凸显以案促学，以例明理，以评启智，以实践出真知。

适——以适为新。考虑到丛书和各册的实际应用，为了使文本活现起来，跃然纸上而不是停滞于书中，我们力求增强教材的普适性、自适性。丛书各册所涉及课程均为《幼儿园教师专业标准（试行）》《学前教育专业认证标准（暂行）》指向的专业课程，且大多为各院校学前教育专业人才培养方案的核心课程，涵盖环境创设与利用、游戏活动支持与引导、幼儿行为观察与分析、保教活动与班级管理、沟通与合作、反思与发展等专业能力，是全体幼师必备的"专业基本功"，对标明确，普适性强。同时丛书编写注重提升阅读友好，不仅甄选优秀案例，而且精选照片、图表、声像资料等，配合发散式问答、建设性提示等，支撑各级各类幼师"一专多能"。教材以新样态、多元化呈现，可读易懂，自适性强。凸显人与书的界面交互，学与做的应用交互，支持探寻适切的个性化学习兴趣并鼓励迈向自我创新之路。

编写此套丛书是为丰富学前教师教育课程资源、加强推进实践教学、促进幼师人才培育质量，为众多院校的幼师生和广大的幼教人员提供专业成长的"样例"和"支架"。为达初心，我们勤力深耕，精益求精。自 2019 年开始动议、构思、组队、编撰并不断完善，直至丛书问世，我们克服了诸多困难！尽管 2020 年突如其来的疫情迫使编写工作按下了暂停键，丛书出版计划也受到影响，但是我们坚持笔耕不辍，终在花果繁茂之季得尝墨色书香。回顾此间历经的三年，一支热爱教育事业、理论基础扎实、实践经验丰富的编写团队如同一个大家庭，彼此勉励，共克时艰，不辞辛劳，令人感佩！以广西幼师（前身是 1938 年张雪门先生创办的北平香山慈幼院桂林分院广西幼稚师范学校）学前教育专业教师为主组成的高校团队，与广西、四川、云南等各示范幼儿园的园长们、老师们和各界热心人士积极联动、携手共进，武汉大学出版社的热忱邀约和鼎力支持也给予源源动能，所有参编人员的专业和敬业融汇于字里行间，在此一并衷心感谢！

"生活兮教育，生活兮教育，我们生命唯一之伴侣。为汝勤力，不分旦夕，为汝驰驱，不顾险夷。人生意义在利他，他利己亦利，生活兮教育。"

"淳朴兮孩子，淳朴兮孩子，未来世界好坏之主体。浑然心地，不知害利，乐哉游戏，不计非是。社会价值在没我，没我以利人，先利小孩子。"

八十多年来，北平香山慈幼院校歌仍萦绕耳畔荡涤人心，纯美而清晰地传递了张雪门先生的教育理念。从北平到桂林，从过去到现在，无论时空如何转换，坚守"先利小孩子"初心不改；无论"骑马者"如何更迭，坚持"从马背上学"笃行不怠。期待能将我们对学前教育的美好追求传递和共勉，也望不吝赐教以改进不足之处。脚踏实地、志存高远，将"骑马者""扶上马"并"送一程"，这是历史重托和时代使命，我们将继续深研精进，为新时代幼教师资培育贡献"广幼智慧"。

杨彦

2022 年 1 月于绿城南宁

前　言

幼儿园教师既是教育者又是管理者，不仅要掌握扎实的专业知识，还必须具备幼儿园班级管理的能力。《幼儿园教师专业标准(试行)》作为幼儿园教师队伍建设的基本依据，对幼儿园教师提出的专业能力要求包括：环境的创设与利用、一日生活的组织与保育、游戏活动的支持与引导、教育活动的计划与实施、激励与评价、沟通与合作、反思与发展七个方面。幼儿园班级管理工作是系统的教育实践，由于教育对象的特殊性、班级的复杂多变性，需要幼儿教师综合运用这些能力才能将班级工作井然有序、细致高效地完成，并形成班级管理的特色。

随着《幼儿园教师专业标准(试行)》《教师教育课程标准(试行)》的颁布，以及学前教育师范专业认证工作等相关要求，"幼儿园班级管理"课程越来越受到重视，逐渐成为师范院校学前教育专业的核心课程。本书立足"课岗融合，做学合一"，通过五个模块共十九个任务呈现幼儿园班级管理的主要内容，从一日常规管理、安全卫生管理、人际关系管理、班级事务管理和专项活动管理等方面，帮助学习者掌握幼儿园班级管理所需要的知识、能力和素质。

本书编写的主要特点在于：

1. 理实一体，课岗融合。本书聚焦幼儿教师班级管理的核心岗位能力，以幼儿园班级管理工作岗位和任务要求为导向，结合大量的幼儿园真实案例，帮助学习者全面提升班级管理的能力和水平。

2. 学做合一，内化迁移。本书在每一模块的编写体例上，均设有"情境导入""学习目标""学习准备""资源链接""案例描述/评析""拓展检测"等部分，使学习者带着问题学习，结合案例反思，再通过不断演练与实践，内化迁移班级管理的能力。

3. 技术加持，满足需求。本书为新形态立体化教材，大量的数字化教学资源与信息技术结合，配有二维码供学习者使用，不仅可以满足学习者自主学习的需要，也能满足教师混合式教学改革的需要。

本书是"幼儿园班级管理"教学团队的集体研究成果之一，也是伍友艳主持的校级课题"2021 年教材建设立项项目"幼儿园班级管理"和区级课题"广西农村幼儿园班级管理的现状调查与研究"(项目编号：2022KY0948)、"基于成果导向的高职'幼儿园班级管理'课程改革与实践"(项目编号：GXGZJG2022B130)的研究成果。本书适合学前教育专业学生和幼儿园新手教师学习使用，也适合幼儿园教师培训使用。

本书由唐碧云、伍友艳、杨彦担任主编，组织团队分工协作。编写团队具体分工如下：唐碧云、伍友艳、杨彦对全书进行整体设计、框架构建、体例编排、写作示例。其中，唐碧云、伍友艳、蒙姣妮、刘萍萍、黄剑琴、陈娟负责模块一；姚春柳、冼心媛、白秋珍、陈莉芸负责模块二；梁梦琳、陆丽冕、王鸿、邵小燕负责模块三；韦积华、黄媛莲、阳莉、刘雪负责模块四；李盛、黄玲、张立华负责模块五；唐碧云、伍友艳负责全书图文资料的梳理归整及审校定稿。

本书在编写过程中得到了多所幼儿园的大力支持，在此特别感谢广西幼儿师范高等专科学校实验幼儿园、广西医科大学幼儿园、广西民族大学幼儿园、中共广西壮族自治区委员会机关保育院、百色市幼儿园等园的园长和老师们为本书提供的生动案例、图片和视频。因篇幅有限，有些优秀案例尚未收入本书，敬请谅解。书中还存在不足之处，敬请指正。

编　者

2022 年 9 月

目　　录

模块一：

一日常规管理与案例评析

一 日 作 息

【情境导入】

张帆从学校毕业后，在某幼儿园中班当带班老师。她所在的幼儿园为了便于管理，精细规划了幼儿一日作息，并形成了一张清晰的幼儿一日作息安排表。这张精细的安排表给了张帆很大的便利，她每天看看安排表就能知道什么时间应该安排幼儿做什么事情、开展什么活动。但是，在张帆带班的某一天，准备开展户外体育活动的时候碰上了下雨，张帆被突然的下雨打乱了带班计划，她一时之间不知道该如何安排幼儿的活动，只能去询问带班经验丰富的班主任黄老师。黄老师建议她可以在教室先开展体育游戏、做早操，等雨停后再到操场上开展户外活动。

那么，如何才能合理安排一日作息时间，促进幼儿全面发展呢？

【学习概要】

合理规划幼儿在园的一日作息，能够帮助幼儿养成良好的行为习惯，提高教师的工作效率，使幼儿园一日活动得以顺利开展。一日作息的安排，需要遵循稳定性、灵活性、平衡性原则，并顺应幼儿身心发展规律。

【学习准备】

1. 文件

《幼儿园工作规程》《幼儿园教育指导纲要（试行）》《3—6岁儿童学习与发展指南》《托儿所幼儿园卫生保健工作规范》

2. 书籍

左志宏．幼儿园班级管理[M]．上海：华东师范大学出版社，2015．

【学习目标】

知识目标	了解幼儿一日作息的内容
能力目标	掌握幼儿一日作息制定的要求和原则
素质目标	树立正确的儿童观，提升科学安排幼儿一日作息的能力

🎓【学习内容与实施】

一、合理安排幼儿园一日作息的必要性

幼儿一日作息安排是根据幼儿身心发展规律以及幼儿园活动计划，合理规划幼儿的在园时间。幼儿园科学合理地安排一日作息时间，直接影响幼儿园课程实施的质量，关系到幼儿在园一日生活的品质以及幼儿良好秩序感和安全感的形成，关系到教师的工作效率和幼儿的身心健康。

二、一日作息安排应遵循的原则

幼儿一日作息应遵循教育的基本规律，充分考虑幼儿的年龄特点，所以一日作息的安排需要遵循基本的原则。

（一）稳定性原则

园所的日常教育工作需要通过一日作息安排将其固定下来形成制度，让园所常规教育工作得以顺利进行。一日作息制度不只是对日常教育工作内容进行时间上的简单安排，而是基于儿童的发展需求、教育内容以及教育方法对幼儿在园生活与活动进行全面的安排。一个合理的一日生活作息制度及其实施，能够保证幼儿受到系统的、全面的教育。《幼儿园教育指导纲要（试行）》认为，幼儿园应科学、合理地安排幼儿一日生活的各个环节，应根据幼儿的生理和心理的特点，科学规划幼儿的一日活动，同时也对户外活动、午餐、午睡的时长有明确的规定。根据相关的教育法规以及幼儿身心发展规律来制定幼儿一日作息制度，有助于幼儿养成良好的生活习惯，增强幼儿的秩序感和自控能力。

（二）平衡性原则

一日生活作息制度的合理性及其管理的有效性，取决于各类活动交替安排的合理性。《托儿所幼儿园卫生保健工作规范》指出："幼儿园要合理安排儿童作息时间和睡眠、进餐、大小便活动、游戏等各个生活环节的时间、顺序和次数。"同时应充分考虑不同形式的活动交替进行，注意动态活动与静态活动交替、集体活动与小组活动交替、户外活动与室内活动交替。因此，幼儿园在制订一日活动时间安排表时，要注意平衡各种类型的活动，以促进幼儿全面发展。

（三）灵活性原则

幼儿园在规划幼儿一日活动时，不仅要遵循稳定性原则，还要根据幼儿的能力水平、气温变化、环境改变等进行灵活调整。例如，春秋季天气比较凉爽，教师需要带领孩子在宽敞、有阳光的地方进行充足的户外运动，保证户外活动的时长；在夏季高温时，教师可以将运动场地进行一定的调整，安排在有树荫的地方，既能保证孩子的活动时间，又能保证孩子能够吸收到阳光；当出现暴雨、低温等极端天气，不适合进行户外活动的时候，教师可以与幼儿进行交流，将户外的运动调整为室内运动，可利用不同的体育器械以及教室的桌椅板凳进行丰富的室内体育游戏。为了遵循这一原则，幼儿园应给予教师更多选择的自由和空间，增强教师的主观能动性，助推幼儿全面发展。

三、安排一日活动的方法

（一）一日作息模块化

一日作息模块化是将幼儿园日常一些比较零碎的活动统整在一起，比如户外活动，包括早操、体育教学活动、户外自主游戏等。在一日作息中只安排户外活动的时间段，不需要细致地安排早操、体育教学活动、户外自主游戏的时间，教师可以根据班级幼儿情况、活动推进情况，在户外活动时间段灵活安排各项活动的开展。

1. 户外自主活动与区域活动的有机整合

将户外自主活动与区域活动的有机整合能够延长幼儿的游戏时间，充分满足幼儿在游戏中的探究需求。同时，教师可以给予幼儿自主选择的权利，让幼儿根据自己的兴趣选择相应的区域进行游戏，保证幼儿拥有足够的游戏时间。幼儿园整合户外区域和区域活动，有助于培养幼儿的专注力，提升幼儿的游戏水平。

如户外自主搭建游戏中，孩子们搭建"壮乡风雨桥"遇到了桥面坍塌的情况，于是孩子们根据这个情况进行了讨论，有个孩子提出可以运用教室建构区的大纸板做桥面。这个方法得到了大家的同意，于是孩子们回到教室，利用教室的积木和纸板将风雨桥搭建了起来。

2. 幼儿活动与幼儿生活需求的有机结合

传统的幼儿园管理，更多的是偏向幼儿统一进行某一项活动，比如如厕、吃点心等。这样的管理能够让班级形成相对固定的秩序，但缺少了孩子的自主性。将幼儿活动与幼儿生活需求的有机结合，能够让幼儿根据自己的生活需求进行如厕、进食等，也不影响幼儿的活动。

比如将区域活动时间与幼儿吃早点的时间进行整合。区域活动开始前，保育老师将早点准备好放在餐桌上，并在早点旁边放一块早点自助牌和早点记录板。早点自主牌是为了提示幼儿可以吃点心的量，早点记录板则是要求幼儿在吃完点心后在记录板上插上标签，保育老师根据幼儿的插牌提醒未食用点心的幼儿及时用餐。幼儿可以根据自己的需求选择在区域活动开始前、进行中或者结束后吃早点。这样既增加了幼儿区域活动的时间，也满足了幼儿的生活需求。

（二）一日作息个性化

1. 稳定与灵活相结合

幼儿园在制订一日活动时间表时，应兼顾稳定性与灵活性。这样，教师既能培养幼儿的规则意识，又能根据实际情况进行灵活调整，以满足幼儿的合理需要，照顾个体差异。

以主题活动"种植园活动——玉米"为例。教师组织幼儿去种植园观察长出来的玉米棒，在活动中，幼儿产生了许多疑问，如："玉米棒上的须须叫什么？""为什么那么多蜜蜂围着玉米棒飞来飞去？""为什么有的玉米秆那么粗壮，却没有结出玉米棒？""农民伯伯是怎么把玉米粒碾成玉米粉的？"对于幼儿的诸多疑问，教师很难仅用短短一次活动的时间就帮助幼儿探究清楚。为了满足幼儿主动探究的需要，教师根据本次活动的实际需要，灵活调整一日活动时间安排表，延伸了幼儿的兴趣与需要，开展了为期一个月的"玉米知多少"主题活动，取得了较好的活动效果。

2. 制作个性化的活动时间表

教师可以根据自己班级的实际情况，引导幼儿制作个性化的一日活动时间表。教师可以和幼儿商量，将某一模块的时间进行班级活动规划，让幼儿用自己喜欢的方式安排作息时间。例如，午餐后的时间，教师可以鼓励幼儿自主开发餐后活动，如搭建游戏、棋类游戏，活动内容不固定，根据幼儿一段时间内的兴趣合理安排餐后活动时间。教师和幼儿共同制作个性化的活动时间表有助于充分发挥幼儿的主观能动性，促使幼儿养成良好的生活、学习习惯，形成自我管理的意识。

（三）一日作息人性化

1. 制定因时制宜、因地制宜的活动时间表

《3—6岁儿童学习与发展指南》指出："气温过热或过冷的季节或地区应因地制宜，选择温度适当的时间段开展户外活动，也可根据气温的变化和幼儿的个体差异，适当减少活动的时间。"幼儿园在执行活动时间表的过程中，可以根据季节变化、天气的变化，准备季节性和晴雨天气的时间安排表，也可以根据幼儿年龄不同来制定各年龄段的时间

安排表。

2. 灵活调整游戏活动

为了满足幼儿的游戏需要，保证幼儿每天拥有足够的户外活动时间，教师可以根据幼儿上午的活动情况来安排下午的活动。

例如，如果上午幼儿在偏安静的户外涂鸦区活动，那么下午教师就可以引导幼儿到运动量较大的攀爬区。如果情况正好相反，教师则可以引导幼儿到安静的图书室进行活动。如果幼儿在上午对于某一区域的活动表现出了浓厚的兴趣，下午教师仍可以帮幼儿预约该区域，以满足幼儿深入开展此类活动的需要。

四、一日作息安排表的制定与要求

不同幼儿园会根据幼儿的身心发展需要和园所的实际情况等，来制定幼儿的一日作息计划表。一个看似简单的一日作息表能够充分体现出一个园所对教育发展规律、幼儿身心发展规律、教育法规等各方面的把握与理解。以下，将对两个幼儿园制定的一日作息时间安排表为例进行解读与分析（见表1-1、表1-2）。

表 1-1　某幼儿园一日作息时间安排表

幼儿活动	小班时间安排	中班时间安排	大班时间安排
入园	7:40—7:50	7:40—7:50	7:40—7:50
早餐	7:50—8:30	7:50—8:25	7:50—8:25
早餐后活动/户外活动前的准备	8:30—8:50	8:25—8:45	8:25—8:45
户外体育活动：早操—自选体育器械活动—体育游戏	8:50—10:00	8:45—9:50	8:45—9:50
分组活动前的过渡环节：换衣服、吃早点	10:00—10:20	9:50—10:10	9:50—10:10
分组活动：教学活动、区域活动	10:20—11:10	10:10—11:10	10:10—11:10
宝宝讲坛、餐前盥洗	11:10—11:30	11:10—11:30	11:10—11:30
午餐	11:30—12:00	11:30—12:00	11:30—12:00
盥洗、户外散步活动	12:00—12:20	12:00—12:20	12:00—12:20
午睡	12:20—14:40	12:20—14:30	12:20—14:30
起床、盥洗	14:40—15:00	14:30—14:50	14:30—14:50
游戏活动	15:00—15:20	14:50—15:20	14:50—15:20
营养餐	15:20—15:50	15:20—15:50	15:20—15:50

幼儿活动	小班时间安排	中班时间安排	大班时间安排
户外活动	15:50—16:30	15:50—16:40	15:50—16:45
离园前活动	16:30—17:00	16:40—17:00	16:45—17:00
离园	17:00—17:15	17:00—17:15	17:00—17:15

表 1-2 某幼儿园模块化一日作息时间安排表

幼儿活动	时间安排
晨间活动 （入园/早餐/早餐后活动/户外前准备活动）	7:40—8:50
户外体育活动 （早操/自选体育器械活动/体育游戏/户外结束整理活动）	8:50—10:10
教育教学活动 （早点/教学活动/区域活动/班级讲述活动）	10:10—11:20
午餐 （餐前盥洗/餐后活动）	11:20—12:20
午睡 （睡前盥洗/起床整理）	12:20—14:50
游戏活动	14:50—15:20
营养餐	15:20—15:50
户外活动	15:50—16:30
离园	16:30—17:00

解读与分析：

从以上两份作息表中我们可以看出，幼儿园对幼儿一日生活中各类活动进行了比较详细的安排：

（1）从活动类型来看，做到了动静结合、户外与室内结合、集体与个别化活动相结合。

（2）从时间安排上看，户外活动、集体活动等的时间安排符合文件要求。《幼儿园工作规程》《托儿所幼儿园卫生保健工作规范》指出：保证儿童每日充足的户外活动时间。全日制儿童每日不少于 2 小时，寄宿制儿童不少于 3 小时，寒冷、炎热季节可酌情调整。根据儿童年龄特点和托幼机构服务形式合理安排每日进餐和睡眠时间，制订餐点数。儿童正餐间隔时间 3.5—4 小时，进餐时间 20—30 分钟/餐，餐后安静活动或散步时间 10—15 分钟。3—6 岁儿童午睡时间根据季节以 2—2.5 小时/日为宜，3 岁以下儿童日间睡眠时间可适当延长。

（3）从幼儿身心发展规律来看，表 1-1 中更能体现出该特点，幼儿园根据年龄段不同，活动时间安排上也存在一定差异。比如离园时间有半个小时，小班的幼儿年龄小，动作慢，离园前准备活动时间半个小时会比较充分；对于大班的幼儿来说，半个小时的离园前准备活动则显得太长，教师可以根据幼儿的情况将前面的游戏活动时间延长，这样就可以保证幼儿游戏时间得到有效延长，也能减少离园前的时间浪费。

（4）表 1-2 中更能够体现时间的弹性安排。给予班级教师和幼儿一定的空间。比如户外活动时间的安排，教师可以根据活动进展和幼儿需求，决定这段时间是开展体育器械自选活动、体育游戏还是户外自主游戏。

【案例 1-1】

对实习幼儿园一日活动流程的思考
——基于幼儿园一日作息安排表

【案例描述】

在大三跟岗实习的两个月中，我发现幼儿园在一日作息时间的安排上不符合幼儿发展的规律特点。在课程安排上，该幼儿园一日活动主要是参照小学的作息时间，课堂活动形式主要由教师来掌握。教学方法以讲授法为主，游戏活动多是幼儿自由活动，教学内容以幼儿园的特色课程"情景数学""英语宝贝"为主。教学组织形式多数以集体教学活动为主。通过课程表，可以看到该幼儿园每个班级一周有两节英语课。组织活动的老师是幼儿园专职英语老师，授课主要是以识记简单的英语单词为主，幼儿能跟读，并进行一些简单的英语对话。其他的集体教学活动以开展情景数学课为主，这也是该园的特色课程，一般来说每天都会有一节数学课。

该幼儿园每天会有两节集体教学活动，早上和下午各一节，集体教学活动结束后，自由活动时间基本是给孩子玩雪花片、积塑等桌面的拼插玩具。教室的区域角布置不规范，材料投放少。当天带班的老师把孩子带到了四楼，这是幼儿园重点打造的社会角色游戏功能室，孩子们的游戏时间为三十分钟。活动室创设了娃娃家、医院、超市、包子店、书店、小舞台等游戏区。在对游戏的观察中，我发现孩子们极度兴奋，可以看出孩子们对这些区域游戏的喜爱。游戏结束后，我问了班上的老师："这样的活动一周安排几次？都是什么时间？""一周两次，都是早上十一点到十一点半，大班 35 分钟，中班 20—25 分钟，小班 15—20 分钟。""这样的游戏时间能满足孩子的游戏需求吗？""不能也没办法，游戏场地有限，我们只能安排一周两次了。"

每天的户外活动时间主要是早操及户外大型器械活动。由于场地受限，户外活动场地主要是分年级分时段进行。一天下来的户外活动时间在 80 分钟左右，这没有达到《幼儿园教育指导纲要（试行）》中指出的幼儿每天户外活动时间不少于 2 小时的要求。教师在组织完集体教学后到午餐这段时间的过渡环节，喜欢打开电视给小朋友们看动画片。孩子们每天都会在餐前看 10—15 分钟的电视，计算下来每周孩子就把一个多小时的时间浪费在看动画片上了。

【案例评析】

1. 幼儿游戏时间安排不合理

通过案例，我们发现幼儿的游戏时间相对较少，体现在区域游戏活动时间及孩子自主游戏时间不能满足孩子的游戏需求。每个班级每周安排活动区游戏 2 次左右，有的区域活动只是局部对幼儿开放，幼儿没有充分的自由选择的机会。有的区域活动表面上对幼儿开放，但是幼儿不能自由选择材料、玩伴，不能自主决定玩法。可以说，游戏时间的保证是游戏成为基本活动的前提，时间多少与幼儿游戏水平的高低成正比，即幼儿游戏时间越充分，其游戏水平提高就越快。幼儿的活动区游戏时间得到保证，教师才有可能观察、了解每个幼儿的发展水平，发现并满足每一个幼儿的发展需求，才能真正使游戏成为最适宜幼儿的活动。而该园并没有真正满足孩子的游戏需求。

2. 自主游戏活动时间安排流于形式

每天的餐前餐后活动会有大量的自主游戏时间，教师对幼儿基本是放任自流的状态，以播放动画片为主。我们可以根据过渡环节时间的长短及孩子的想法安排不同的自主游戏活动，如早餐结束后的过渡环节，可以开展晨谈活动，让孩子们做一下今天的游戏计划；集体教学活动结束后到午餐前的这段时间，可以开展"宝宝讲坛"活动；离园前的自主活动，我们可以开展安静的自主游戏。这样的游戏活动不仅可以大大提高孩子的自主性，还极大地丰富了游戏活动的内容。

那么针对以上问题，如何优化幼儿园的一日作息时间？我们必须把握好"时间安排合理，常规要求合理，内容安排合理，形式选择要合理"的原则。作为管理层，我们应该加强课堂的监督与指导，及时对标对本查摆幼儿园存在的问题；作为教育工作者，我们也要不断更新自己的教育理念，给予孩子弹性的作息时间，思考如何让孩子在一天的活动中收获最大化，如何给予孩子更广阔的发展空间。

贯彻落实《3—6 岁儿童学习与发展指南》，加强优化幼儿在园期间的一日活动，能够确保幼儿在一日生活中健康、快乐地发展与学习，同时，也能够实现幼儿教师学前教育专业化水平的大幅度提升。

（案例来源：广西幼儿师范高等专科学校实验幼儿园　陈万玉）

【案例1-2】

我的活动我做主

——制定个性化的幼儿一日作息表

【案例描述】

1. 引发思考

在幼儿园的一日活动中，其实包含了生活渗透、户外游戏、区域活动、教学活动等各种类型的活动共同推进幼儿发展，幼儿每天遵循相对固定的时间和顺序进行活动，有助于他们养成有秩序的生活习惯。但是在日复一日的一日生活中，大班幼儿开始有了很多自己的想法。

我们户外游戏结束，很多孩子都意犹未尽地回来了。在吃早点的时候，赫赫忽然走了过来问我："老师，为什么这么快就要吃早点啦？我们的城堡还没搭完呢。"听到他这么说，依依也凑了过来："对呀对呀，我们还不饿，还想玩。"这时，小博在旁边小声地说着："为什么每天都要吃早点呀？为什么非要听老师的呢？什么时候我们可以自己玩呀……"

对呀，为什么非要听老师的安排呢？现在我们都在提倡"孩子在前，教师在后"的教育理念，那要怎么落实到一日生活中，既保证相对稳定的流程，又能考虑到孩子的兴趣和需要呢？孩子的讨论引发了我的思考。

2. 审视调整

带着问题，我重新审视了目前我们幼儿园的一日生活流程表，发现现有的一日生活流程里，孩子的活动时间划分得很具体，相对比较固定，如：

9:50—10:00	更换衣服、盥洗
10:00—10:10	早点
10:10—11:10	分组活动
11:10—11:20	餐前准备
11:20—12:00	午餐
12:00—12:10	餐后散步

这样的活动安排虽然很详细，能让孩子们清楚地知道哪个环节做什么，却也使得时间安排过于紧凑，缺乏灵活性，反而对孩子的活动产生了一定的限制。

于是，我对一日生活里的各个活动进行了分类。如盥洗、吃早点等都属于生活活动，集体教学和区域活动都属于教学活动，早操和器械游戏都属于户外活动等。把活动分好类以后，我开始尝试把一日生活的时间模块化，如：

9:50—11:10	盥洗、吃早点、区域/集体教学活动
11:10—12:10	餐前准备、午餐、餐后散步

可以发现，在不破坏一日生活各个环节稳定性的基础上，把时间模块化之后，孩子们的自主时间增加了许多，既保证了游戏时间，也更利于孩子们发挥自主性和创造性。

3. 定制活动

在完成了一日活动的优化之后，我把可以弹性调整的环节给孩子们列了出来，如分组活动时间、户外游戏时间等，并和他们进行讨论："在这些活动的时间里你们想做什么事情？"有的孩子说："我想在换区域休息的时候看会书。"有的说："我们想在户外玩老鹰抓小鸡的游戏。"这时，天天很积极地举手说道："我妈妈说，我准备上小学啦，上了小学，一天需要上很多节课，只有一点点的休息时间，所以我想和小朋友们玩很多的游戏。""我知道，我知道，我哥哥说了，他们上小学会上课，只有下课的时候才可以玩游戏。""不对，我姐姐说下课的时候是要去喝水上厕所的，不是用来玩游戏的。"……看着孩子们热火朝天地讨论着，我转念一想，对啊，这学期我们已经是大班啦，即将踏入小学，孩子们对于小学生活既充满了期待也有一丝忐忑，何不借着这个机会，让孩子们了解一下小学的活动安排呢？于是，我们先从分组活动的这一时间块入手，围绕着"课间十分钟"这个主题，开始自主设计我们的活动时间。

图 1-1　幼儿调查到的小学课间十分钟安排（1）　图 1-2　幼儿调查到的小学课间十分钟安排（2）

（1）调查了解

确定了活动的主题后，我先让孩子们回家和爸爸妈妈一起，通过电话采访、面对面交谈等方式，向身边的小学生了解他们课间十分钟会做哪些活动、玩什么游戏等，并把调查到的内容以绘画的形式呈现出来。

（2）合作计划

孩子们在家对课间十分钟的活动有了一个初步的了解后，再把调查表带来幼儿园和大家一起分享，介绍自己调查到的游戏内容和玩法，邀请好朋友和自己组队，小组合作完成课间十分钟计划书，如想在哪里玩，需要多少个人参加，玩法是怎么样的。

（3）共同实施

完成计划之后，就可以开始实施啦！我们一起把课间十分钟的内容穿插在了分组活动的时间块里，开展完区域/集体活动以后，小组间休息轮换的时间就是我们班的"课间

图1-3　幼儿合作设计小学课间十分钟（1）

图1-4　幼儿合作设计小学课间十分钟（2）

图1-5　幼儿设计的课间十分钟计划书（3）

图1-6　幼儿设计的课间十分钟计划书（4）

十分钟"，孩子们按照自己的计划书，和小组同伴一起迫不及待地开始了他们的游戏，有的在阳台进行跳绳比赛，有的去户外玩"躲猫猫"，还有的在走廊玩"水果蹲"，班级里到处都充满了孩子们的欢声笑语。

图1-7　幼儿按"课间十分钟"计划书进行活动(1)　　图1-8　幼儿按"课间十分钟"计划书进行活动(2)

（4）分享交流

在活动结束以后，我组织孩子们对自己这次自主课间活动进行了一次分享，让孩子们说一说自己遇到的问题、解决办法和游戏感受。大家都很积极主动地发言，有的小组还制作了一份游戏分享图给大家。我们一起根据活动中发现的问题，对分组活动的安排表进行了调整和完善。

如针对有些孩子提出的，没有时间做计划书的问题，我们在一日生活表中，做出了相应的调整：

图1-9　幼儿"课间十分钟"游戏分享图(1)　　图1-10　幼儿"课间十分钟"游戏分享图(2)

7:50—8:50	餐前准备、早餐、课间十分钟计划、户外准备
8:50—9:50	户外活动
9:50—11:10	盥洗、吃早点、区域/集体教学活动、课间十分钟
11:10—12:10	餐前准备、午餐、下午户外游戏计划、餐后散步

遵循调查——计划——实施——分享的方式，我们根据孩子的兴趣和发展特点进行定制活动，先确定某个时间块的主题，引导他们自主完成自己的游戏计划书，如：课间十分钟计划书、户外游戏计划书等。可以发现，孩子们的计划十分丰富多彩，也很有自己的想法。我们一起根据各部分计划的内容，引导他们将自己设计的活动穿插在新制定的一日生活表中，把固定环节和机动环节相结合，让孩子们用自己喜欢的方式安排作息时间，制定了一份个性化的一日活动时间表。之后，我和孩子们一起根据新制定的活动安排表，一起实施了这些活动，并在活动后和他们进行分享，让我们的定制化一日生活表能真正地运用起来。

【案例评析】

1. 幼儿的收获

通过定制个性化一日生活表的活动，充分发挥了孩子的主观能动性，他们参与活动的兴趣更高了，而且也更积极主动了，体现了他们"班级小主人"的地位，增强了集体意识。同时，孩子们在制定安排表的过程中提出了各种问题，他们通过讨论、调查、记录、实施、分享，在老师的引导下，使用了多种途径和方法，最终解决了自己的问题。在这整个过程中，孩子们在发现问题后，能主动分析问题、探索各种解决问题的办法，促使他们养成良好的生活、学习习惯，形成自我管理的意识，使自身能力得到了提升。

2. 教师的收获

教师的教学更具灵活性，教育价值观也得到了更新。在开展活动的过程中，教师改变以往一味通过"教"的方式，从幼儿的已有经验出发，以幼儿的兴趣为基础，在观察幼儿的过程中发现问题，讨论修正，根据幼儿的需要给予适当的支持，对幼儿的学习品质、人际交往、任务意识、规则意识和责任感等社会性能力进行培养，为幼儿的后续发展打好基础，为幼儿的综合能力发展提供了保障。

(案例来源：广西幼儿师范高等专科学校实验幼儿园 唐玉婷)

【拓展检测】

　　根据文件《幼儿园教育指导纲要（试行）》《托儿所幼儿园卫生保健工作规范》要求，制定一份幼儿一日作息表。

生活活动

【情境导入】

中一班的李老师最近发现每次请孩子们去盥洗室洗手时，他们都会洗很久才出来，因此，李老师特别观察了孩子们的洗手情况，发现有孩子趁老师不注意就故意把水龙头的水开很大，把水溅到衣服、洗手台和地上；有孩子把水泼到别的小朋友的身上，相互玩起了打水仗；还有孩子故意放慢洗手的节奏，玩起了搓洗手液、玩泡泡水的游戏等。李老师常提醒孩子们洗手时不要"玩水"，孩子们在老师和家长的教育下似乎也知道洗手时"玩水"是不被允许的，但孩子们还是喜欢借洗手的机会，偷偷"玩水"。

讨论：如果你是李老师，面对这种情况你将怎样处理？

【学习概要】

幼儿园一日常规涵盖了幼儿从入园到离园的整个过程，包括幼儿在园生活的各个方面。从常规涉及的活动范围来看，班级一日常规主要归为四类：生活活动、运动活动、学习活动和游戏活动。它们既有各自的特点，也有相应的时间、内容程序等方面的要求。① 这里的幼儿园生活活动常规指对幼儿每天生活活动的内容、时间、程序等均有明确规定，使幼儿一日生活按一定的节奏、秩序和规律进行，有助于培养幼儿良好的生活习惯和基本生活自理能力。幼儿园教师应熟悉生活活动的内容、基本要求及实施要点，掌握建立生活活动常规的方法，确保生活活动有序开展，以提高幼儿一日活动质量。

【学习准备】

1. 文件

《幼儿园教育指导纲要（试行）》《3—6岁儿童学习与发展指南》《幼儿园工作规程》《幼儿园教师专业标准（试行）》《中等职业学校学前教育专业教学标准（试行）》《幼儿园保育教育质量评估指南》。

---

① 左志宏．幼儿园班级管理［M］．上海：华东师范大学出版社，2015．

2. 书籍

张富洪 . 幼儿园班级管理[M]. 上海：复旦大学出版社，2012.

左志宏 . 幼儿园班级管理[M]. 上海：华东师范大学出版社，2015.

【学习目标】

知识目标	了解生活活动常规的工作内容、基本要求及实施要点。
能力目标	掌握生活活动常规建立的方法，能有序组织生活活动。
素质目标	1. 树立科学管理的观念，提高幼儿生活活动的质量。 2. 在生活活动常规管理中，形成互相协作的工作氛围。

【学习内容与实施】

生活活动常规主要指师幼在幼儿生活活动各环节中有关活动内容、时间和程序等的明确规定。生活活动常规主要涉及晨间接待及晨检、盥洗、饮水、如厕、餐点、午睡、起床和离园等环节。《幼儿园工作规程》第二十七条明确指出："幼儿园日常生活组织，应当从实际出发，建立必要、合理的常规，坚持一贯性和灵活性相结合，培养幼儿的良好习惯和初步的生活自理能力。"建立科学有序的生活活动常规，有利于幼儿在有节奏、有秩序、有规律的真实生活情境中自主、自觉地发展各种生活自理能力，形成健康的生活习惯和交往行为，在集体生活中安全、健康、愉快地成长。①

一、生活活动的基本要求

（1）根据幼儿生理和心理发展的需要，建立科学的一日生活常规，既有利于形成集体生活秩序，又能满足幼儿个体的合理需要，并不强求整齐划一。

（2）引导、支持和鼓励幼儿参与生活规则的建立，满足幼儿受保护和独立的需要，避免过度保护和包办代替。

（3）组织和指导幼儿的生活活动，要进行充分的预设和准备，减少不必要的等待，避免隐性和显性时间的浪费。

（4）了解幼儿的生活习惯，关注他们的特殊需要，确保幼儿生活活动健康安全；有处理突发事件的应对措施。

（5）建立必要的规则，并让幼儿了解原因，提醒幼儿遵守。

---

① 左志宏 . 幼儿园班级管理[M]. 上海：华东师范大学出版社，2015.

（6）提供为幼儿参与生活活动自我管理与服务他人的锻炼机会。

二、生活活动的实施要点

幼儿园班级生活活动常规管理的实施要点既有共同之处，也要根据幼儿园实际情况有所差别。现以某幼儿园一日生活活动常规管理为实践蓝本，对生活活动常规的实施要点予以介绍（见表1-3）。

表1-3　幼儿园一日生活活动常规管理的实施要点

内容	幼儿	教师	保育员
晨间接待及晨检	1. 衣着整洁，愉快入园 2. 清洁双手，接受医务人员的晨检 3. 不带危险品、零食入园 4. 做好入园登记 5. 有礼貌地向保健医生、老师、同伴问早，与家长告别 6. 会主动报告自己的身体状况 7. 按要求插放晨检牌，将自己的物品整齐地放在指定位置	1. 热情接待幼儿，主动亲切地向幼儿问早，热情接待家长 2. 保健医生（保育员、教师）认真做好一摸、二看、三问、四查、五处理等晨间检查工作 3. 与幼儿交谈，了解幼儿身心状况，进行个别教育和指导 4. 做好家长反映的特殊情况，做好有关物品、药品的交接与存放工作 5. 清点幼儿人数，及时与未到园幼儿的家长联系，了解原因，做好记录 6. 做好本班幼儿书包、衣服、食物等物品整理，教室卫生的维护工作 【资源链接】晨间接待视频	1. 提前到园，开窗通风透气 2. 搞好室内外各种设施设备的清洁工作，保持室内空气对流、光线充足 3. 准备好温度适宜的饮用水、已消毒的杯具和小毛巾 4. 了解班级幼儿的出勤和身体状况 5. 协助教师组织幼儿活动，指导幼儿整理活动器械或玩具

内容	幼儿	教师	保育员
盥洗	1. 按教师的要求进入盥洗室，排队如厕、洗手、洗脸、漱口 2. 饭前、便后、手脏时会自觉洗手，不玩水、不浪费水，保持地面、服饰干爽 3. 有序盥洗，方法正确，知道使用自己的毛巾 4. 大、中班幼儿学会自己搓拧毛巾 5. 盥洗时能保持地面干爽、清洁 6. 懂得节约用水，学会调节水流大小	1. 组织幼儿有序地进入盥洗室 2. 指导幼儿掌握正确的洗手、洗脸和漱口方法 3. 要求幼儿饭前便后洗手，培养幼儿正确盥洗习惯，节约用水 4. 随机进行生活技能教育，关注个别指导 【资源链接】 1. 洗手视频 2. 漱口视频 3. 刷牙视频	1. 做好盥洗准备，放好肥皂 2. 检查幼儿盥洗后整理服装情况，保持幼儿衣着清洁干爽 3. 观察幼儿进盥洗间的情况，随机进行生活技能教育，必要时给幼儿以适当的帮助 4. 保持盥洗间地面整洁、干爽。及时清洗、消毒幼儿盥洗后的毛巾
饮水	1. 会根据自己的需要主动喝水，每天保证喝足量的水 2. 喝水前应先洗手，使用自己的专用杯喝水，正确取水，不浪费水，不喝生水，不在走路、说笑时喝水 3. 剧烈运动后稍休息再喝水；饭前、饭后半小时少饮水 4. 喝水后把杯子放回固定位置，杯口朝上，摆放整齐	1. 根据季节、天气组织幼儿饮水。保证幼儿有足够的饮水量 2. 指导幼儿安全有序地取水、喝水 3. 关注个别有特殊需要的幼儿多饮水 【资源链接】喝水视频	1. 根据季节、天气和幼儿的饮水情况，及时补充温度适宜的饮用水，保证幼儿足够的饮水量 2. 指导幼儿安全有序地取水与放置杯子 3. 提醒幼儿按需饮水，关注有特殊需要的幼儿多饮水 4. 饮水设备每天清洗，幼儿个人专用饮水杯每天清洗并消毒一次 5. 幼儿杯架保持整洁、干爽

续表

内容	幼儿	教师	保育员
如厕	1. 学会自理大小便，排便异常主动告诉教师 2. 解便时不弄湿自己和同伴的衣裤 3. 便后会正确使用手纸擦拭，会冲水，会主动用流动水正确洗手，整理服装 4. 会安静、有序如厕，如厕后自觉离开厕所，不在厕所逗留	1. 允许幼儿按需如厕，提醒幼儿活动、进餐、外出（睡前应先如厕），提醒易遗尿的幼儿及时解便 2. 指导幼儿正确使用手纸、整理衣裤，便后洗手 3. 观察幼儿排便情况，必要时给予帮助，发现异常，及时报告保健医生，并与家长联系 【资源链接】如厕视频	1. 备好便于幼儿取用的卫生手纸、肥皂、洗手液和消毒毛巾，督促幼儿便后用流动水洗手 2. 观察幼儿如厕情况，帮助有困难的幼儿擦便、整理服装，发现幼儿排便异常及时报告教师、保健医生，并与家长沟通 3. 及时为遗便幼儿清洗身体、更换衣物 4. 保持盥洗室整洁、通风、干爽，无污垢、无异味
餐点	1. 餐前自主、有序地洗手 2. 坐姿正确，独立进餐，熟练使用餐具 3. 愉快、安静、独立进食。细嚼慢咽，不挑食，不边吃边玩，不剩饭菜，不过量进食，养成良好的进餐习惯 4. 遵守用餐规则和礼仪，能注意保持桌面、地面和衣服干净，残渣放渣盘 5. 餐后整理桌椅，将餐具放到指定位置 6. 餐后自主擦嘴、用温开水漱口 7. 先用完餐的幼儿自主、有序地选择安静的活动等待餐点结束	1. 组织幼儿按时进餐，餐前10分钟餐后半小时不做剧烈运动，餐后10—15分钟散步 2. 组织幼儿餐前洗手，洗净手后回到位置 3. 营造愉快、安静的进餐环境，介绍餐点食品 4. 鼓励幼儿独立进餐，进餐时间一般在30-40分钟，培养良好的进餐习惯和自我服务能力 5. 观察幼儿食欲、进食量，鼓励幼儿吃完份内食品，纠正偏食、挑食行为，关注特殊幼儿，及时处理异常情况	1. 分餐前洗净手备好食品，用消毒水、清水依次消毒清洗桌子 2. 指导中、大班值日生做好餐前准备工作 3. 分餐时按照食品卫生要求规范操作。餐点温度适中，幼儿随到随分或组织幼儿按需自主取餐 4. 掌握幼儿进食情况，根据需要添食。鼓励幼儿吃饱吃好，不暴饮暴食 5. 幼儿用餐点时，不催食，不做班级卫生。督促、指导幼儿餐后擦嘴、漱口

续表

内容	幼儿	教师	保育员
餐点	8. 自主进行餐后教室环境的清洁、整理工作	6. 用餐点过程中不批评指责孩子，鼓励幼儿吃饱吃好，提醒幼儿饭后擦嘴、漱口 7. 不与幼儿共进餐点，不用幼儿的餐点 8. 观察幼儿的进餐情况并做好记录 【资源链接】 进餐视频1 进餐视频2	6. 餐点后，按要求做好餐具、餐巾清洗消毒工作 7. 不与幼儿共进餐点，不用幼儿的餐点 8. 餐后打扫卫生
午睡	1. 知道午睡对身体的好处，养成按时、独立入睡的习惯 2. 能根据自己的需要睡前如厕 3. 排队主动接受午间检查 4. 换好拖鞋，按顺序脱衣裤，整齐放在指定的位置 5. 盖好被子，安静入睡。不带小玩物上床，不趴睡，不蒙头、不吮手、不咬被角，养成良好的睡眠习惯 6. 早醒幼儿不影响别人休息，需如厕应报告老师或保育员	1. 组织幼儿睡前如厕，并安静有充排队进入寝室 2. 给幼儿进行午间检查：一摸、二看、三问、四查、五处理等 3. 指导或帮助幼儿有序地脱好鞋袜和衣裤，并叠放整齐 4. 营造温馨的入睡环境 5. 检查幼儿是否盖好被子，纠正不良睡姿 6. 与保育员做好交接班工作，并做好记录 【资源链接】午睡视频	1. 午睡前放好窗帘，适当开窗，保持室内空气流通 2. 指导或帮助幼儿有序地脱放鞋袜、衣裤 3. 帮助入睡难的幼儿尽快入睡，上床半小时后幼儿入睡率应在90%以上 4. 每半小时全面巡视一次，重点观察身体不适的幼儿，发现异常情况及时处理并报告，每日做好值班记录 5. 轻声提醒常尿床的幼儿起床如厕，发现幼儿尿床要及时换洗床单、晾晒被褥 6. 不离岗、不做私事、不睡觉 7. 细心照顾个别入睡困难幼儿

续表

内容	幼儿	教师	保育员
起床	1. 按时起床，穿好衣裤和鞋袜(小、托班幼儿可由老师帮助)，着装整齐 2. 大、中班幼儿学会自己整理被褥，摆放整齐、有序 3. 会将拖鞋放回指定位置，及时如厕、喝水	1. 了解幼儿午休情况，与保育员做好交接工作 2. 组织幼儿按时起床，观察幼儿情绪，指导幼儿正确穿戴，整理被褥，帮助个别幼儿 3. 检查幼儿着装，帮助幼儿梳头，提醒幼儿如厕、喝水 【资源链接】洗脸和梳头视频	1. 指导或帮助幼儿正确穿戴，整理被褥，帮助幼儿梳头，协助检查幼儿的仪表 2. 开窗通风，整理寝室，保持寝室整洁、卫生、有序 3. 定时用紫外线灯消毒寝室
离园	1. 整理好自己的仪表和物品，不将同伴或班级的东西带走 2. 主动向老师、同伴道别 3. 在家长来接后能及时离园，不在园内玩耍逗留 4. 不独自离园或跟外人离园	1. 稳定幼儿情绪，组织开展较安静的活动 2. 与幼儿简短谈话，检查仪表，提醒幼儿带好回家的物品 3. 确认幼儿家长身份。有针对性地与个别家长沟通，关注生病、情绪异常等幼儿的交接 4. 提醒幼儿有礼貌地与教师、同伴告别 5. 将个别留园幼儿送交值班人员，做好交接班记录，整理活动室的物品 【资源链接】离园视频	1. 协助教师做好幼儿离园的准备工作 2. 幼儿全部离开班级后及时清洁、整理活动室。清洁用具及时清洁、消毒、晾挂 3. 做好规定的消毒工作，检查水电安全，关好门窗，做好防盗安全

教师要落实好班级的生活活动常规，不仅要熟悉生活活动常规的要求及实施要点，还要掌握建立生活活动常规的具体方法。

三、建立生活活动常规的方法

1. 儿歌引导法

儿歌因为短小精悍、通俗易懂、琅琅上口等特点深受幼儿喜爱，教师在进行生活常规管理时可以把一些常规编成儿歌，如《我会刷牙》"小牙刷，手中拿（右手做拿牙刷的动作）。张开我的小嘴巴（食指指着小嘴巴）。刷左边，刷右边（右手按节奏模仿左右刷牙动作）。上下里外都刷刷（右手按节奏模仿上下刷牙动作）。早上刷，晚上刷（双手拍手两下）。刷得牙齿没蛀牙（双手五指张开，掌心朝自己，做小猫动作）。张张口，笑一笑（双手食指指着脸蛋做笑脸动作）。我的牙齿白花花（拍手两下，最后一拍念到花字做顶呱呱的动作定格）。"引导幼儿一起念儿歌、做一做，相应的规则就会印在幼儿的脑海里。待熟练掌握儿歌后，孩子们还会相互提醒，久而久之，就会内化成一系列规范的行为习惯。

 【资源链接】培养生活习惯的常用儿歌

2. 故事理解法

生动形象、妙趣横生、寓教于乐的幼儿故事，很容易吸引幼儿的注意力，也适合幼儿的认知发展水平和学习特点，所以教师可以选择一些有教育意义的故事帮助幼儿理解生活活动的常规和教会幼儿一定的生活常识。如，教育幼儿饭前、便后、手脏时要及时洗手，可以自编故事，讲述一孩子手脏时吃东西、不注意个人卫生，后来他肚子疼，还从肚脐处长出了一个大西瓜……有研究证明，采用讲故事的方式进行常规教育，会起到事半功倍的效果。

3. 音乐提示法

音乐是一种极富吸引力的语言，可以陶冶情操、美化心灵。教师可以弹奏也可以播放音乐，让幼儿在轻松愉快的音乐情境中完成自己的任务，可以避免教师使用过多的言语指挥。例如：在活动结束收拾整理材料时可以播放"玩具进行曲"，欢快而有节奏感的音乐，不仅让幼儿感觉到收拾整理也是一种乐趣，还会让幼儿跟着音乐节奏加快收拾整理的速度；再如幼儿餐前或用餐时，可以播放轻柔舒缓的音乐，让幼儿平静下来，安静地进餐。实践证明，用音乐帮助幼儿建立常规的效果好，但在使用时要注意音乐应该相对固定，让幼儿听到熟悉的音乐就知道做相应的事。

4. 图标提示法

生动形象、色彩鲜艳、通俗易懂的图标容易引起幼儿注意，能帮助幼儿理解规则，也能提示幼儿遵守规则，便于教师对幼儿的行为进行引导。例如：在洗手台前贴上规范洗手的步骤图，提示幼儿用正确的洗手步骤洗手；在幼儿寝室最显眼的地方贴上入睡流程图和起床流程图，提醒幼儿入睡和起床时要保持安静、有序做相应的事。把常规培养渗透在环境中，让环境开口说话，从行为规范的角度提醒幼儿应怎么做，幼儿更易接受，也更加行之有效。

建立幼儿生活常规的方法还有很多，如语言提示法、动作提示法、游戏法、榜样示范法等。以上所有方法也可以运用在建立运动常规、学习常规和游戏常规中，教师可以根据不同的活动以及所带班级的具体情况灵活运用，让幼儿在一日生活中不断反复练习与实践，日积月累、不断强化并持之以恒，让幼儿习惯成自然。

【案例 1-3】

小标识，大用处

【案例描述】

在下午放学的时间，教室里只剩下零星几个孩子，保育老师农老师正在盥洗室打扫卫生。这时候家乐手提着裤子，脚步急匆匆地往盥洗室走去，结果进去没走几步路就"咚"的一声摔倒了。这时农老师闻声赶紧去扶起孩子，其他孩子听到声音也跑过去围着家乐关心地问道："家乐，你怎么了？"家乐苦着脸，手揉着摔疼的屁股，撇着嘴说："我不小心摔倒了，这里太滑了。""不是和你们说了，农老师在清洗盥洗室让你们走路慢一点吗？"农老师听到后无奈地说道。确实，每天我们老师都会苦口婆心地提醒孩子们"不在教室、走廊和盥洗室跑步""看到地板潮湿要慢慢走"等，可是孩子玩得开心或着急时就会把老师们的嘱咐给忘记。这可怎么办呢？我们班上的老师商量后，决定把问题交回给孩子们，就从"放学时间盥洗室地面湿滑"的情况开始，让他们自主想方法解决问题。

第二天晨谈的时候，我们就把问题提出来了："孩子们，昨天……你们觉得有什么办法可以让进出的小朋友不再滑倒吗？"我的话音刚落，容潭曦就快速举手回答道："我们可以在盥洗室门口放一块地垫，这样进出的小朋友鞋底就不容易湿，也不会容易摔倒了。"另一个小朋友悠扬说："大家都要记住在盥洗室不能跑或者快走，这样也不会摔跤了。""可是小朋友们很容易就会忘记啊！怎么办？"我追问道。这时，轩轩站了起来："我们可以放一块提示牌，告诉小朋友们慢慢走，我在电影院的卫生间看到过这种提示牌！""哦！那是'小心地滑'的提示牌，我也见过！"仔仔也接着说道。小朋友就在七嘴八舌的讨论中决定了要做块安全提示牌，等到农老师清洗盥洗室的时候放在门口，用来提示所有进出的人。

然后孩子们就分组制作提示牌。有负责画标识的，有负责做牌子的，会写字的孩子还会在提示牌上写上"小心"两个字，当天下午孩子们就把做好的安全提示牌放在盥洗室门口。通过观察我发现，孩子们在进出时都会看一眼提示牌，然后小心翼翼地走起路来，甚至有的孩子还是蹑手蹑脚地走。这块孩子们自己亲手制作的提示牌可比我们老师的嘴巴有用多了。

【案例评析】

《纲要》在科学、合理地安排和组织一日生活中提出：建立良好的常规，避免不必要的管理行为，逐步引导幼儿学习自我管理。

孩子们这次制作安全标志的活动是在他们的日常生活中偶然发生的，老师从中观察到了隐含的教育价值，把握时机，积极引导幼儿就"容易在盥洗室滑倒"的事件展开思考和讨论，并想办解法决问题。这样的做法尊重了孩子在活动中的主体地位，遵循了孩子的学习特点，老师成为孩子活动的引导者和支持者。在日常工作中我们观察到，孩子们更乐于自觉、主动遵守自己制定的班级规则和活动常规。所以在班级建立良好常规的有效方法是鼓励幼儿共同思考、商量班级的规则，并形成标志让大家一起来遵守，逐步引导幼儿学习自我管理。

（案例来源：广西民族大学幼儿园 杨媚媚）

【案例 1-4】

我做小值日生

【案例描述】

基于"一日生活活动"的重要性以及动手能力是生活课程中重要的内容之一，在 100 班小班下学期一开始，在班主任吴慧涛老师的带领下，根据小班幼儿的年龄特点，三位老师逐步尝试着把孩子们的动手能力和自我服务能力的训练融入班级活动的各个环节：比如建立小值日生制度，入园离园由老师和小值日生来主动打招呼，加强礼貌教育；进餐时由小值日生介绍今天的菜谱和分发餐具；餐后的卫生管理和清洁整理任务等；只要孩子能用自己能力完成的事情，一定要放手让孩子去做，不管做的好与不好都不重要，重要的是要从小养成一颗愿意去做、愿意去学的心！所以在刚开始实施的阶段时常出现：孩子们和小值日生在参与餐桌清理任务时，抹布到处乱擦，小清洁盆装满垃圾不懂处理；清理自己书包柜时衣服书包常常找不到家，整理自己床铺被子往往把自己和同伴的卧具搞乱，整理区域教玩具学具时归类混乱……一段时间的尝试后，当时刚刚毕业的小雷老师已经急了："吴老师，别让他们乱弄了，让我来吧，我整理得比他们更快些、更干净些！你看看那些桌子和柜子，看看那些玩具，要花时间等他们弄，孩子们弄完后更加脏和乱！我们又得重新再来，没有必要啊！……"这位年轻的刚毕业的老师，当时并不太理解，孩子们的这些日常行为训练，其实就是他们的课程，是他们最需要学习、最需要成长的生活课程！所以作为班主任，我安慰和引导着这位工作认真又有点焦急的年轻老师："别急，耐心些！有时等待是必须的！我们慢慢来，一点点地纠正和引导，我保证孩子们会让你刮目相看的！"

转眼很快过了半年，这过程是在教师每天不停鼓励引导、反复训练、孩子们互相学习模仿的过程中渡过的。在经历半年的成长磨砺之后，看看我们的孩子会做哪些事：

1. 入园和离园接待

入园和离园环节的接待任务使每个孩子在接人待物、礼貌用语方面都得到了充分的锻炼："您好！请问您接谁呀?""谢谢！""明天见！"

图 1-11　入园离园接待

2. 清洗杯子

自觉、认真且开心地清洗着每一位小朋友的杯子，并为小朋友摆放整齐。为避免活动后的拥挤，提前准备好活动后小伙伴的饮用水，这过程学会了如何清洗，如何按学号摆放，到课间按时接水，主动为他人服务等。

图 1-12　清洗水杯

图 1-13　摆放水杯

图 1-14　接饮用水

3. 制作垃圾盒

抓紧时间准备午餐时小朋友使用的垃圾盒和垃圾纸，也是我们在区域自主活动时所要做的事情！

图 1-15　制作垃圾盒

图 1-16　擦柜子

4. 打扫卫生

我们爱这个温暖的班级，就像我们自己的家一样，要干干净净的！

图 1-17　擦柜子　　　　　　　　　　　　图 1-18　擦桌子

5. 晾晒毛巾和衣服

把小抹布在太阳下晾晒消毒，看看自己的衣服夹好挂好了没有，是否挂在自己的号码上。

图 1-19　拖地　　　　　　　　　　　　　图 1-20　晾晒毛巾

6. 整理小床

我们自己学会了折叠自己的小被子和整理自己的小床！

7. 点名考勤

今天是我们俩负责值日点名登记。我们学会了看学号或者小朋友的名字点名，还学会了用符号进行考勤登记。

图 1-21　晾晒衣服

图 1-22　折叠被子

图 1-23　整理小床

图 1-24　点名考勤

【案例评析】

第一，生活融规则。幼儿是在实际生活中不断理解规则并学会遵守规则的。案例中刚毕业的小雷老师看到孩子们收拾物品花了很多时间但还是杂乱时，有了自己动手全权代劳的想法，幸好班主任理解孩子们的日常行为训练是需要有耐心、需要慢慢引导的。在老师的耐心指导下，孩子们通过半年的反复训练，不仅理解了一日生活规则还以主人的身份参与各项活动。

第二，生活即课程。著名教育家陶行知指出："全部的课程包括全部的生活，一切课程都是生活，一切生活都是课程。"从孩子们踏入人生的第一天开始，生活即与他们密不可分，生活中蕴含着取之不尽的教育资源，学习可以说是随时随地发生着。所以树立教育的整体观，挖掘一日生活各环节资源，对于老师自己来说也是一门需要提高和学习的课程！年轻的新手老师往往是带着天使般的希冀投身儿童的天地当中。但是，在现实和书本中，在理论和实践中会有很多的迷茫和苦恼，不用焦虑，调整步伐，试着波澜不惊地面对和等待孩子，耐心等待孩子的蜕变，孩子生活学习中的每一个环节，每一个细节都在考验着我们的智慧和自信，而我们也会和孩子一样每时每刻都正在生活与学习状态当中。"让我们静待花开！"不管开头如何艰难，重要的是我们作为引路人，引导孩子们体会到乐观的人生态度，且走在愿意学并爱学、愿意做且爱做、愿意关心集体且爱护集体、关心他人、热爱生活的路上……这不就是《指南》当中的提到的生活课程的独特价值吗？所以，请深刻理解，孩子们的一日生活皆课程！

（案例来源：中共广西壮族自治区委员会机关保育院　吴慧涛）

【案例1-5】

吃饭是个大难题

【案例描述】

　　刚进小班时，很多孩子吃饭就成了一个大难题。盛盛从小吃饭都是家里的大人喂，幼儿园的午餐时间，盛盛把勺子放在嘴里捣鼓，就是不吃，老师提醒他吃饭，他就低头做出吃的样子，但老师一走开，又是老样子。盛盛不会用勺子，舀起的饭菜总是很少，有些倾斜地送到嘴巴里，看上去动作不协调。本来舀起的饭菜就很少，还会掉落一些，这样吃进嘴里的饭菜就更少了。

　　经过近一个月的练习，盛盛总算学会使用勺子吃饭了。午餐时间又到了，多数幼儿一口饭一口菜地吃着，盛盛坐在那里，两只手下垂，东瞧瞧西看看，嘴巴一动也不动。盛盛饭碗里面的排骨早就没有了踪影，碗里都是青菜、米饭。我示意盛盛把手拿上来，用勺子舀饭和青菜吃。盛盛看看我，把两只手放到了桌面上，用勺子舀了一口饭吃，就是不吃青菜。我舀了一点青菜，好说歹说，他才把青菜吃进嘴里。可我发现，盛盛根本没在咀嚼，而是把菜含在嘴里。为了不让他太为难，我帮他弄掉了许多青菜，只留下一点点青菜。盛盛脸上露出了笑容，高兴地吃起米饭来，最后只剩下一点点青菜，盛盛又把两只手垂到了桌子下面，一会儿抬头，一会儿低头。

【案例评析】

　　培养幼儿良好的饮食习惯是健康教育的基本要求，合理的饮食和充足的营养摄入是维持人体健康的必要条件。幼儿正处于身心蓬勃发育的重要时期，合理的饮食和营养摄入对于维护儿童的健康成长尤为重要。由于大多数家长没有受过系统的健康教育，缺乏应有的营养与健康知识，因此在幼儿的饮食和营养摄入方面就出现了一些偏差。案例中的现象需要家园合力来解决"吃饭"问题。

1. 营造温馨氛围，激发愉悦情绪

家庭、幼儿园要保证幼儿在最佳的生活和心理状态下进餐。家庭、幼儿园要努力创设良好的物质环境和精神环境，特别要为幼儿创设宽松和谐的进餐氛围，餐前不能训斥幼儿，不能强迫进食。进餐前，家长、教师应以亲切的口吻、热情的态度向幼儿介绍饭菜，让幼儿看一看颜色，闻一闻香味，尝一尝味道，还可播放优美舒缓的音乐，使孩子进餐时感到愉悦，无心理压力，激发幼儿的食欲。

2. 进行正确引导，唤起幼儿食欲

对于刚入园的孩子，如果我们一味地强迫他们吃自己不喜欢吃的菜，可能会让他们产生厌恶情绪，加剧他们的反抗。孩子看到自己不喜欢吃的蔬菜，进餐速度自然会很慢。所以，我们采取鼓励表扬，以及讲故事、做游戏等方法引导孩子吃蔬菜，告诉孩子蔬菜是人类不可缺少的朋友，经常讲解各种菜的营养成分，如吃胡萝卜可让眼睛变明亮等，从而纠正孩子挑食或偏食的不良习惯。

3. 鼓励适量运动，增进幼儿食欲

幼儿期，适量的身体活动是十分必要的，能促进孩子消化系统加速运转，使幼儿的厌食现象消失，增进食欲。俗话说："玩得好才能吃得好。"因此，家庭、幼儿园必须十分重视幼儿的体育活动。幼儿园应保证每天两个小时户外活动时间，家庭应充分利用宽敞的户外场地，家长要陪同孩子开展一些亲子户外活动。

4. 家园携手共育，形成教育合力

小班幼儿手部肌肉发展不完善，但是自我服务能力的提高需要一双灵活的小手，这就需要成人为幼儿提供许多有利于幼儿手部肌肉发展的活动材料。小班孩子的手部肌肉及神经肌肉运动还不协调，也会造成孩子进餐慢，成人要提供各种游戏材料，如喂娃娃吃饭的小勺等，以便于孩子的神经肌肉得到不断的练习，促进动作的协调发展。我请盛盛的妈妈看我们在生活区、美工区、数学区等各个区域的投放材料，这些材料都是有层次、有助于发展幼儿手部肌肉灵活性的。如舀豆子，让幼儿用勺子将豆子舀来舀去，发展了幼儿的动手能力，并为孩子自己吃饭做好铺垫工作。又如串珠子、夹夹子、穿线板、喂娃娃、拧瓶盖等，使幼儿在活动中锻炼了小手的灵活性，为幼儿顺利地用勺子吃饭、系扣子等自我服务行为打好基础。

总之，《3—6岁儿童学习与发与指南》指出："帮助幼儿养成良好的饮食习惯。合理安排餐点，帮助幼儿养成定点、定时、定量进餐的习惯。"幼儿生活自理能力的培养不是一朝一夕就能完成的，是一个漫长的过程。我们要不断地为孩子创造锻炼的机会与条件，使他们不断地学习与提高自我服务能力。

（案例来源：广西民族大学幼儿园　张立华）

【案例1-6】

幼儿自主进餐

【案例描述】

　　去年在全院试行幼儿自主进餐之前，我们班还是按照以往的分餐环节进行，教师先分好饭菜，幼儿再按小组的形式依次上来排队领取。在试行幼儿自主进餐的过程中，我们班三个老师想过很多办法，怎样才是幼儿自主进餐？首先，我们的第一步是尝试让老师不分饭菜，幼儿按小组为自己取餐。但是这样一来，新的问题出现了。我们班有37个孩子，以区域来划分位置，上来排队取餐和回位置的小朋友就会撞到一起。第二步，我们依照班级区域规划的位置，分配孩子的路线。比如坐在离教室后门近的第4组就从教室外面出来，再从前面进来排队取餐，再从教室外面回去。坐在教室里的第5、6组就是从右手边去排队，从左手边回位置。第3组从小书吧和墙壁隔出的一条小路去取餐。第1、2组离老师分饭的餐桌比较近，则1、2组的孩子最后再取餐。可是这样一来，孩子不熟悉路线，也会互相发生碰撞，插队、打闹的情况依然存在。还有，第1、2组孩子等待的时间过长。于是第三步，我们班三位老师听说大班的孩子已经能够较为自主地进行取餐，我们便决定在孩子午餐的时候，分别去观摩大班孩子自主进餐的环节。结合我们本班孩子的年龄特点以及座位情况，以"桌"为单位，我们增加了分饭菜的碗和勺子，进餐前老师先将饭菜分在大的碗里面，然后让轮值的值日生为小朋友们服务，把饭菜先送到人数多的那张桌子去。在老师的引导下，孩子们在自己的位置，按照顺序依次取餐，吃多少，装多少。而离老师分饭的桌子近的第1、2组，我们则让他们以"桌"为单位，上来自己取餐。这样就解决了很大一部分孩子等待的问题。插队和吵闹的纪律问题也得到了缓解。等到孩子们都不用在老师的引导下自主取餐，我们就把第1、2组的小朋友上来排队取餐的环节取消，像其他小组那样在自己的位置进行取餐。经过一个学期的改进和试行，就目前来看，我们班孩子在自主进餐环节中，已经从之前的老师包办变成了孩子自己动手自主进餐，而且孩子也非常喜爱这样的进餐方式。

【案例评析】

　　在《3—6岁儿童学习与发展指南》中明确指出，"以幼儿为本"的思想，通过近十年的改革深入人心。但是如何把先进的理念转变为实践，就要我们幼儿教师在教育教学的实践中通过幼儿在园一日生活的各项环节来帮助和引导幼儿发展。

　　（1）在培养幼儿自主进餐的前期，教师通过结合本班孩子的年龄特点，不断地尝试让幼儿自主进餐、取餐，逐步了解本班孩子的能力，并在尝试的过程中循序渐进地帮助幼儿学会自主进餐。

（2）在孩子自主取餐的环节，孩子并不是单单自己去装取饭菜，而是在取餐的过程中学会与身边的幼儿沟通交流，要怎么样轮？如果自己没有取餐该如何跟同桌的孩子说明？如果桌上的饭菜已经取完又该如何做？是等待老师发现，还是可以自己上去取？取多少才合适？就社会领域的子领域"人际交往"看来，自主取餐意味着孩子的合作意识、目标意识、沟通能力进一步发展。

（3）幼儿从小养成良好的生活习惯与卫生习惯是维护和促进健康的积极方式和重要途径。幼儿要成为一个独立的人，生活自理能力是最基本的能力之一。在进餐环节中，值日生为班上的孩子服务、自己动手取餐等都能提供适宜幼儿学习与发展的机会，减少包办代替。同时在这个过程中，我们班的孩子存在的挑食、浪费粮食的情况也逐步改善。

（案例来源：中共广西壮族自治区委员会机关保育院　施慧）

【资源链接】

学前教育宣传月视频：幼儿教师的一日流程《共同成长》

【拓展检测】

1. 根据生活活动常规的要求及指导要点，分组进行晨间接待及晨检、盥洗、饮水、如厕、餐点、午睡、起床和离园等环节等生活活动的情境模拟展示。

2. 以小组为单位，用图文并茂的方式设计一份小班生活活动（晨间接待及晨检、盥洗、饮水、如厕、餐点、午睡、起床和离园等环节）的规则提示图。

3. 根据生活活动常规的要求及指导要点，在见实习时协助幼儿园教师进行一日生活常规工作管理并进行记录分析。

运 动 活 动

【情境导入】

每到孩子们的户外活动时间，小秦老师就焦虑不安。小秦老师是刚工作的新手教师，近来户外活动时发生的事情让她很头疼。孩子们每次户外活动都很兴奋，一出去就很难管理，尤其是有几个调皮的孩子，经常"闯祸"：一会儿争抢户外器械，一会儿扎堆推挤，一会儿追追打打。有时回教室集合时发现少了一两位孩子，还要到处去找……真是各种状况都有。小秦老师一刻也不敢松懈，紧紧地盯着孩子们，有时还要大声"呵斥"，担心发生安全事故。每天的户外活动，让小秦老师身心疲惫。

户外活动时，小秦老师怎样做才能避免上述情况的发生呢？怎样才能有序、安全地开展户外活动呢？

【学习概要】

运动活动是幼儿在幼儿园一日生活中的重要活动环节。《3—6岁儿童学习与发展指南》中提出："幼儿每天的户外活动时间一般不少于两个小时，其中体育活动时间不少于1个小时。"幼儿园教师在开展运动活动时既要确保幼儿达到基本的运动量，又要关注幼儿的安全、学习及发展。因此，幼儿园教师应熟悉运动活动的内容、基本要求及实施要点，确保运动活动能安全、科学、有效地开展，从而增强幼儿身体素质，培养幼儿乐观、自信、大胆、勇敢的个人品质，促进幼儿身心健康发展。

【学习准备】

1. 文件

《学龄前儿童(3—6岁)运动指南》《幼儿园工作规程》《3—6岁儿童学习与发展指南》。

2. 书籍

左志宏.幼儿园班级管理[M].上海：华东师范大学出版社，2015.

【学习目标】

知识目标	了解运动活动的内容、基本要求及实施要点

能力目标	掌握幼儿运动活动的管理技巧，并能有序组织幼儿运动
素质目标	1. 树立科学管理的观念，提高幼儿运动活动的质量 2. 在运动活动的常规管理中，形成教师间的团结协作、互相配合的工作氛围

✍ 【学习内容与实施】

本节内容的运动活动主要指户外活动，具体包括早操、户外体育活动、户外自选器械活动、散步等。在组织管理幼儿户外活动时，班级老师应当明确自身的职责要求，掌握开展户外活动的基本要求以及户外活动的实施要点，保障幼儿安全的同时，习得户外活动的常规以及提高运动能力和身体素质。

一、运动活动的基本要求

（1）以本班幼儿的运动兴趣、态度、动作能力、运动卫生常识、运动心理品质为目标，设计和组织活动。

（2）重视让幼儿通过自主、探究、合作等学习方式练习、体验，发展运动能力。

（3）每天户外活动时间不少于 2 小时，其中体育活动不少于 1 小时，且分段进行。

（4）掌握运动时间、强度和密度，循序渐进，确保幼儿安全。

（5）根据本园的场地、器械等条件，充分利用日光、空气、水、地理环境等自然因素进行锻炼，保证自制足够的运动活动材料，开展丰富多样的体育活动。

二、运动活动的实施要点

组织幼儿运动活动可以从运动前、运动中、运动后三个方面考虑，明确幼儿需要做什么、教师需要做什么以及保育员需要做什么。

表 1-4　幼儿园运动活动的实施要点

内容	幼儿	教师	保育员
早操	1. 做好操前准备（整理服装、鞋子，喝水、如厕等） 2. 认真、有精神，动作到位，协调有力	1. 提醒或指导幼儿做好操前准备，列队前往运动区 2. 着装规范（穿适合运动的衣服、鞋子，不披发）	1. 早操前检查场地、器械安全，准备早操活动器械 2. 着装规范

续表

内容	幼儿	教师	保育员
早操	3. 遵守规则，会听信号、口令 4. 早操后整理收拾运动器械，及时更换汗巾或衣服、喝水等	3. 精神饱满地组织早操活动，示范正确、口令规范；面向全体幼儿 4. 随时观察幼儿的早操情况，做到三看：身体情况、情绪状态、动作情况；三提示：动作、增减衣物、运动卫生及安全 5. 及时变化带操的站位，可指导中、大班幼儿轮流带操 6. 早操后组织幼儿整理收拾活动器械，及时更换汗巾或衣服、喝水等 【资源链接】早操视频	3. 熟悉本班早操活动内容，带好需要的物品（水壶、干毛巾、衣服筐、纸巾等） 4. 配合教师做好三看、三提示 5. 早操后组织幼儿整理收拾活动器械，及时更换汗巾或衣服、喝水等
户外体育活动	1. 做好体育活动前准备（整理服装、鞋子，喝水、如厕等） 2. 喜欢参加体育活动并遵守规则 3. 活动中通过自主、探究、合作等方式练习 4. 体育活动后整理收拾运动器械及时更换汗巾或衣服、喝水等	1. 提醒或指导幼儿做体育活动准备，列队前往运动区 2. 提前与保育员沟通，户外活动内容及器械准备 3. 精神饱满，口令及示范动作要标准，站位让所有幼儿都能看到 4. 活动中及时掌握活动密度、强度，动静结合，照顾体弱儿 5. 活动中观察幼儿的表现：活动情况、出汗量、幼儿与教师的互动、幼儿之间的互动	1. 体育活动前检查场地、器械安全，准备体育活动活动器械 2. 提前与教师沟通，了解体育活动内容及要求，带好需要的物品（水壶、干毛巾、衣服筐、纸巾等） 3. 到达活动场地后，站在幼儿身后，与教师的视线不留死角，协助教师做准备动作 4. 观察幼儿在活动中的表现、反应并辅导动作

续表

内容	幼儿	教师	保育员
户外体育活动		6. 活动中营造轻松、温暖的心理环境，消除幼儿焦虑、紧张等不良情绪，给予幼儿信赖感与安全感 7. 做好器械运动时幼儿的保护工作 8. 体育活动后组织幼儿整理收拾活动器械，及时更换汗巾或衣服、喝水等 【资源链接】户外体育活动视频	5. 关注幼儿安全、游离在活动之外的幼儿、动作发育差的幼儿及体弱儿 6. 提醒并帮助幼儿增减衣物、指导幼儿擦鼻涕、关注个别幼儿捡拾的危险物品（小棒、石子等）并及时处理幼儿之间的冲突 7. 做好突发事件的处理，如：幼儿摔倒、推撞及中暑等 8. 体育活动后组织幼儿整理收拾活动器械，及时更换汗巾或衣服、喝水等
户外体育游戏	1. 做好游戏前准备（整理服装、鞋子、喝水、如厕等） 2. 与同伴、老师商定当下开展的体育游戏，并积极参加 3. 在教师的提醒下按照规则进行游戏 4. 游戏时不打闹、不做危险动作，不玩危险游戏 5. 游戏后及时更换汗巾或衣服、喝水等	1. 提醒或指导幼儿做好游戏前准备，列队前往运动区 2. 生动、直观、形象地讲解并示范体育游戏的玩法和规则 3. 通过共同参与、动作示范、言语激励等方式调动幼儿游戏的积极性 4. 关注幼儿游戏中的幼儿的身体、情绪状态 5. 游戏后组织幼儿及时更换汗巾或衣服、喝水等 【资源链接】户外体育游戏视频	1. 游戏前检查场地安全 2. 注意关照体弱多病的幼儿 3. 配合老师开展体育游戏 4. 游戏后组织幼儿及时更换汗巾或衣服、喝水等

续表

内容	幼儿	教师	保育员
户外自选器械运动	1. 做好游戏前准备（整理服装、鞋子，喝水、如厕等） 2. 愉快地参加体育活动，主动活动身体 3. 正确使用活动器械，尝试新玩法，会和同伴一起活动 4. 遵守活动规则，有安全意识，不做危险动作，有简单的自我保护方法 5. 适时增减衣服，身体不适会主动告诉老师 6. 会正确使用并收拾整理活动器械	1. 提醒或指导幼儿做运动前准备，列队前往运动区 2. 运动前强调与安全有关的规则和注意事项，运动过程中提醒幼儿遵守规则，培养幼儿自我保护的能力 3. 开展走、跑、跳、钻、爬、投掷、平衡等各种发展幼儿基本动作的活动 4. 合理利用户外运动场地，保证幼儿有足够、安全的活动空间 5. 观察幼儿的兴趣、动作发展、习惯、安全意识、意志品质等实际情况，作出积极的应对和调整 6. 调动幼儿参与锻炼的积极性，保证幼儿户外运动时间 7. 指导幼儿选择并有序收拾器械 【资源链接】户外自选器械运动视频	1. 运动前检查场地、器具状况，及时排除安全隐患 2. 了解运动内容及要求，带好需要的物品（水壶、干毛巾、衣服筐、纸巾等） 3. 活动中观察幼儿的活动情况，及时提醒或帮助幼儿增减衣物，用干毛巾为出汗幼儿隔背 4. 活动后协助教师指导和帮助幼儿收拾场地，检查器械 5. 提醒幼儿洗手，用干净毛巾擦面，增减衣物，喝水等
散步	1. 不做剧烈运动 2. 不大声喊叫、互相嬉戏	1. 散步前组织谈话，强调散步注意事项 2. 组织散步，营造宽松的氛围 3. 提醒幼儿注意安全，不到危险的地方去 【资源链接】散步视频	陪伴用餐速度较慢的幼儿，餐后送其至散步集体

【案例 1-7】

做一个斜坡（小班）

【案例描述】

今早的户外活动，孩子们选择的器械是大型雪花片。由于整个操场阳光灼热，和孩子们商量后决定，把玩具搬到荫凉的场地玩。其他小组已把玩具拉到了荫凉的地方。汤圆小组的三个小伙伴在把玩具拉上阶梯的过程中，遇到了困难。只见汤圆、闻闻、子斓使劲地拽着箱子往阶梯上拉，但没有成功。子斓尝试去叫其他的小伙伴来帮忙，可他们玩得正起劲，并没有搭理他的求助。我想，我可以介入孩子的活动了，于是走了过去问："你们遇到什么困难？"子斓："我们组人太少了，没办法把箱子和玩具一起扛到阶梯上面凉快的地方。老师，你能帮我们一起把玩具拉到大理石场地吗？"我回应："嗯，人确实少了些，可是我手上拿着材料，不方便帮你们哦。"我接着说："你们除了想到把箱子搬上去这种办法，有尝试别的办法来解决问题吗？"这个提问似乎给汤圆启发，汤圆马上说："我想到一个办法了，我们做个斜坡，然后就可以把箱子推上去了。"我及时积极肯定了汤圆的办法，继续追问："你计划用什么材料做个斜坡呢？"汤圆望了望四周，对子斓说："我们可以找一块木板来当斜坡。"于是，两个小朋友便走到玩具收纳处，找到了他们需要的木板。当他们取了一块木板放在阶梯上，尝试往上推了一下时，汤圆又停了下来，说："我觉得一块木板太小了，箱子又大又重，不好推，我们再拿一块木板来。"子斓、闻闻赞成汤圆的提议，又去拿了一块木板。三个小伙伴把两块木板平整地搭在阶梯上，一起轻松地把整箱玩具从塑胶场地推上了大理石场地。成功后，他们高兴地

图 1-25

图 1-26

图 1-27

图 1-28

击掌庆祝，脸上满满的自豪感、成就感。此时的我，和孩子们一起高兴，为孩子们点赞！

活动即将结束，我猜想，汤圆小组的小伙伴会不会将自己发明的好办法推荐给班上的好朋友，于是便提醒配班老师，先不急着帮助孩子们把箱子搬到阶梯下。当我们说游戏结束时，孩子们纷纷收拾好玩具，准备按原来的方法把一箱一箱的玩具搬下阶梯。这时，子斓小朋友第一个冲到了阶梯前面。他大声地说："大家不要扛箱子啦，我们做了个斜坡，只要把箱子放在斜坡上就可以滑下去了。"子斓、汤圆在积极、努力地向同伴班介绍他们搬运箱子的好办法，而闻闻则在检查那个斜坡的稳固性。看到他们的举动，我震惊了。三岁多的孩子，在遇到问题时能积极面对并思考、找到解决问题的方法。此时的他们还想到了推广他们的好办法，真的太了不起了！在子斓的介绍下，热海小组的成员心动了，他们第一个尝试把整箱玩具从斜坡上运下来，箱子即将滑到地板时，面板的距离变大了，箱子没能很好地从两块木板上顺利滑下来，旁边的孩子赶紧救驾，哈哈。

图 1-29

图 1-30

这时，慕涵小朋友说："我觉得斜坡那两块木板分离太远了，箱子容易滑出木板，把这两块木板靠在一起会更好。"汤圆小组接受了慕涵的建议说："好，我们试一试。"于是，在同伴的提醒、建议下，他们把两块木板靠在一起。接下来的小组一箱一箱把玩具从斜坡运下来。看到这个方便的搬运方法，珂然小朋友开心地说："汤圆，你们的办法真厉害！"

图 1-31

图 1-32

图 1-33

图 1-34

【案例评析】

幼儿天生乐于探究，但幼儿特别需要成人为其创造安全的心理氛围。教师要鼓励幼儿提问、交流合作，并对幼儿提出的观点予以接纳、尊重，再给予恰当的引导。同时，"支持和鼓励幼儿在探究的过程中，积极动手动脑寻找答案或解决问题"。

在整个案例发生的过程中，我们看到了孩子们无穷的智慧和不放弃的探索精神。活动中，孩子们表现出了较强的观察力、语言表达和沟通、协商能力以及解决问题的能力。

从一开始遇到困难时子斓主动向同伴寻求帮助，到当求助未成功时，他们并没有放弃，而是在老师的引导下，积极寻求新的解决问题的办法。这对于小班的孩子来说，是难能可贵的精神。当他们第一次尝试用一块木板做斜坡时，汤圆小朋友善于观察和思考，看到了斜坡的宽度、箱子的大小和重量的问题，他根据实际情况，对初次的想法做了进一步的调整，最终成功了。尤其值得一提的是，当活动结束时，汤圆小组的孩子们能主动想到推广他们的新方法——利用斜坡搬运箱子。在游戏中，他们表现出良好的指挥、合作、解决问题和举一反三的能力。他们建造的斜坡，让搬东西上下阶梯变得越来越有趣，越来越有游戏的深度和探索、创新的乐趣。在推箱子从斜坡下来时的小插曲中，慕涵小朋友提到了斜坡存在的不安全因素，他们及时对斜坡进行了调整，使整个活动顺利进行。作为小班的孩子，能有这样的观察力、解决问题的能力，真的不简单，非常了不起！他们虽然是小班的孩子，但他们真的是有能力的学习者、沟通者，也具备了一定的安全意识。

我们老师要相信我们的孩子，尝试适当放手。在孩子游戏时，我们可以这样做：

(1)教师要适时地介入，有效推进活动的发展，从而促进幼儿的发展。《3—6岁儿童学习与发展指南》中指出，成人的作用在于能够用教育的眼光观察幼儿的游戏行为，在最适宜的时候推动幼儿的发展。案例中，教师在管住嘴、管住手的同时，也在密切关注幼儿的游戏情况。当幼儿在游戏过程中遇到困难需要帮助时，及时地介入，有效地推进了幼儿的发展。

(2)鼓励并为幼儿提供机会进行交流。教师要及时支持和肯定幼儿遇到困难时积极想办法解决问题的行为，增强他们成功的喜悦感。在活动结束后，教师可以请汤圆小组跟同伴分享、交流他们整个活动的过程，说说他们是怎样合作的，遇到了什么问题，以及是怎样解决问题的，从而鼓励他们的合作行为和培养他们遇到困难不放弃、敢于解决问题的精神，从而给其他幼儿以启示。

(3)教师适度地"示弱"，让幼儿有更多机会面对问题和解决问题。对于幼儿的自主游戏是否需要介入和指导，教师必须在观察的基础上进行专业判断。当幼儿来求助时，经过判断，他们有能力自己解决这个问题，便适度地"示弱"，给幼儿解决问题的机会。我们教师可以"退后"一步，让幼儿在前、教师在后，支持幼儿的活动。

(案例来源：广西医科大学幼儿园　陈娟)

🏃 【案例1-8】

助跑跨跳（大班）

【案例描述】

"老师，我不想跳了"，正在上体育课的秋言向我走来，小声地表达了自己的想法。问过原因之后，原来是她因为害怕，所以不想玩了。秋言在我们班是最小的一个孩子，动作发展相对于其他孩子稍慢一些，在遇到自己从没尝试过的挑战时，她会选择退缩，不敢去挑战。今天体育课挑战的是助跑跨栏，有一定的高度与难度。即使体育老师在跨栏后面加了保护的地垫，秋言还是不敢尝试。知道原因后，我开始鼓励她："我们已经是大班的姐姐了，我们试一试，我相信你，加油！"

在听到我的鼓励后，秋言回到了队伍中，准备尝试，可每次跑到栏杆前的时候，总是会害怕地先停下来，然后再抬腿跨过去，完全没有掌握跨跳的基本要领。鼓励她尝试了几次之后，她还是表达自己不想玩了。正在这时，她的好朋友梁豫栅也向我走来，说："老师，我也害怕。"

图1-35　助跑跨跳

在听到她们的诉求后，我观察到还有几个孩子也不太敢跨跳，于是我问她们："是不是这个高度对于你们来说有点高了，所以有点儿害怕？"她们听了之后纷纷点头，"我把高度降低一点儿，你们试一试好不好？相信你们一定可以的！"几个女孩听了之后，开始愿意主动去尝试跨跳。果然，降低了难度后，好几个不敢跨跳的女孩成功地跨跳了过去，虽然会碰倒栏杆，但是在我的鼓励与肯定下，一次比一次更好。秋言和豫栅两位小朋友还是害怕，在排队的时候，快要到自己的时候就往后躲。

于是我走了过去，牵起了秋言和豫栅的小手，对她们说："别怕，我拉着你们一起跨跳，你们肯定不会摔倒，而且肯定能跨跳过去。"就这样，我一遍又一遍地带着她们跨跳，一边跨跳一边鼓励，就像在玩游戏而不是在挑战高难度的技能。慢慢的，豫栅可以自己勇敢地跨跳了。她看见秋言还是胆怯，就鼓励她："秋宝，你可以的，其实没有那么恐怖，相信你自己，加油！"就这样，在老师的带领和好朋友的鼓励下，秋言慢慢放开了自己，当她成功地跨跳过去时，脸上露出了自信的笑容，对着自己的好朋友大声说："梁豫栅，你看！我跳过去了！"

【案例评析】

《3—6岁儿童学习与发展指南》指出："在锻炼过程中做到尊重幼儿的经验和个体差异，并能够鼓励幼儿主动地参与体育活动，我们教师要扮演好积极支持者的角色。"案例中的助跑跨跳需要跨越一定的高度，对孩子来说有一定的难度，也是一次挑战。在这样有难度有挑战的运动中，由于孩子们的个体差异，就会出现像秋言和豫栅这样不敢尝试、退缩的孩子。案例中的教师采取了以下做法：

1. 尊重个体差异，积极鼓励与肯定

当幼儿不敢尝试、退缩时，教师先给予积极的鼓励及肯定，给予了她们一定的自信后，让她们开始愿意去尝试这件事。虽然尝试后失败了，教师也没有给她们压力，而是设身处地从她们的角度想，给她们降低难度，让她们愿意再次去尝试。果然，再次尝试后，有几位孩子成功了。

2. 增强安全感，携手克服困难

在第二次尝试后，再次失败的秋言和豫栅，还是没有卸下心中的害怕。这时教师不仅语言鼓励，还牵起了她们的手，带着她们一起去做，给予了孩子们一定的安全感，帮助他们一起克服困难，最终达成目的。

教师是幼儿的支持者、合作者和引导者，在体育锻炼过程中教师要及时观察幼儿，善于发现不同幼儿的差异，并做到尊重幼儿的经验和个体差异。教师要尽量鼓励幼儿主动地参与体育活动，理解支持幼儿，让幼儿在具有安全感的环境中运动。

（案例来源：广西医科大学幼儿园　欧晓文）

【拓展检测】

1. 根据幼儿运动活动基本要求和实施要点，分组模拟组织幼儿早操、户外体育活动、户外体育游戏、户外自选器械运动和散步等活动。

2. 结合见实习，根据幼儿运动活动基本要求和实施要点，协助幼儿园教师进行户外活动常规工作管理并进行记录分析。

学 习 活 动

【情境导入】

刚才不是教过了吗?①

在中班科学教育活动"神奇的静电"中,瑶瑶老师用尺子把纸娃娃吸起来之后,幼儿自主进行操作。教师说:"孩子们,你们自己动手试一试吧!"小恩一边操作一边说:"老师,我们不懂怎么把纸片吸起来。"瑶瑶教师微微低头看向小恩,说:"你们看看其他小朋友怎么做的。"说完继续走来走去。小恩试图加入其他小组,未果,自己动手操作了一会,说:"老师,我尝试了还不会,你可以帮帮我吗?"瑶瑶教师正在指导桃子组小朋友操作,没有听到,忽视了小恩的求助。小恩上前扯了扯教师衣角,瑶瑶教师说:"我刚才不是教了吗?自己再好好想想怎么才能把纸片吸起来。"小恩面带失落回到位置,东张西望,不一会活动结束。

案例中,小恩向瑶瑶老师求助时,瑶瑶老师回应的方式是否恰当?为什么?

【学习概要】

学习活动是幼儿在幼儿园一日生活中必不可少的环节,幼儿园教师在开展学习活动时既要了解幼儿身心的发展规律,又要遵循幼儿的学习方式和特点。因此,幼儿园教师应熟悉学习活动的内容、基本要求及实施要点,建立合理的学习活动常规,有利于幼儿在有计划、有准备的学习情境中主动探索、积极体验,提高认知能力,丰富情感体验,形成良好的学习习惯和学习品质。

【学习准备】

文件:《幼儿园工作规程》《3—6岁儿童学习与发展指南》

① 陈林.集体教学活动中幼儿教师教育机制的调查研究[D].长春:吉林外国语大学,2021.

【学习目标】

知识目标	了解幼儿学习活动的内容、基本要求和实施要点
能力目标	掌握幼儿学习活动的实施要点，并有序组织学习活动
素质目标	1. 树立科学管理的理念，提高幼儿学习活动的质量 2. 在学习活动的常规管理中，形成教师间团结协作、互相配合的工作氛围

【学习内容与实施】

《3—6岁儿童学习与发展指南》中指出："幼儿的学习是以直接经验为基础，在游戏和日常生活中进行的。要珍视游戏和生活的独特价值，创设丰富的教育环境，合理安排一日生活，最大限度地支持和满足幼儿通过直接感知、实际操作和亲身体验获取经验的需要，严禁'拔苗助长'式的超前教育和强化训练。"因此，幼儿教师要理解幼儿的学习方式和特点，注重学习活动的生活化、游戏化。在组织学习活动时，根据不同的目标，组织集体、分组教学活动和个别化学习活动，支持和满足幼儿通过直接感知、实际操作和亲身体验获取经验的需要，建立合理的学习活动常规，重视幼儿的学习品质，为后续学习打下基础。

一、学习活动的基本要求

（1）根据教育目的、幼儿的实际水平和兴趣，以循序渐进为原则，均衡安排各领域的学习内容。

（2）充分利用周围环境的有利条件，提供充足的动手操作材料，保证幼儿有充分活动的机会。

（3）遵循幼儿的学习特点，注重活动过程，重视实践，采用合作、交流、探究等活动方式引导幼儿多感官地参与活动。

（4）灵活运用集体、小组、个别化等活动组织形式，为幼儿提供交流和表现的机会与条件。

（5）学习活动次数适量，每次活动时间小班15—20分钟；中班20—25分钟；大班25—30分钟。

（6）关注幼儿学习兴趣、品质及习惯的养成。

二、学习活动的实施要点

表 1-5 幼儿园学习活动的实施要点

内容	幼儿	教师	保育员
集体教学	1. 在教师或家长的指导下收集有关信息，准备活动材料 2. 动用各种感官参与学习活动 3. 乐于交流分享自己的经验和想法 4. 能正确使用和整理活动材料或用具 5. 有良好的倾听、发言习惯；用眼、握笔、坐立姿势正确	1. 根据本班幼儿发展需要和已有经验，选择适宜的活动内容，制定切实可行的活动计划 2. 根据不同的目标，组织集体或分组教学活动 3. 活动内容的选择紧扣目标，并贴近幼儿的生活经验，尽量采用有助于幼儿直接经验积累的方式，可利用教具、学具 4. 设计活动时，预设幼儿可能的反应，准备相应的回应方法 5. 活动前准备必需的教具及每个幼儿活动需要的操作材料，与保育员共同做好分发材料准备，讲明配合事项 6. 活动中视线关注全体幼儿，接收来自幼儿的反馈，尽可能给每个幼儿表达的机会，并注意倾听幼儿的表述 7. 活动中关注个别幼儿，有针对性地启发、引导、帮助，满足幼儿的不同需要；活动中注重培养幼儿专注学习的态度与习惯 8. 注重活动实效，活动后教师收集幼儿的活动作品，记录幼儿的典型表现，分析幼儿的发展状况	1. 活动前主动向教师了解需要配合的事项，协助教师做好活动前准备，摆放活动所需材料，安排场地等 2. 协助教师指导和帮助个别幼儿参与活动，指导过程中走动位置恰当，声音轻柔，不影响幼儿活动 3. 处理活动中的偶发事件时，方法适宜 4. 指导幼儿做好活动结束后的收拾、整理工作

续表

内容	幼儿	教师	保育员
个别化学习	1. 喜欢动脑思考、动手操作 2. 学习用自己的方式进行记录 3. 遇到困难，主动请求指导与帮助 4. 能够把习得内容进行有效分享 5. 活动结束后，能够按照要求整理学具	1. 提供丰富的材料，注重环境设置的情境性，鼓励每个幼儿参与活动 2. 鼓励幼儿自主选择活动区域，引导幼儿进行探究活动 3. 观察幼儿学习状况，指导幼儿学习记录与分享 4. 注重幼儿态度与能力的培养	参与指导幼儿对活动或游戏材料的准备、整理

🏊 【案例 1-9】

我的名字（大班）

【案例描述】

"来来，我是虾米，咪咪咪咪咪咪，咪咪咪咪咪咪……"在教室里总能听到这首让人上瘾欢快的名字歌，孩子们很喜欢哼唱，而且会给自己的名字变着花样哼。当时我们班正在进行《成为更好的自己》方案教学，"发现自己与他人不一样"符合大班幼儿的认知水平。于是我想，孩子对名字如此感兴趣，我们就开展一次"我的名字"主题活动吧。

《我的名字克丽桑丝美美菊花》是我很喜欢的绘本。故事里有一位美丽可爱的小老鼠妹妹，她出生的这一天，是她父母一生中最快乐的一天。在爸爸妈妈眼里，她是绝对的完美，为了使她的名字代表她的全部和绝对的完美，她的父母给她起名叫"菊花"，读作：克丽桑丝美美（Chrysanthemum）。"菊花"这个词在英语中很特别，是由十三个字母组成的又长又难念的词。克丽桑丝美美一天天长大，她喜欢这个名字，也认为自己的名字是绝对完美的，直到她开始上学……

克丽桑丝美美这个名字太长，又是个花的名字，所以老是被嘲笑；她好难过、好难过，甚至觉得自己的名字糟透了。还好经过父母安慰与音乐老师的大大肯定，克丽桑丝美美才又开心地接纳自己的与众不同。

活动开始了，孩子们首先被封面那朵大大的菊花吸引住了，很多孩子都在猜测这是一本关于小老鼠种植菊花的绘本。好吧，我们接着往下看。当孩子们知道"克丽桑丝美

图 1-36　绘本《我的名字克丽桑丝美美菊花》

美"是小老鼠的名字后，也觉得这个名字太长了，而且说起来特别拗口。我引导孩子们尝试说出菊花的英文名，此刻的场面很有趣，孩子们有的边说边皱起眉头，有的说着说着不懂得舌头该往哪放了。接着出现了克丽桑丝美美做很多事情的画面，我请孩子们用完整的话描述"克丽桑丝美美在做什么"。每一次的描述，都重复着名字"克丽桑丝美

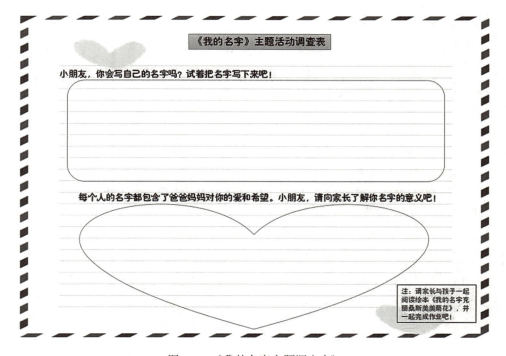

图 1-37　《我的名字主题调查表》

美"。慢慢地，孩子们觉得这个名字很有意思。于是我们玩起了名字游戏：自己的名字+小名——自己的名字+小名+家人的名字——自己的名字+小名+家人的名字+一种你喜欢的花的名字。游戏难度一层层增加，孩子们参与的兴致更高了，大家说出了很长的名字。游戏结束，我告诉孩子们："你们有这么长的名字真好，因为你的名字越长说明你得到的爱就越多。"我们继续往下看绘本，当看到克丽桑丝美美被同学们嘲笑自己的名字时，很多孩子都为克丽桑丝美美着急，这可怎么办呀！最后出场的音乐老师非常喜欢"克丽桑丝美美"这个名字，她给肚子里的宝宝也取了这个名字。故事的结尾让人暖心，在整个活动中，孩子们明白了自己的名字包含着爸爸妈妈的爱与希望，都是独一无二，完美无缺的。

活动结束后，我把绘本的电子版上传到了班级 QQ 群，并给孩子们发放《〈我的名字〉主题活动调查表》，请孩子们在家与爸爸妈妈一起阅读绘本，然后完成调查表。

非常感谢家长们的积极配合，当我看到孩子们交回的调查表时，心里暖暖的。我和孩子们分享了这些调查表，孩子们不由自主地拍起手来。此刻，孩子们是多么为自己的名字而自豪啊！

接下来的"名字创意画"活动，我只提示孩子们可以在自己的名字上变小魔术，让自己的名字更有趣一些。孩子们的作品给我带来了小惊喜。我把家长的文字与孩子的作品结合在一起，展示在主题墙上，让我们来欣赏一下吧。

图 1-38　名字创意画（1）

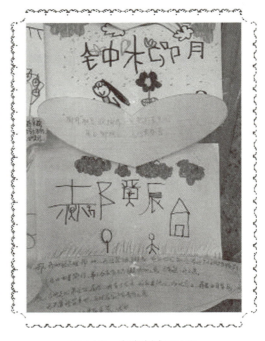

图 1-39　名字创意画（2）

【案例评析】

1. 追随幼儿兴趣，增强幼儿的自我认同

案例中，教师善于发现幼儿的兴趣和需求，开展了关于《我的名字主题调查表》的学习活动。这本绘本对于大班的孩子来说，正好合适。这个时期的孩子，开始敏感，开始注意到别人对自己的看法。班级中会有这样的现象：A 评价 B 今天穿的衣服不好看，B 再不穿这件衣服来幼儿园了；C 在大家面前讲故事，离 C 很近的 D 突然笑起来，C 以为是 D 在嘲笑她，就哇哇大哭起来。借此绘本，增强了幼儿的自我认同。

2. 家园互动，增进幼儿与家长的情感

活动结束后，教师把电子版绘本以及《我的名字主题调查表》发给家长，让家长与孩子进行亲子阅读，并联合实际，回忆名字的美好，体验亲子间的温情。所以，一个活动是否留给孩子美好的经历和体验，不仅是师幼互动、幼幼互动，还有家园互动。只有多方面的互动才能让孩子在学习中习得，情感也能得到升华。

（案例来源：广西医科大学幼儿园 陆扬冰）

【案例 1-10】

神奇苗苗店（小班）

【案例描述】

《神奇种子店》是日本作者宫西达也的作品，在日本，他的绘本最受读者欢迎。故事非常富有想象力，也很风趣幽默，图画形象简单，能把孩子带到神奇的童话世界里。在"我想拥有一颗神奇种子"的绘画活动中，我启发孩子打开想象之门，说出自己的愿望：想拥什么样的神奇种子？孩子们纷纷表达了自己的想法：长出饼干的种子、长出冰淇淋的种子、长出各种玩具的种子……他们用画笔画出了自己的愿望，孩子们心中的童话世界就是那么神奇，作品特别富有童趣和创意。

绘本《神奇种子店》也让孩子们对种子产生了兴趣，有了种植的愿望，于是我征求孩子们的意见："你们想种什么？"正好下午午点孩子刚吃完西瓜，就有孩子提出要种西瓜，这个提议得到了所有孩子的一致认同。我在种子店购买了西瓜种子并邀请孩子们帮忙分种子。分种子对大人来说是件枯燥乏味的事情，可孩子却很乐意帮忙，把一颗颗种子放在包装纸上，数够 5 颗再包起来。孩子工作起来可认真了。

孩子们通过观看视频、观察图片了解了西瓜苗催芽、育苗的方法，在班上开展催芽

图 1-40　孩子分西瓜种子

的实践活动。几天后孩子们惊喜地发现，西瓜种子露白了，一两天后长出芽来。孩子们把芽小心翼翼地种到育苗杯里，顺利地完成了育苗的任务，体验了种植成功的快乐。当孩子们通过学习与实践累积了足够的种植经验，可以独立完成种植任务时，我把分好的种子发给孩子们拿回家种植。几天后传来了好消息，孩子们很兴奋地向大家介绍自己的种植经验及成果，有的孩子 5 颗种子全部发芽了，有的只有两三颗发芽。而夕夕的西瓜种子一点都没发芽，她特别着急。我提议孩子们帮她找原因，于是这些"小种植专家"们纷纷给夕夕支招："你有没有泡水？""要泡一个晚上再拿出来。""你是不是没有放在黑黑的地方？""种子一定不能泡太久。"……虽然最终没有找到失败的原因，但是从幼幼之间的互动看出孩子是真正参与了育苗的种植活动，掌握了种植方法。我安慰她说："如果你是按科学的方法种植的，没有成功的话也许是因为西瓜种子是坏的，所以发不了芽，有的小朋友不是也有种子没发芽吗？"我把新的西瓜种子给了夕夕，鼓励她再试一试，并告诉她注意按小朋友说的方法完成一定能成功。过后我提醒家长协助孩子按正确方法育苗，最终夕夕也完成了任务。孩子们成功培育了很多西瓜苗，特别有成就感，我们通过讨论决定开家"神奇苗苗店"，把西瓜苗卖给幼儿园的小朋友。

接下来孩子们就进入了"神奇苗苗店"开业的筹备工作：

1. 学习小组讨论和完成记录表

我问孩子："开店并不是一件简单的事情，首先要定好在哪开店。谁能提出好建议？"孩子七嘴八舌地议论起来，有的说在教室，有的说在幼儿园童话屋，还有的说在大型积木区……只要孩子说出一个想法，我就及时把地点的某个特征画在一体机上。我的做法很好地提示了孩子可以用绘画的方式做记录。讨论结束后，一体机上满满的图案，我让孩子根据图案总结刚才说了什么地方可以开店，他们很容易就说出来了。对孩子的表现我给予肯定，接着我给小朋友布置一个任务：小组讨论几个问题并用绘画图案记录讨论结果。表格里有图标提示孩子讨论的问题，如：在幼儿园的什么地方开店，组员如何分配工作，统一什么颜色的工作服。希望孩子们能学以致用。很快，孩子们已经讨论出结果并完成了记录表。在分享讨论的环节中，表达能力强的孩子主动做介绍，其他组员在旁边拿表格展示，配合非常顺利。我们统计表格发现，孩子们对开店地址的意见不统一。针对这个问题，我引导孩子从场地大小、天气等角度进行分析，最后我们一致认为把开店地点定在室内大型玩具场里比较合适。

图1-41　三人一组讨论做计划

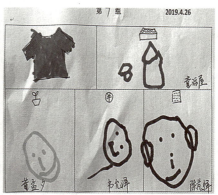

图1-42　孩子的计划表

2. 设计工作牌和游戏币

我问孩子："每组成员虽然都统一工作服的颜色，但在工作时怎样让顾客立刻认出我们是卖家呢?"陈芃怿说："可以像我们的餐吧一样穿上围裙就是在工作了。"马上有小朋友提出疑议："我们班才有几条肯定不够!"蓝泊如说："戴上工作牌就是卖家。"孩子们都认可这个意见——制作自己的工作牌，挂牌上岗。通过欣赏大量的花边图案，孩子们明白了花边是什么，花边的装饰特点是怎样的，在欣赏中发现花边的美，提高了审美

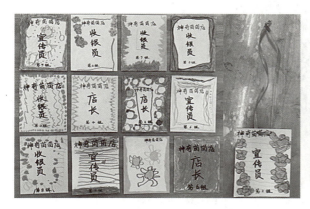

图1-43　孩子设计的工作牌

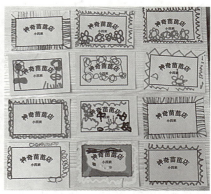

图1-44　孩子设计的游戏币

能力，也产生了强烈的创作愿望。从工作牌和游戏币的设计中看出，他们已经会运用线条和图案画花边做装饰，而且颜色鲜艳，搭配很协调。

3. 学习买卖游戏，总结游戏经验

小班的孩子缺乏生活经验，交往能力及意识较弱，买卖的游戏对他们来说会有一定的难度，所以有必要组织孩子进行"岗前培训"。我请两组孩子做示范：一组孩子做卖家，一组孩子做买家。祚旻是"店长"，他非常热情地招呼"顾客"来买，模仿大人的语言："欢迎光临！你要买西瓜苗吗？""顾客"没有来得及回答，"店长"就已经主动拿了"顾客"手里的游戏币，放进了盒子里，还把苗苗交给"顾客"。示范结束后，大家一起讨论这组孩子工作表现怎样。孩子们的意见可多了：有孩子肯定"店长"的表现，觉得他很有礼貌；有孩子不同意，说"卖家"没等"顾客"给钱就拿走别人的钱了，没有礼貌；有的孩子说宣传员忘记发宣传单了……我引导孩子们思考："3 个组员应该如何分配工作？"孩子们这才恍然大悟，上次分组时讨论过工作的分配问题，怎么只有"店长"一人在招呼客人呢？于是我们讨论了店长、收银员、宣传员的工作职责及基本的服务用语。光说是不行的，要给孩子充分的实践机会。"你来买，我来卖"活动的 9 组幼儿分成了"卖家"和"买家"练习买卖的角色游戏，然后再进行角色交换，每个孩子都有扮演"卖家"和"买家"的机会。有一组卖家出现了矛盾："收银员"看见"宣传员"没有发宣传单，就伸手拿想帮忙发，"宣传员"有意见了，一把抓住宣传单说："我自己发，不用你发！""收银员"不放手说："谁叫你不发。"我立即介入，让他们各自表达自己的想法，分析如何处理问题避免发生矛盾。孩子们的合作需要磨合，在练习过程中，必然会出现各种问题，每一次解决矛盾冲突都会让孩子们累积合作经验，提高交往能力。我在小结中就发生的问题和孩子们一起讨论，让孩子们了解别人的做法，吸取别人的经验，避免类似的问题再次发生。我们在学习、讨论中逐步建立了游戏的规则，孩子们配合得越来越好。

图 1-45　第一次游戏

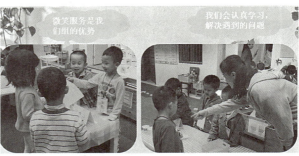

图 1-46　第二次游戏

游戏在教室开展得很顺利，但在户外的表现如何呢？为了让孩子们尽快适应新环境，大胆地参与游戏，我把孩子们带到了开店的地址——大型积木场，开展第二次买卖苗苗的角色游戏。孩子们有了前期的买卖经验，在现场表现也很放得开。活动结束后，我将游戏中遇到的问题和有可能发生的问题，提出来让孩子们思考，在讨论中大家达成一致。这样做不仅使孩子们对游戏规则了解得更透彻，而且还提高了孩子思考及解决问题的能力，提升了孩子们的游戏水平。

4. 家长的支持

在活动前一天，家长们很配合我们班级的工作，把苗苗和工作服都带来了。一切工作准备就绪，不仅是孩子期待参加神奇苗苗店的活动，家长们也很关注这个活动，纷纷给自己的孩子打气。

图1-47　"神奇苗苗店"开业

图1-48　黄煜涵招揽"顾客"

神奇苗苗店活动要开业了，孩子们穿上工作服，挂上工作牌，拿好所有的物品，兴冲冲地来到大型积木场一起搬桌子，做好开店的准备。我跟孩子们说："我们的神奇苗苗店要开业了，小朋友们上班啰！"这些可爱的"卖家"们笔直地站在摊位上非常期待"顾客"的到来。我们的活动分三场，分别邀请了不同的班级来买西瓜苗。活动现场非常热闹，每一组孩子都很积极地推销，希望能多卖些西瓜苗。一些害羞的孩子在活动中也表现得很大方，主动跟顾客交谈。卖完小组成员在家培育的西瓜苗，店长可以在老师那里进货，卖班级培育的西瓜苗；宣传单发完了，宣传员会找老师要宣传单；每位小组成员各司其责，合作很顺利。第四组摊位比较靠后，第一场卖苗活动结束了也没有卖出几杯西瓜苗，看着位置靠前的小组都卖完了，还到老师那里进货，煜涵心里可着急了。因为第二场也没卖几杯，所以第三场的游戏一开始，煜涵就立即离开摊位，主动走出去招揽顾客："你好，欢迎光临！来买我们的西瓜苗吧！"边说把顾客带到她们组的摊位。在煜涵的热情接待下，她们组的"生意"有了好转。在整个活动中，孩子都很积极主动，老师可以不用现场指导，孩子们已经能够"独立经营"，自己解决问题了，活动开展得非常顺利。

活动结束后，孩子们要整理自己组的游戏币，并数数游戏币有几张，我提醒孩子们轮流数一遍，如果每次都是同一个数，说明数量对了，再报数给老师做统计。我把每组游戏币从多到少排序，公布了前三名的小组名单，大家给予掌声鼓励。通过播放活动照片我总结了孩子们的表现，对所有小组成员的努力给予极大的肯定："虽然有的小组卖得不多，但我看到了你们的努力，只要大家都能齐心协力、努力地完成任务，卖了多少苗不重要，重要的是你们学会了本领，你们都是很棒的！"

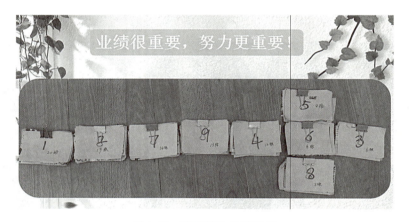

图 1-49 孩子们的业绩排名

"神奇苗苗店"活动虽然结束了，但是我们的种植活动还在继续，孩子们把剩下的西瓜苗拿回家，和家长一起在家里种植。家长协助孩子拍照并记录植物生长的每个阶段，等种植收获后完成种植观察记录。

【案例评析】

从绘本教学中教师发现了幼儿的兴趣点，与幼儿的发展建立连接，生成一个卖西瓜苗的活动。从组队到卖苗，每个活动都是独立的、缺一不可的，也是层层递进的。我们追随孩子、尊重孩子、了解孩子、支持孩子，让他们成为有思想的、独立的人，为孩子今后适应社会奠定基础。结合案例分析如下：

（1）培养团队意识和团队合作的能力。从分组、分配工作、统一工作服、布置场地、合作卖苗苗等环节中，孩子们学会了协商、合作并顺利地完成任务，增强了团队意识和团队合作能力。因为团队合作能力是孩子今后人生必不可缺少的能力，所以我们非常重视这方面的培养，从小班就开始为他们创造机会，而事实证明：只要相信孩子，给他们充分锻炼的机会，小班的孩子也可以做到。

（2）家长的支持与配合是保证活动顺利开展的重要因素。小班的孩子任务意识不够强，需要发动家长积极关注和参与活动，我通过QQ群将孩子每次活动的照片发给家长们看，并且告诉家长们下一步需要他们如何配合，当家长们明白了老师开展活动的意图和活动的教育价值，就会很积极地协助孩子完成老师交待的任务。例如："神奇苗苗店"活动需要同组孩子穿统一颜色的服装，虽然老师交待了孩子要事先准备好，但小班孩子还是有忘记的或记错颜色的，因此我把小组计划表发到QQ群给家长们看，他们明确服装颜色后会协助孩子一起找衣服。如果孩子没有同颜色的衣服，家长就会到QQ群里向其他家长借，保证统一服装的任务顺利完成。在"神奇苗苗店"活动的筹备过程中，家长真正地参与其中，发挥了很大的作用，成为孩子有力的支持者，如：和孩子一起完成催芽、育苗、拍种植过程照片并做观察记录等。每个孩子都能很好地完成任务，没有哪个孩子掉队，这是跟家长的支持与配合分不开的。家长的参与不仅增进了亲子关系，还让孩子们感受到活动的价值和快乐。活动过后，家长们还经常在QQ群发照片，互相分享西瓜苗在阳台的种植经验，解答各种种植问题，营造了良好的学习氛围。

（3）学会换位思考问题，有效地解决冲突。《3—6岁儿童学习发展与指南》指出：游戏是幼儿同伴交往的主要形式，克服自我中心思维，学会"设身处地"地了解他人的感受是幼儿形成良好社会行为的认知基础。在"岗前培训"的活动中，幼幼之间的互动产生了冲突，教师适时介入并鼓励幼儿说出自己的想法和感受："你为什么会这样做呢？""如果你是那个小朋友，你愿意这样吗？"引导幼儿学会换位思考问题，有效地解决冲突。

（4）整合与幼儿发展密切相关的其他领域内容。在催芽、育苗活动中，孩子们主动探索自然科学的秘密，亲近大自然并感受大自然的神奇；在卖西瓜苗的游戏中，孩子们学会相互配合，逐渐掌握同伴交往规则，增强了人际交往能力。在偏重科学、社会领域的活动中，适时涉及一些其他领域的内容，把艺术、语言、劳动和体验自然加入其中，使活动丰富多样，促进孩子想象、创造、动手、表达、交往、审美等能力的发展。

（案例来源：广西医科大学幼儿园　梁燕）

【拓展检测】

1. 根据集体教学活动的基本要求和实施要点，模拟组织集体教学活动前的准备活动、活动过程中与幼儿的互动、活动结束的整理工作。

2. 根据个别化学习的基本要求和实施要点，模拟指导幼儿进行个别化学习。

3. 结合见实习，根据集体教学、个别化学习活动的基本要求和实施要点，协助幼儿园教师开展集体教学活动、个别化学习活动，记录教师的组织过程并进行分析。

游 戏 活 动

【情境导入】

　　李老师是刚从幼师毕业的新老师，一入职就被安排去小班当配班老师。李老师满怀激情，在开学前就精心布置了班级区域环境，为各区域提供了丰富的材料，并设计了入区规则图。李老师期待着孩子们入园后好好开展区域活动，但开学后孩子们玩区域活动的现状让她头疼，因为孩子们并不会按她预想的那样有序开展游戏，他们不遵守区域规则，只选自己喜欢的区域玩，玩过的玩具也不知道如何收拾，甚至为了玩自己喜欢的玩具而发生争抢等。

　　如果你是李老师，将如何引导孩子们遵守游戏规则？

【学习概要】

　　《幼儿园教育指导纲要（试行）》中指出："幼儿园以游戏为基本活动。"玩游戏能促进幼儿身体、智力、社会性和情感的发展。有序的游戏活动管理是幼儿游戏顺利开展的保障，教师应掌握游戏活动的基本要求和实施要点，提供适宜的游戏指导，让幼儿在游戏中快乐成长。

【学习准备】

　　1. 文件

《幼儿园教育指导纲要（试行）》《3—6岁儿童学习与发展指南》《幼儿园工作规程》《幼儿园教师专业标准（试行）》《中等职业学校学前教育专业教学标准（试行）》《幼儿园保育教育质量评估指南》

　　2. 书籍

张富洪. 幼儿园班级管理[M]. 上海：复旦大学出版社，2012.

左志宏. 幼儿园班级管理[M]. 上海：华东师范大学出版社，2015.

【学习目标】

知识目标	掌握游戏活动常规管理的内容与指导要求

能力目标	能灵活运用游戏活动的管理技巧组织幼儿游戏
素质目标	1. 树立科学管理的观念，为幼儿游戏的顺利开展提供保障 2. 在游戏活动常规管理中，营造和谐的活动氛围

🖐【学习内容与实施】

游戏常规是指游戏中必须遵守的某种规定。教师应指导幼儿遵守游戏常规，确保游戏顺利开展。为了明确游戏常规，根据幼儿园实施游戏情况将游戏分为：班级室内区域游戏、专用功能室游戏和户外自主游戏。现以某幼儿园游戏实施为参考，提出游戏活动的基本要求及实施要点。①

一、游戏活动的基本要求

（1）根据幼儿的年龄特点、实际经验和兴趣，选择幼儿游戏的内容，保证游戏的时间和空间。

（2）因地制宜，就地取材，创设良好的游戏环境，提供安全、卫生、可变、具有多种教育价值的游戏材料，保证幼儿自主游戏的条件。

（3）平衡一周内的各类型游戏。

（4）加强游戏过程中的观察，做到观察在前、指导在后，指导方式恰当。

（5）明确各类游戏的规则，指导幼儿遵守游戏规则。

二、游戏活动的实施要点

表1-6 幼儿游戏活动的实施要点

内容	幼儿	教师	保育员
班级室内区域游戏	1. 参与游戏材料的收集与准备 2. 能自主选择游戏内容、材料、同伴、角色、场地等进行游戏，参与制订、遵守游戏规则	1. 制订指导和观察要点明确的游戏活动计划 2. 保证每日幼儿游戏活动总时间不少于1个小时 3. 平衡安排各类游戏	1. 游戏活动前与教师进行沟通，了解活动目的和要求，根据教师要求做好游戏前的材料、场地等准备

---

① 左志宏 . 幼儿园班级管理［M］. 上海：华东师范大学出版社，2015：72-73.

内容	幼儿	教师	保育员
班级室内区域游戏	3. 与同伴友好玩耍，愿意与同伴分享游戏材料和经验	4. 根据游戏活动的要求和幼儿游戏活动的需要，家园合作收集自然物、废旧材料、半成品等作为游戏活动的材料，但须确保游戏材料的安全卫生 5. 游戏材料投放数量充足，种类丰富，及时添置和更换 6. 允许幼儿根据自己的兴趣选择游戏材料，与幼儿共同建立必要的游戏规则，并提醒遵守 7. 对处于不同游戏区的每个幼儿予以关注，有目的地观察幼儿游戏情况：对材料的偏爱和使用方式、产生的疑惑、游戏区的划分，进行必要的记录、调整 8. 在必要时(幼儿漫无目的、遇到困难想放弃游戏或发生激烈冲突等时)介入幼儿游戏，尽量采取间接的方法进行指导和支持 9. 采用集体或个别的方式分享、交流游戏经验，讨论游戏中的问题，拓展和深化幼儿游戏中获得的经验，鼓励幼儿有创意地玩 【资源链接】视频： 大班自主性区域游戏1 大班自主性区域游戏2	2. 配合教师对幼儿进行指导，处理游戏过程中出现的问题，注意幼儿的安全 3. 游戏结束时配合教师做好收尾工作，帮助或带领幼儿收拾、整理游戏活动材料

续表

内容	幼儿	教师	保育员
专用室游戏	1. 选择并积极参与各类游戏，能自由地进行表达、表现 2. 与同伴共同游戏，分享游戏材料，学习轮流、合作的方法 3. 爱护游戏材料，活动结束时将材料归类整理，放回原处	1. 为幼儿创设游戏环境，师幼共同准备游戏材料 2. 观察、指导幼儿活动，在幼儿需要时适时介入 3. 引导幼儿在游戏中与同伴交往、合作 4. 指导幼儿准备、整理游戏材料	1. 协助教师带领幼儿进专用活动室 2. 根据需要配合教师开展游戏活动 3. 协助教师指导幼儿准备、整理游戏材料
户外自主游戏	1. 自主选择玩具、场地、伙伴 2. 活动后将材料归位	1. 为幼儿准备充足的玩具材料，幼儿可自行取放，结伴玩耍；定期更换自选材料，保证幼儿有充足的自由活动时间 2. 悉心观察幼儿言行并适时、恰当地进行指导 3. 师生共建自由活动规则，整体规划动静不同的活动场所，合理协调场地分布 【资源链接】视频：户外自主混龄游戏	1. 参与教师管理幼儿活动，为幼儿有更多的活动空间提供保障 2. 观察幼儿活动结束后是否能够按照要求及时整理好玩具，并从旁协助

　　明确游戏活动的基本要求和实施要点是顺利开展游戏活动的前提。而教师秉承怎样的游戏理念、如何进行现场指导以及游戏结束后如何进行评价也都会影响幼儿游戏的质量。以下结合幼儿园教师开展的游戏活动的案例进行分析。

【案例 1-11】

皮影屋——《捏面人》(大班)

【案例描述】

　　又到了区域活动时间，区角里的皮影屋很热闹，四个女孩子——美彤，筱筱，梓嫣和僖僖，相约一起在皮影屋表演皮影戏。她们在商量要表演什么节目，突然美彤说：

"前段时间我们刚学了《捏面人》这首歌曲，我们可以一起表演啊！"大家都赞同美彤的提议后，开始分配角色，找相对应的皮影进行表演。可是在找皮影的过程中出现了小插曲，原因是皮影的人物不齐全，总共需要老爷爷、猪八戒、唐僧、大马、沙和尚和孙悟空这些皮影，但唯独缺老爷爷这个皮影。

图 1-50　商量节目　　　　　　　　图 1-51　表演手影《捏面人》

这时梓嫣向我求助：朱老师，我们要的皮影不够，怎么办？

朱老师：你们好朋友商量一下，看看有没有好办法可以解决。（当幼儿在操作过程中遇到困难时，幼儿会中断探究或寻求帮助，教师不要急于把解决问题的方法告知幼儿，让幼儿学会遇到困难时寻找解决困难的方法。）

僖僖：那我们现在马上去制作一个老爷爷的皮影。

筱筱：来不及了，如果现在去制作，就来不及表演了。

美彤：那有没有更好的办法？

在孩子们七嘴八舌商量解决对策的讨论声中，梓嫣突然说：手影表演，要不老爷爷我们用手影来表演吧！

美彤：好主意，这样我们不用耽误表演时间，可以马上进行表演了。（幼儿通过小组讨论商量，找到了利用手影表演的已有经验快速解决缺皮影难题的好办法，培养了幼儿发现问题、解决问题的能力。）

得到大家的赞同后，大家开始了表演。

"捏面人的老爷爷本领大，捏出来的面人让眼睛看花，捏的什么呀，捏的什么呀，你说是啥就是啥。捏一个猪八戒吃西瓜，捏一个唐僧骑大马，捏一个沙和尚挑着箩，再捏一个孙悟空变戏法，你说是啥就是啥。"

当歌曲的说唱部分说到唐僧骑大马时，筱筱突然停了下来。

美彤：筱筱你为什么停下来？

筱筱：我一个人操作不了唐僧骑大马这两个皮影。

僖僖：可以两个皮影一起拿啊。朱老师，你说可以吗？

朱老师：嗯，那你用你的办法试试。

表演继续进行，但僖僖把两个皮影一起拿，在幕布上出现的皮影是不走动的。

美彤：不行，唐僧和大马都不走的。（在僖僖说出自己的办法时，教师期待幼儿能一个人多杆同时操作，因为在此之前幼儿无人可以一人同时操作多杆，无论成功与否，都应该鼓励幼儿用自己的方法试一试。在幼儿发现自己的方法不可行时，进而再努力思考想出新的方法。）

朱老师：两只手同时抓住所有的杆，你们觉得会走动起来吗？

图 1-52　尝试表演

图 1-53　尝试合作表演

僖僖：太多杆，我怕抓不住唐僧，怕唐僧从大马上摔下来，所以就一起拿了。

朱老师：平时你操作一个皮影的时候，怎么拿杆可以让皮影走动起来？（教师通过让孩子回忆已有经验，尝试利用已有经验解决问题。）

僖僖：左右手分开拿杆可以让皮影走动起来。

朱老师：那怎么拿可以让唐僧和大马两个皮影同时动起来？

僖僖：左右手分开才能走动起来。

朱老师：那你再试一试。

经过几次尝试，僖僖还是没能成功。

僖僖：太多杆，我一个人还是同时操作不了。

美彤：那我来和你一起合作吧！我拿唐僧，你拿大马，我们一起来试试。（一个人多杆同时操作是有难度的，而美彤这个分工合作提议很好地解决了孩子们在现有探究水平上无法同时操作的问题。）

美彤和僖僖分别拿了唐僧和大马这两个皮影，在她们的配合下终于让两个皮影可以同时走动起来。

皮影表演继续进行，在表演第一遍结束后。

僖僖：我们是不是少了伴奏啊，我看朱老师放给我们看的皮影戏是有人伴奏的。

筱筱：对啊！可是我们人不够了，我们都要表演皮影，怎么办呢？

梓嫣：我们可以去邀请其他小朋友来帮我们啊！（有了前面同伴合作的经验，这次孩子们轻松地想到寻求同伴帮助、共同合作的办法。）

于是她们找来了好朋友熙桐，让熙桐小朋友为她们的节目进行伴奏，刚开始熙桐伴奏的时候节奏有些随意。

朱老师：你们觉得熙桐的伴奏配上你们的《捏面人》，好听吗？

梓嫣：呃，好像有点干扰我们。

图 1-54　邀请朋友表演

图 1-55　合作表演

朱老师：伴奏是为了让皮影表演变得更好看更有意思的，可为什么熙桐的伴奏不仅没有起到帮助作用，反而让人觉得是干扰呢？

美彤：是不是她敲打的节奏有点乱，没有按歌曲的节奏来？

朱老师：那这节奏的问题怎么解决？

熙桐：要不我跟着你们的节奏，重新再来一次。

筱筱：我们唱慢点，你跟着我们的节奏。

在经过几次的配合练习后，终于进行了一次完美的表演。表演结束后，孩子们非常高兴。

僖僖：我们的合作真是太棒了！

梓嫣：今天的表演真开心，我们的表现都很棒！

美彤：就是啊，下次我们还要一起合作表演。

朱老师：我可以邀请你们为全班小朋友表演吗？

只见孩子们露出兴奋的表情，不约而同地说：可以啊！

在区域活动结束后，这几位孩子面向全班孩子表演，分享她们的经验，通过这种同伴学习的机会，幼儿共同提高了在皮影屋的游戏水平。分享结束后，我根据本次幼儿在区角中的游戏情况进行及时梳理，引导幼儿学会发现问题并解决问题，引导他们对问题进行回忆、反思、梳理，帮助幼儿总结与提升经验。

【案例评析】

在皮影戏《捏面人》的活动中，教师鼓励孩子主动探究。当教师发现僖僖双手同时拿皮影，不能让皮影同时走动起来时，提出问题，让僖僖思考如何拿皮影可以让唐僧和大马两个皮影同时动起来，并让孩子们不断地尝试操作。一开始，孩子们一人同时拿两个皮影的操作没有成功，但正是在孩子们一次又一次的探究中，他们获得了更多皮影表演的有益经验。而由于孩子的发展尚不成熟，这使得他们的自主学习、自主探究具有随意性、间断性的特点，教师在活动中适时的支持与引导可以让孩子们的探究变得更有目的性和连续性。

在这次皮影表演中，孩子们勇于探索，遇到问题懂得与同伴商量，寻求解决问题的方法，充分体验了与同伴共同合作、游戏的快乐。同时，幼儿的社会性也得到了很好的发展，能愉快地和同伴交流，分享自己的知识和经验，能积极表达自己的见解并认真倾听同伴的不同意见，还能与同伴分工合作进行表演等。

面对本次活动出现皮影角色的缺失问题时，孩子们能利用已有经验，快速解决。今后，可以请孩子们进区角之前先做计划，并按计划尝试写皮影剧本（绘画的方式），并根据剧本准备皮影。考虑到皮影的原材料（牛皮）不能大量提供，工序复杂，教师将进行皮影材料的改良，如提供纸质的，让幼儿通过剪纸或水彩画的形式，利用各种工具和材料在美工区进行皮影制作，然后再把完成的皮影拿到皮影屋去表演。这样可以给幼儿更多选择，既可以用手影填补角色空缺，也可以在美工区提前制作和准备想要的皮影。

在皮影表演开展的过程中，还发现一些问题，如：皮影多根操作手杆的正确使用、皮影戏中的一些难度动作如左右翻转的完成、人物道具的使用、编写皮影戏剧本、给皮影戏配乐等，还需要进一步去思考与探究。

总之，幼儿在参与皮影戏游戏的过程中，基本遵循了：自发相约游戏——分配角色进行游戏——共同商讨调整游戏——教师引导游戏——游戏结束后讨论、思考并分享。在皮影活动中，教师秉承"以幼儿为主体"这一宗旨，创设条件，支持、引导幼儿自主自发游戏，在游戏中不仅使幼儿学会了遵守游戏规则，还鼓励幼儿思考、解决问题，生成了更丰富的游戏。

（案例来源：广西医科大学幼儿园　朱婷）

【案例1-12】

木工坊——安全标志（大班）

【案例描述】

木工坊是大班上学期创建的一个区域，区域里投放有长短不一的长方形木条、木块、正方形木板、圆形木片、木桩以及各式各样的木质原材料，还有锤子、钉子、锯齿等工具。在木工坊里幼儿需要注意的是使用工具时需要戴好防护镜及手套，做好安全防护工作以及使用材料时注意不碰伤同伴。幼儿每天都能在木工坊操作30~40分钟时间，或探索材料，或制作木工作品。经过一个学期的区域游戏，到大班下学期，孩子们已经对木工非常熟悉及热爱，能用木条相互拼叠制成相框，或将钉子敲进圆木条制成一个圆圈或图形等。鉴于幼儿对木工坊工作的热爱以及已经能掌握木工的基础操作，我准备在这学期的游戏活动中让孩子们的作品与生活更融会贯通，制作立体的木工工艺品，例如通过观赏图片知道生活有很多物品都是可以通过木工制成的：桌子、椅子、书柜等，幼儿能通过锯、钉、拼叠完成这些木制品，同时动手能力更强的幼儿还可以学习设计木工图纸，教师引导幼儿更好地设计和制作木工作品。

在一次积木搭建游戏活动中，刘珉滔发现长廊过道下没有安全标志，小朋友在走过地下通道的时候很容易被经过的汽车撞倒，便跑来跟我说了他的想法。（见图1-56）

刘珉滔：星星老师，平时妈妈带我上街的时候，我经常可以看到路上有各种安全标志，可是在我们积木区里的材料里我找不到安全过马路的标志，只有汽车使用的红绿灯和转弯标志。

星星老师：你的这个想法很周到，懂得为行人考虑。可是我现在一时没办法给你提供这个标志，怎么办呢？（当幼儿遇到困难时，教师相信幼儿，不急于干预，告知解决办法，将问题重新抛给幼儿，为幼儿提供自主解决问题的空间和机会。）

刘珉滔：我们可不可以请艺术区的小朋友做一个呢？

凌上修：用艺术区的材料做出来安全标志不能立起来。我来，我知道怎么做！（游戏中幼儿由相同兴趣和情感联结而成，形成学习共同体，围绕当前的问题情境展开讨论、合作互助，从而促进问题解决。上修已能掌握木工的基本制作方法，也对制作木工作品有很多的想法，因此我决定给他增加一点难度！）

星星老师：上修，你能把你的想法用设计图的方式表达出来给大家看一下吗？这样大家以后都能向你学习如何制作安全标志了！（教师了解幼儿的游戏经验，引导幼儿进行自我挑战，创设"最近发展区"。）

凌上修：可是我该怎么画呢？我只会做。

星星老师：你可以把你的想法步骤一步一步画出来，就像连环画一样！

凌上修：那我试试看吧！但是我要和韦华睿一起合作，我一个人做太慢了。

星星老师：好的，没问题。（教师充分发挥幼儿学习共同体的积极作用，为幼儿创设宽松自由的探究氛围，促进幼儿合作解决问题能力的发展。）

凌上修和韦华睿按照设计好的步骤（见图1-57），一步一步将木头锯好，这时候他们在钉钉子时遇到了问题，钉好的钉子没办法让标志杆很好地站立。

图1-56　积木区走廊过道

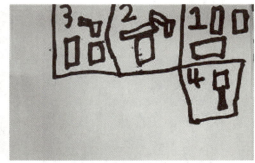

图1-57　安全标志设计图

凌上修：星星老师，怎么办？钉子钉进去了，可是我们的标志立不稳，总是倒下来。（见图1-58）

星星老师：你们能想到使用钉钉子的方式将两根木头连接在一起，非常好！那平常我们除了用钉钉子的方式，还有什么东西可以将两件物品连接起来呢？（教师以欣赏、接纳的心态看待幼儿的探索行为，注意给幼儿以正面的支持，同时联系生活经验引导幼儿思考问题，以激励他们积极面对和解决问题。）

韦华睿：双面胶和白乳胶。

星星老师：你们可以尝试一下，用这两样东西能不能成功。

过了一会儿，上修和睿睿重新来找到我。

凌上修：星星老师，这个根本粘不稳的。

星星老师：哦？你觉得这是为什么呢？

韦华睿：不知道，两种方法我们都试过了，但是都粘不稳。

凌上修：我觉得可能是木头太硬了，平常双面胶都是用来粘纸的，可是木头太硬了，粘不稳。

星星老师：嗯，这个确实可能是影响因素。那你们想想平时老师们把硬的重的物品粘在墙上时，用的是什么呢？（教师再次针对幼儿的生活经验进行联系，引导幼儿联想回忆，突破问题瓶颈。）

两个孩子想了一会儿，上修突然想到便喊道："是胶枪！"

最后，在老师的看护下，凌上修和韦华睿使用胶枪将两根木头紧紧地黏在了一起（见图1-59），完成了安全标志的作品。小有成就的两个孩子兴致勃勃地将刚做好的作品送到了艺术区，请艺术区里的设计师林佩莹给标志涂上了鲜艳的颜色。（见图1-60）

他们说："鲜艳的颜色才能让走在马路上的小朋友们注意到！"（见图1-61）

图1-58　幼儿合作制作安全标志

图1-59　幼儿使用胶枪连接木棍

图 1-60　请艺术区小朋友上色

图 1-61　安全标志作品完成

【案例评析】

　　《3—6岁儿童学习与发展指南》指出："支持和鼓励幼儿在探究的过程中，积极动手动脑寻找答案或解决问题，并在探究中能与他人合作与交流。"区域活动是能让幼儿积极、主动地学习和发展的场所，能让幼儿在玩耍中促进认知能力、创造能力、动手能力、社交能力等各方面的发展。在此次班级区域活动中，幼儿将生活经验迁移至区域游戏里，在游戏中发现问题、解决问题，充分发挥了自我能动性，将每个区域间的作用融会贯通，对材料进行了多元的运用。在幼儿手中，木工既可以是木工坊里的材料，制作好的木工作品也可以是积木区中的安全标志，将材料最大程度地生活化、实用化。

　　本次游戏案例就是体现幼儿在区域活动中的深度学习。深度学习不等于超越儿童理解能力的高难度内容的学习，它是幼儿将已有的知识经验迁移到新的情境中的一种学习。情境性是深度学习的特点，它是一个重要的条件，即"在哪里用就在哪里学"。

　　活动中，滔滔能将生活经验引入积木搭建的过程中，发现班上积木区缺少安全标志的问题，进而引发了同伴间相互的帮助与学习。上修在这次活动中，充分发挥自己的想象力和创造力，面对问题时快速想出解决的方法，寻求同伴间的合作和帮忙。两个孩子在制作标志的过程中，在原有经验的基础上挑战画出设计图，知道计划的重要性。在遇到困难的时候能结合游戏经验指出不同材料有不同的材质，将木工材料连接在一起时探索出更适合的粘黏方式，以此保证所制作的安全标志能够更好地粘连，对于日后的木工制作又增添了新的有益经验。

区域活动虽是幼儿的自主活动，但绝不意味着教师可放任自流。在这次活动中，教师充当了幼儿活动的引导者、挑战者和支持者。当幼儿提出问题时，教师没有直接回答幼儿，而是适当地示弱，把问题抛回给幼儿，以此促使幼儿自我解决问题，形成良好的幼幼互动，发挥幼儿学习共同体的积极作用，启发幼儿的创意，这时教师的角色是引导者。当上修接下任务后，基于上修对游戏经验的了解，教师对上修提出了更高的要求，让他尝试挑战"设计图"，提升孩子的计划能力，将想法化为图纸，去支持进一步的制作。而当幼儿面对标志无法稳固地站立的问题止步不前时，教师为其创设宽松自由的探究氛围，鼓励他们主动质疑、大胆表达，并适当引入生活中粘贴物品的经验，让其在学习共同体的支持下从被动解决问题逐步过渡到主动发现问题并积极解决问题，这时教师是幼儿的支持者。

发现和解决问题是幼儿自主探究活动的重要目的，区域活动的魅力正在于其中充满丰富的问题情境，这为幼儿问题解决能力的发展创造了条件，提供了机会。这次活动中，幼儿已经习得可以使用多样的材料将木头进行连接，除了使用钉子连接，还可以根据材料的性质及作品的需求，使用不一样的连接方式。同时，他们开始尝试使用设计图纸。下一步，教师想邀请上修做小老师，帮助班上的同学学会制作"设计图"，养成制作作品前能够用设计图清晰地表达制作步骤的好习惯。制作的木工作品可以和其他区域产生联动，既可做艺术区中的半成品，也可以做美术区的招牌或者积木区中的建筑材料。

幼儿的想法和创意永远出乎我们成人的意料，也许我们给的并不多，但是他们会给我们创造更多！为了幼儿能在区域游戏中获取更多的知识经验及探究能力，我们努力做到了多元鹰架：物理情境鹰架——多元媒材的多元经验，到社会情境鹰架——多元探索的多元交织，再到老师路径的鹰架——多元观察的多元回应。以此实现游戏对幼儿发展的价值，创造幼儿的最近发展区，潜移默化地引导他们提升自己。

（案例来源：广西医科大学幼儿园　陈星颖）

【案例 1-13】

建筑师工作室里的建筑师

【案例描述】

第一天，区域活动开始了，大家都纷纷涌进了建构区，不一会儿整个区域就被十几个人占满，每人各自占领了一块地方就开始选材料进行搭建。嘈杂声一大片："这是我的位置""你碰到我的积木啦!""这是我先拿到的,原本就放在我这里的"……接着,建构区的地垫被四分五裂,区域一片混乱。

区域活动结束,搭建好的积木顿时被散落一地,其他区域的小朋友们已经收拾完毕,就只剩建构区还在整理,比其他区域足足多花费了三倍的时间。

第二天,建构区人数减少到了九人,活动中积木材料的取放还是比较有序,有的幼儿懂得两两合作搭建,地垫没有被分裂。但是区域仍然十分拥挤,材料取放不方便,走动时会相互碰到。

第三天,区域人数减少到八人,孩子们能够专注地自己搭建,有的还三三两两地合作,很开心,但是搭建的作品范围很小。

第四天,人数又减少到五人,区域里少了嘈杂声,同伴之间能够合作搭建,搭建的材料丰富,搭建作品范围壮大。幼儿在拿取材料的时候也有比较宽松的位置。

【案例评析】

让幼儿体验感知问题,自我解决

活动结束,教师组织了孩子们小结:"第一次进建构区,请建筑师们说说感受吧!"孩子们纷纷表示:"人太多啦,没有地方搭房子""小朋友们太吵了""我的房子总是被其他小朋友撞倒"。于是,教师提出了一个问题:"这种情况你们觉得应该怎么改善?"孩子们都有一个统一的意见就是"减少入区人数"。第二天人数由原来的十几人减少到九,但是仍然存在吵闹、拥挤等问题,孩子们经过商量和监督,人数继续减少,到最后制订出每次五人入区的规则。幼儿在亲身体验后能够自己发现问题并逐步解决,说明他们已经能够思考问题并解决问题。但是收区的时候积木的凌乱和速度慢的问题仍然存在。于是,教师引导他们观察幼儿园旁边正在建设的工地,工地每天在建设,他们的工程期限是三年,那我们的工程期限你们觉得多久合适?多久才能搭建一个大型的建筑?是不是每天搭完都要拆掉呢?一系列问题抛给幼儿后,他们又开始思考,于是最后商量决定,以后搭建作品的工期是五天,每天都可以扩建,直到工期结束。就这样,建构区里的建筑每天都有新的变化,每天收区的时候,孩子们都会在共同搭建的建筑旁边放着"施工中"的警示牌,在第五天的时候,就放置"已竣工,请验收"的警示牌。建构区里井然有序,与各区互不干扰,孩子们成就感满满。

《3—6岁儿童学习与发展指南》指出:"幼儿的社会性主要是日常生活和游戏中通过观察和模仿潜移默化地发展起来的。成人应注重自己的言行和榜样作用,避免简单生硬的说教。"因此,在幼儿遇到区域中拥挤、嘈杂、凌乱等一系列问题的时候,我并没有刻板地教育,而是希望他们通过自身的感受自己体验在活动中存在的问题,自己尝试调节解决。在出现收整缓慢情况的时候，教师观察到是由于两个问题导致的：（1）未使用的搭建材料一大堆一大堆地被取出来闲置在一旁。（2）每次搭建活动结束，幼儿都是习惯性地推倒再收拾，花费很多时间。于是，教师以幼儿园旁边正在建设的施工队作为教育契机，引导他们观察，总结出：（1）建筑房子是有工程期限的。（2）建筑材料是使用的时候才拿取的。（3）房子每天都在建设，每天都有不同的变化，工程完工后应该验收合格，才能另起建筑。在这个与幼儿共同讨论、发现问题、解决问题的过程中，我没有说教，而是根据《3—6岁儿童学习与发展指南》的指引带领幼儿共同进步。

（案例来源：中共广西壮族自治区委员会机关保育院　钟丽娜）

【案例1-14】

一起玩真有趣

【案例描述】

益智区里投放了很多有趣好玩的材料，孩子们很喜欢，每次活动一开始，总是人数爆满。今天这四个小朋友也来到了益智区。刚坐下来，大家就寻思着该玩什么好呢？菲梵和孙乐先表态了："我们玩大嘴猴的游戏吧。"她们从柜子里取出材料摆在桌面上，材料一摆把整个桌子都占满了。淇淇和心彤很无奈："我们怎么放材料啊？"菲梵见两个小朋友埋怨，于是有了个主意，"要不，我们一起玩吧"。

"好吧！"大家一致认同。大家把材料摆放好后，定坐了好几秒钟，最后还是菲梵先发声："我来数，刘心彤来摆吧。"说完，菲梵拿出题卡数起来，由于涉及多角度对应的知识，对于菲梵来说有些困难，她数了很久也没数对小熊该对应的点数。这时孙乐等不及了，"让我来数数看吧"。在两个人的合作下终于数清楚了，到心彤摆点数了，孙乐担心心彤摆不对，连忙站起来协助。一旁的淇淇一直在观察，没有参与，于是我蹲下身子对她们说："大家都在努力地想办法做游戏，淇淇也很认真地在观察你们，也许她也有很好的想法，让她也试试吧。我们每个人都可以轮流数数和摆摆，这样每个人放的想法都能让大家知道了。"大家点点头。

一开始大家都没有想到要合作玩益智区的材料，在现实条件局限（桌子太小）的情况下，菲梵能主动提出大家一起玩的想法，说明这个孩子的同伴交往能力是很强的。当材料摆上桌面后，大家都定了几秒钟，这个时候说明了孩子们自主组织游戏的能力还比较弱，主动性也还没展现出来。一起玩这个材料大家都还没有一个很好的主意，因为平时大家都是各玩各的互不干扰。不过三人行必有我师焉，最后还是菲梵最先发声，扭转了尴尬的局面。这个孩子平时就很有想法，很暖心很会关心人，她先说话也是我意料到的。尴尬局面被打破后，其他两个孩子就活跃起来了，各自发挥了自己的优势，表达了意愿和想法，但是文静的淇淇还是比较淡定，没有参与进来，教师的介入给了她一个台阶。最后大家愉快地合作游戏。他们从被动到主动确实是需要等待的，每个孩子都有一个花期，让我们静待花开，一定会看到绽放的笑脸。

【案例评析】

善于观察，静待花开

《幼儿园教育指导纲要（试行）》中指出：教师应该成为孩子学习活动的支持者、合作者、引导者。在区域活动中，教师需要学会观察，也需要学会选择合适的时机适当介入。今天的这个场景很明显地体现了中班幼儿的年龄特点，当幼儿不知如何开展合作性游戏的时候，老师并没有马上干扰，而是等待和观察。等待果然是有结果的，有的孩子年龄稍长，社会性交往能力稍强，自主意识建立起来以后，她会在同伴中有突出的表现，就像菲梵这样。《3—6岁儿童学习与发展指南》中也提到：当一些交往能力较弱的孩子不知道怎样加入同伴游戏的时候教师应当给予她建议。教师介入的时机也很重要，如果教师过早介入先前的尴尬局面，会剥夺幼儿自主能力，导致幼儿被动地学习。而当有幼儿不知如何参与游戏的时候，如果缺乏教师的介入，也会导致能力稍弱的幼儿没有参与的机会。因此，把握介入时机是我们要不断探究的学问。

（案例来源：中共广西壮族自治区委员会机关保育院　钟丽娜）

【资源链接】

收拾整理既是游戏也是学习

【拓展检测】

1. 根据游戏活动常规要求，模拟组织幼儿进行区域游戏前的游戏规则讲解、游戏过程中的管理以及游戏结合后的收拾整理工作。

2. 结合见实习，观察并记录幼儿园教师开展专用室游戏的情况，从游戏活动管理的角度对其进行评价。

3. 结合见实习，组织幼儿开展一次自由游戏活动，并进行自评。

模块二：

安全卫生管理与案例评析

任务一

卫 生 保 健

【情境导入】

　　幼儿园根据工作需要，定期对教职工开展卫生保健工作培训会议，部分老师觉得卫生保健工作主要是保健医生和保育员的事情，自己是个专职教师，参加这样的会议培训是在浪费时间，还不如给老师多一些时间去备课和做好班级环境布置。

　　讨论分析：你如何看待上述教师的观点呢？

【学习概要】

　　幼儿园卫生保健是幼儿园工作的重要组成部分，是提高幼儿健康水平的重要环节，是幼儿园管理的首要任务。幼儿园应为幼儿提供安全卫生的生活环境、扎实有效的疾病防控措施、全面合理的营养等。教师应重视卫生保健工作质量，应了解幼儿园卫生保健的含义及作用，掌握班级卫生保健的要求与实施，具体包括卫生消毒、疾病预防、膳食管理等内容与操作要点，为幼儿在园健康成长提供保障。

【学习准备】

　　1. 文件

　　《幼儿园教育指导纲要（试行）》《3—6 岁儿童学习与发展指南》《幼儿园工作规程》《幼儿园教师专业标准（试行）》《幼儿园卫生工作条例》

　　2. 书籍

　　张富洪 . 幼儿园班级管理[M]. 上海：复旦大学出版社，2017.

　　左志宏 . 幼儿园班级管理[M]. 上海：华东师范大学出版社，2015.

　　侯娟珍 . 幼儿园班级管理[M]. 北京：北京师范大学出版社，2019.

【学习目标】

知识目标	了解卫生消毒、疾病防控、膳食管理的工作内容
能力目标	掌握班级卫生消毒、疾病防控、膳食管理的正确操作
素质目标	在日常生活中养成认真谨慎的态度，做好卫生保健工作

🖐 【学习内容与实施】

《幼儿园工作规程》(2016)中指出："幼儿园必须切实做好幼儿生理和心理卫生保健工作。"卫生保健工作是幼儿园工作的重要组成部分，是保障幼儿身心正常发育和健康成长而实施的各种措施，对于幼儿的健康成长有着重要的意义。因此，做好班级卫生保健十分重要。下面将分述班级卫生保健的含义及作用、班级卫生保健的要求与实施，重点讨论幼儿园的环境、物品的消毒、疾病防控、膳食管理的内容与操作要点。

一、班级卫生保健的含义及作用

幼儿园班级卫生保健是托幼机构为保护和促进幼儿的身体健康和生长发育，面向幼儿个体和集体所采取的医疗保健和卫生防疫相结合的综合性措施。它是一门研究如何增进幼儿健康的学科，它根据幼儿的生理特点、幼儿生长发育规律、幼儿心理卫生及教育、生活环境之间的相互关系，探索影响幼儿健康的多种因素，提出增进幼儿健康、促进幼儿正常生长发育的卫生要求和保健措施。因此，卫生保健工作在幼儿园工作中具有特别重要的意义，发挥着重要的作用。

(一)做好卫生保健能有效促进幼儿身体健康发展

幼儿园保健工作的对象是正在发育和成长的幼儿，幼儿正处于身体、心理发育与发展的最初阶段和重要时期，维护和促进幼儿健康是第一位的，因此幼儿的年龄越小，卫生保健工作要求就越细，对幼儿各方面的护理就越多。教师可通过合理安排幼儿一日活动，开展游戏、体能运动和生活活动等方式，促进幼儿身体健康发展。同时，随着幼儿年龄的增长，身体的活动能力和免疫系统越发完善，卫生保健工作应有所侧重，因此，不同年龄段幼儿的卫生保健工作就有所不同，这样才能更有效地促进幼儿身体健康发展。

(二)做好卫生保健能有效预防疾病发生

幼儿身体的发育还不够成熟，各组织器官和免疫系统不够完善，抵抗疾病的能力较差，对环境的适应能力较弱，加上幼儿园和托幼机构人员相对密集，各类疾病发生率较高。在幼儿园的工作中，要抓实、抓细卫生保健工作，预防疾病发生，以免因疾病发生影响幼儿身体健康。并与家长保持沟通，家园同步做好幼儿卫生保健工作，为幼儿的健康成长提供有效的保障。

(三)卫生保健能帮助幼儿养成良好的生活习惯

幼儿良好生活习惯除了通过教育养成，还可以通过幼儿园的环境发挥育人作用而养成。如果班级教师能按规范进行班级卫生保健工作，提供井然有序的生活环境，幼儿在其环境中会受到潜移默化的影响将班级物品收放有序，养成整理物品的意识和习惯。反之，幼儿将会出现随意摆放物品的现象，班级各项物品很难维持良好的状态，教师也常常会觉得手忙脚乱。

二、班级卫生保健的要求与实施

（一）卫生消毒

1. 班级物品清洁消毒的内容

消毒是传染病防控策略之一，是切断传播途径、控制感染扩散、保护大众健康的有力武器。为了确保幼儿生活环境干净卫生，幼儿园班级需定期进行消毒，将可能导致幼儿患病的因素及早排除。幼儿园班级的卫生消毒工作除了园所的定期统一消毒外，还包括对班级环境、保教设备、幼儿个人物品、玩教具等进行常规消毒，如开窗通风、紫外线消毒、消毒液消毒等；对幼儿及保教人员的个人卫生进行监督；根据天气和季节变化对一些易发传染性疾病做好预防性消毒的工作。特别是新冠肺炎疫情传播以来，消毒工作更是卫生保健工作中的重要环节，其他季节性传染性疾病，如：水痘、手足口病、疱疹性咽颊炎、腮腺炎、红眼病和诺如病毒等，如果在班级中出现，要立即进行全面的清洁消毒，将传染性降到最低。班级卫生、清洁消毒是做好传染病防控的关键环节，班级工作人员要根据《幼儿园工作规程》和《幼儿园卫生工作条例》的要求，做好幼儿园卫生清洁消毒的实施工作。

2. 班级卫生消毒的操作要点

首先，要了解不同物品的消毒要求。班级教师要了解各类物品的消毒要求，采取正确有效的消毒方式，确保达到消毒效果，保障幼儿的使用安全，维护物品的正常使用。消毒方法一般分为：消毒剂消毒、高温消毒、紫外线消毒和日晒消毒。例如：积木和塑料玩具可以用按比例配制的消毒剂溶液浸泡后清洗再晾晒，毛巾用洗涤剂清洗后可以通过蒸汽或煮沸的方式消毒，图书、拼图等纸质物品和一些毛绒玩具可以通过日晒方式进行消毒。室内空间可以通过喷洒配制好的消毒液进行喷洒消毒，紫外线灯、测温仪等可以用含75%以上酒精的棉片进行擦拭消毒。

其次，掌握卫生消毒的配比和计算公式。在托幼机构中常用的消毒剂有含氯消毒剂、酒精和碘伏等消毒剂。托幼机构要从正规渠道购买相关的消毒物品并规范管理和领用。酒精和碘伏不用进行配制。含氯消毒剂如84消毒液，要严格按照要求进行配比计算后方可使用。

【案例 2-1】

班主任黄老师接到洋洋家长的电话，说孩子手上有疱疹，今早带去医院检查，确诊为手足口病，要向老师请假。黄老师交代洋洋妈妈，手足口病有传染性，让孩子居家休息，待洋洋痊愈了以后，再带去医院复查，请医生开好证明方可入园。

黄老师和洋洋妈妈沟通结束后，想到洋洋昨天还正常来上幼儿园，于是她赶紧和班上的老师说明洋洋的情况，让班上老师马上对班上的物品进行清洁消毒，能清洗的教玩具就拿去洗手间浸泡消毒液后清洗晾晒，不能清洗的拿到户外阳光下暴晒，活动室保持通风。

【案例评析】

针对以上案例，教师接到电话后，应立即向保健医生汇报，在保健医生没到之前可以组织班级老师对班级开展消毒。消毒时应避开幼儿，教师可以组织幼儿到走廊或其他区域开展活动，但要避免与其他班级幼儿接触。因为手足口病为传染病，且有潜伏期，可通过空气飞沫传播，所以要避免与其他班级人员交叉活动。保健医生要及时到该班级指导教师开展卫生消毒工作。

(二)疾病预防

1. 幼儿园班级疾病预防的内容

幼儿园班级的疾病预防，包括定期的疫苗接种、季节性疾病的预防、突发性传染病的预防等工作。幼儿园中常见的疾病是呼吸道疾病，幼儿的鼻黏膜发育未完善，当细菌或病菌进入呼吸道后容易出现呼吸道疾病的发生，如：水痘、流感、麻疹、腮腺炎等疾病的发生。消化道疾病，如乙肝、甲肝、细菌性痢疾、感染性腹泻等。直接接触性传染病，如手足口病、急性出血性结膜炎等。

2. 幼儿园班级疾病预防的注意事项

托幼机构的疾病防控主要以预防为主，班级教师可以通过加强晨检、午检和离园检方式，做到早发现、早预防、早治疗，同时注意做到几点：

(1)班级活动室、寝室、功能室等幼儿使用频繁的场所要每天通风，保持活动室、寝室、功能室空气新鲜。

(2)保持活动室、寝室内的环境卫生，严格落实卫生清洁消毒工作要求，对幼儿经常触摸到的部位如门把手、桌椅进行消毒。

(3)帮助幼儿养成良好的生活习惯。勤洗手，不随地吐痰，打喷嚏要用手纸捂住口鼻，勤洗澡、勤理发和勤更衣，注意个人卫生。

（4）合理安排幼儿一日活动和作息。活动安排做到动静交替，积极开展体育锻炼，注意把握幼儿的活动量，避免运动过量引起幼儿疲劳；引导幼儿有规律地生活，保证良好的睡眠环境和充足的睡眠时间。

（5）合理的膳食，增加膳食营养的供给，引导幼儿多饮水，摄入足够的维生素，多食用富含优质蛋白、糖类和微量元素的食物。

（6）加强幼儿预防接种，新生入园要让家长提供幼儿接种的查验证明，保健医生要了解幼儿的预防接种情况，未完成接种的幼儿，要及时提醒家长带幼儿到社区服务中心进行接种，提高易感人群的抵抗力。

（7）幼儿有发热或其他身体不适要家长及时带孩子就医，班级老师要做好幼儿因病缺勤的登记和追踪记录，以便及时掌握班级幼儿的身体状况。

（8）定期组织开展幼儿定期体检。

3. 幼儿园班级疾病预防的措施

首先，做好幼儿日常健康监测。幼儿园组织幼儿开展定期体检，通过数据对比，了解幼儿生长发育情况，为进一步开展卫生保健工作提供数据依据，以便有针对性地开展卫生保健工作。建立幼儿的健康档案，对每个幼儿进行追踪观察，做出数据分析，指导家长配合开展幼儿卫生保健工作，共同促进幼儿健康成长。

其次，开展幼儿健康教育活动，普及卫生保健知识，提高幼儿的卫生素质和自我保健能力，重视培养幼儿良好的卫生行为习惯。积极开展体育锻炼，根据幼儿不同的年龄特点，坚持每天不少于2小时的户外活动，丰富活动游戏材料，让幼儿得到充分的活动和锻炼，增强幼儿体质，提高对疾病的抵抗能力，培养幼儿爱运动的习惯。

最后，做好体弱儿、肥胖儿和患病初愈幼儿的护理工作。根据体弱儿、肥胖儿和患病初愈幼儿的情况，与家长保持沟通和联系，了解不同类型幼儿的照顾方式，针对幼儿情况做到分类管理、分类照顾。如体弱儿在户外活动中容易出现满头大汗、衣服湿透的情况，教师要及时帮幼儿擦汗，让家长备一些汗巾或备换衣服，以备活动后能帮幼儿垫上汗巾或更换衣服。对肥胖儿的照顾要了解幼儿是因为饮食习惯、遗传和活动过少，摄入热量大于消耗，使体内脂肪过度积聚而导致体重超标的单纯性肥胖，还是因神经、内分泌、遗传等疾病引起体重超过正常标准的继发性肥胖，要根据两种不同的肥胖儿原因对症下药，注意引导幼儿循序渐进地开展活动并照顾他们。

（三）膳食管理

幼儿园的任务是促进幼儿体、智、德、美全面发展，健康的身体是幼儿全面发展的基础。3—6岁阶段是儿童生长发育最关键的时期，所需要的营养素和标准较成年人高。

儿童时期良好的营养状况、生活习惯将为其一生的健康奠定坚实的基础，幼儿进入幼儿园后，一日的主要饮食营养摄入从家庭转移到幼儿园，幼儿园的膳食情况如何，对幼儿的健康发展有着重要的影响。因此幼儿园要保证幼儿每天科学合理地摄入营养，身体健康成长，为实现幼儿全面发展提供可能。

1. 建立完善的膳食工作管理制度

幼儿园要高度重视幼儿的膳食管理，膳食管理工作就是保教质量的后勤保障，幼儿园的膳食管理水平将会影响到保教的正常开展。如食堂不按时提供早餐，提供太早，保温不到位，食物冷了就会影响幼儿食用；供应晚，延迟开餐时间，将会影响班级的一日活动安排，两顿正餐之间的间隔就达不到 3.5—4 小时的要求。班级也要严格按照一日活动时间做好班级膳食管理和各环节的时间安排，确保班级工作有序进行。

【案例 2-2】

百色市幼儿园为做好膳食管理工作，专门成立了膳食管理工作领导小组，负责建立和完善幼儿园膳食管理制度、加强食堂管理、制定食谱、膳食安全等。根据膳食管理的要求，膳食管理工作领导小组定期面向家长和教职工代表召开伙食委员会议，汇报膳食工作和伙食收支情况，并向家长和教职工广泛征集对膳食工作管理的意见和建议。在会议中，家长审议食谱的制定，家长对食谱中课间点水果建议安排两种水果给幼儿选择，我们采纳了家长的建议。经保健医生到班级了解和班级老师反馈，这样安排跟原来只有单一的一种水果相比，幼儿食用的积极性有了明显提高。小班老师提议小班入园初期因幼儿情绪不稳定，进餐的量小，建议减量，食材的加工也要比中大班年级的幼儿精细一些，便于幼儿食用和消化。对此，食堂也针对小班幼儿的情况进行了食品加工的调整，争取最大化地为幼儿提供科学合理的膳食。膳食管理领导小组不断建立健全膳食管理制度，优化食堂管理，细化和落实膳食管理工作。

2. 遵循膳食搭配原则，合理制定食谱

保健医生遵循膳食的搭配原则，与后勤、保教工作人员共同制定营养平衡的食谱。按照米面搭配、荤素搭配、粗细搭配、甜咸搭配、干湿搭配等原则，力求营养素搭配合理、均衡，品种多样化，保证幼儿能够从每日的膳食中得到符合标准的各种营养素。并且考虑原材料的新鲜和品质。食堂工作人员根据原材料，研究食材的加工和烹饪方法，保证食物的质量，食谱安排要考虑食堂炊事人员的时间安排和实际操作，应尽量便于操作，易于烹制。

3. 做好就餐观察和陪餐情况记录

班级教师要观察和了解本班级幼儿的进餐情况，掌握本班级每个幼儿的进餐食物量、对每日餐点的喜好，如实填写幼儿用餐情况记录表，为保健医生制定食谱提供参考。炊事员除了按照食谱精心制作膳食外，还定期深入班级，实地观察幼儿的进餐情况，直观感受幼儿是否喜欢吃自己做的食物。保健医生坚持每日深入班级，实地观察幼儿的进餐情况，并及时听取各方面的意见与建议，不断完善食谱的制定。特别是新推出的菜品，保健医生和炊事员要及时了解食用情况，了解和掌握幼儿对新菜的接受程度，通过深入班级实地观察，炊事员由在厨房内琢磨花样，变为根据幼儿的实际需要变换花样。明确幼儿进餐常规，对工作人员也有严格的要求，即不催、不急、不说，掌握幼儿的进餐量、进餐速度、进餐的特殊性(幼儿对哪种食物过敏，拒绝哪种食物，吃中药的幼儿有哪些禁忌等)。保教人员要针对所掌握的情况，对个别儿童进行个别教育与照顾。确保幼儿每日吃饱吃好，促进身体健康发育。

【案例 2-3】

【案例描述】

浩博是中班才转学到班里的，他是一个偏食比较严重的孩子，妈妈说他只吃白米饭、饼干和面包之类的食物。因长期偏食，浩博的指甲长得非常慢，手指和脸上皮肤出现脱皮的现象。据妈妈反映，在原来的幼儿园，老师已经没有办法，只好允许他每天带饼干到幼儿园吃，否则他到时间就哭闹，并因此而不愿上幼儿园。爸爸妈妈为此很苦恼，怎么开导都无济于事。转学的目的就是希望换环境能改变孩子偏食的问题。看到这孩子，老师非常心疼，如何帮助他，对班上的老师也是个考验。为了尽快了解孩子的情况，班主任特意约家长进行交流，了解孩子是否有食物过敏的现象、在家的饮食习惯、日常的爱好兴趣等。老师将浩博的情况进行一一记录，并与家长商讨帮助浩博的初步做法，希望家长配合开展教育。

刚开始，老师对浩博在饮食上不提出太多的要求，根据他的意愿给他分餐，但在班级用餐指导上，老师更加关注全班孩子的进餐情况，注重营造良好的用餐氛围，餐前不处理幼儿的问题，及时表扬吃饭吃得认真的、不掉饭粒的、不挑食、饭量增多的孩子，周五评红花的时候也把用餐情况作为考量表扬的内容。在这样的氛围下，当浩博饭量增多的时候，老师在全班面前表扬他；当他吃白米饭时会问他是否愿意尝试喝汤，若是他愿意尝试，老师就立即在同伴面前鼓励表扬他；离园的时候，还经常把他的点滴进步告诉爸爸妈妈，爸爸妈妈也看到孩子的转变。渐渐的，在老师的鼓励下和家长的配合下，浩博愿意尝试吃幼儿园准备的各种餐点，小脸上的皮肤也逐渐红润起来，皮肤脱皮的现象明显改善。

【案例评析】

在以上案例中，教师对新插班的幼儿能主动了解情况，以便更有针对性地开展个别化教育；在进行个别化教育过程中，家长和教师不可操之过急，应遵循循序渐进原则。教师先是帮助幼儿熟悉新环境，让幼儿从接纳新环境、新同伴开始，再去挑战他的困难，由易到难，不做过多强求，营造良好的用餐氛围和人际关系，减少幼儿的心理压力，支持和鼓励幼儿不断挑战自我，大胆进行尝试，挑战后给予肯定，让幼儿体验成就感。

4. 有效开展食育教育

保教人员密切配合，规范各环节的工作。班级保教人员在膳食工作中，努力营造良好的进餐氛围，例如，结合"幼儿一日活动皆课程"的教育理念，将食育教育与课程教育相结合，如开展"三月三去踏青"主题活动。

【案例 2-4】

【案例描述】

"三月三去踏青"主题活动，配合壮族节日制作三月三五色糯米饭、青团等，让幼儿了解食物染料的来源，感受大自然植物的多样性和神奇，感受劳动人民的智慧成果。此外，班级将课间点时间与区域游戏时间同步开展，将课间点设为幼儿游戏的休闲茶点美食区，设置有服务员"上班""出售"水果和茶点，幼儿可以根据自己的进区情况自行安排时间到休闲美食区用课间点，避免集中时间用课间点造成的等待问题。这样的安排也给幼儿充分的自主时间和空间，引导幼儿学会进行自我时间管理。课间点还提供有开心果和核桃等坚果，在提供核桃的当天，大班幼儿的核桃是未剥开的，班级教师就提供一些工具给幼儿，让幼儿在美食区中用各类工具探索开核桃的办法，感受日常生活中小工具的用途。个别班级设立了美食播报员，让幼儿根据食谱安排，创造性地介绍食谱，比一比谁的介绍更清晰、更具特点，让其他幼儿进行评价，锻炼幼儿的语言表达能力并增强自信心。

【案例评析】

以上案例，保教人员在膳食工作中，结合"幼儿一日活动皆课程"的教育理念，将膳食教育与课程教育相结合，通过开展"三月三去踏青"主题活动，让幼儿了解传统美食，引导幼儿关注健康饮食，制订合理的膳食计划。通过这样的活动，提高幼儿对食谱安排的关注，锻炼幼儿的语言表达能力并增强幼儿的自信心。

【资源链接】视频：幼儿发烧及处理措施

【拓展检测】

1. 制订大班班级学期卫生保健工作计划。
2. 根据膳食管理的要点，结合见实习幼儿园，设计一个食育教育的活动方案。

日 常 安 全

【情境导入】

　　一天傍晚，一位家长急匆匆来到园长办公室，说她的孩子吴某被陌生人接走，不知去向。我顿时紧张起来，后来经过了解，事情经过原来是这样的：吴某见赵某的爷爷来接赵某，便要求赵某的爷爷带他回去，赵某的爷爷认识吴某的家，便答应了。于是，赵某的爷爷在教室门口对老师说了声"老师，我把吴某接走"，便离开了。因为当时比较晚了，是由值日老师统一照管全园还没有被家长接走的孩子，而值日老师不熟悉别班孩子的家长，只是有印象是一位高个子的爷爷把吴某接走了。吴某的妈妈来园未接到孩子，而老师又说不出孩子的去向，因此便气愤地找到园长室……

　　尽管只是虚惊一场，但我还是严肃批评了值日老师，并让她好好反思一下，可值日老师也很委屈："园长，天太晚了，我又不认识他们班的家长，孩子说他认识来接他的人，我就同意接走了，再说，我也没多拿一分加班费。"

（案例来源：张富洪 . 幼儿园班级管理[M]. 上海：复旦大学出版社，2017.）

讨论分析：这个案例给你什么启示？如果你是老师，你将怎么办？

【学习概要】

　　"安全"是幼儿园一切工作顺利进行的首要前提，也是幼儿身心健康发展的重要保障。做好班级卫生与安全管理对幼儿园教育有着非常重要的意义。首先，《幼儿园教育指导纲要（试行）》指出，"幼儿园必须把保护幼儿的生命和促进幼儿的健康放在工作的首位"；其次，《幼儿园教师专业标准（试行）》中也多次强调了安全问题，并对教师的相关专业知识和能力提出了要求，如"科学合理地安排幼儿的一日活动，掌握意外事故和危险情况下幼儿安全防护与救助的基本方法"等。总之，安全问题是幼儿园管理工作的重中之重，幼儿教师在班级管理中应该始终保持高度的安全意识，把安全教育和日常的保教工作有机结合起来，在一日生活中渗透安全教育，避免和减少安全事故的发生。

　　本模块的任务主要是掌握日常安全防范与管理，提高幼儿教师自我安全防范的意识和能力，避免和减少安全事故的发生，提升安全管理的能力和效率。

【学习准备】

1. 文件

《幼儿园教育指导纲要（试行）》《3—6 岁儿童学习与发展指南》《幼儿园工作规程》《幼儿园教师专业标准（试行）》《中等职业学校学前教育专业教学标准（试行）》《幼儿园保育教育质量评估指南》《中小学幼儿园安全管理办法》。

2. 书籍

张富洪．幼儿园班级管理[M]．上海：复旦大学出版社，2017．

左志宏．幼儿园班级管理[M]．上海：华东师范大学出版社，2015．

刘娟．幼儿园班级管理[M]．南京：南京大学出版社，2020．

3. 期刊论文

程秀兰，赵炎朋．幼儿园安全管理的现状、问题及解决对策[J]．学前教育研究，2018（12）．

张莉．幼儿园班级一日活动安全管理常见问题研究[D]．云南师范大学，2021．

【学习目标】

知识目标	充分认识日常安全管理的重要性，熟悉一日生活中的安全防范工作
能力目标	正确履行自己的安全管理职责，执行安全管理制度和规定，严格按工作要求及规定实施日常安全管理
素质目标	在班级日常教育、管理和活动过程中，养成严格、认真、仔细的态度和习惯，采取措施及时消除各种安全隐患

【学习内容与实施】

教师对幼儿的安全管理和安全教育要渗透在一日生活中的各项活动之中，在生活中的各个环节做好幼儿安全的准备工作，也在潜移默化中使幼儿形成良好的常规。因此，教师需了解一日生活中的安全隐患，尽可能做到防患于未然。幼儿园日常安全管理可以使幼儿在潜移默化中掌握最基本的生活知识，萌发安全意识，形成良好的生活习惯和较好的组织纪律性。

一、班级日常安全管理的含义

幼儿园班级日常安全管理指的是幼儿一日生活各环节中的安全管理，具体包括入园、盥洗、饮水、进餐、午睡、离园。做好这一工作的关键是，教师要明确一日生活各个环节的安全工作常规要求，并按照各个环节的具体要求进行组织和实施。

二、班级日常安全管理的要求与实施

（一）入园活动

1. 入园活动过程中的安全隐患

入园活动是一日生活的开始，做好晨检工作十分重要。尤其在春、冬季呼吸道传染病高发季节，教师要了解流感、水痘、麻疹、风疹、腮腺炎等流行病、传染病的外在症状，做好晨检工作。此外，还要注意检查幼儿身上是否带有零食、小玩具或小物件，可能存在的由食入异物导致的呛、噎、窒息等安全隐患。

2. 入园活动安全管理的操作要点

教师要热情接待每一位幼儿，认真进行晨检工作，主动询问家长，了解幼儿情况。晨检是幼儿安全入园的第一道屏障，主要包括四个方面："一看"，看幼儿面色是否正常，五官、皮肤是否健康，如眼结膜有无异常红肿，喉部有无发炎，有无异常皮疹等；"二摸"，摸幼儿额头、手心是否发烧，摸幼儿的腮腺是否肿大、扁桃体是否发炎；"三问"，问幼儿在家的饮食、睡眠、大小便等健康情况；四查，检查幼儿是否携带危险物品或食品。做好晨间检查工作后，指导幼儿放置所带衣物，进入班级引导幼儿与家长道别，愉快分离。

【案例 2-5】

【案例描述】

小班幼儿欣欣穿了一条很漂亮的裙子来幼儿园，裙子上有漂亮的蝴蝶结胸针。户外活动时，欣欣玩弄裙子上的蝴蝶结胸针，还把胸针取下来，拿给旁边的小朋友淇淇玩，时不时把胸针放在嘴巴、鼻孔里。老师发现后立刻制止了这一行为，没收了胸针。待欣欣离园时，教师把胸针交给家长，并与家长进行了交谈。提醒家长以后不要给欣欣穿带有胸针、亮片、珠子等装饰物的衣服，这个年龄的孩子很喜欢把这些小东西放进嘴里或放入鼻孔，非常容易造成窒息，对孩子来说危险性非常大。

【案例评析】

晨间入园是幼儿一日生活的开始，是孩子步入幼儿园的第一个环节，因此教师一定要做好晨检工作。上述案例中，晨检环节保健医生与带班老师把关不严，未发现幼儿衣服上的危险装饰物。因此，幼儿入园晨检时，教师应做好检查工作，特别应关注幼儿身上是否携带一些危险性的玩具或装饰物，如有发现应请家长带回。教师提醒家长尽量不要给幼儿穿带有过多装饰物的衣服，如小珠子、亮片、铆钉等，以免造成安全隐患。家长在幼儿服装的选择上，应尽量考虑造型简单、便于活动、易于穿脱的服装，尽量避免带围巾、胸针等配饰。晨检环节，教师还可以通过与孩子抱一抱、亲一亲的机会，顺手触摸一下幼儿衣袋中有无尖锐的物品。总之，幼儿教师不仅要"口勤"，在幼儿的一日活动中反复地口头提示注意安全问题，还要"眼勤"，处处注意观察幼儿，发现幼儿有一些不利安全的举动时，要及时地进行教育并使其改正。

(二) 盥洗及如厕活动

1. 盥洗及如厕过程中的安全隐患

幼儿在盥洗及如厕时容易发生混乱无序的现状，一方面由于盥洗室空间有限，无法同时容纳所有幼儿，很容易发生肢体的碰撞和挤压，幼儿在等待时缺乏耐心，可能会引发伙伴间的争执和冲突。另一方面，玩水对幼儿来说有着极大的吸引力，常常出现边洗边玩的现象，很容易把洗手液弄到眼睛里或把水弄到身上，还有可能造成地面积水，稍有不慎就会滑倒或摔伤。

2. 盥洗及如厕安全管理的操作要点

首先，教师要考虑盥洗室能否同时容纳所有幼儿，如条件限制，可以引导幼儿分小组有序进入，勿使幼儿洗手时太过拥挤，防止拥挤导致碰撞、摔伤。其次，还要引导幼儿学会耐心等待、有序盥洗。帮助幼儿学会正确的盥洗、如厕方法，教育幼儿洗手时要卷好袖口，不玩水或洗手液，洗完之后要及时擦干。同时，还要引导幼儿注意盥洗和如厕的安全，禁止边洗手边玩水等危险行为。

【案例 2-6】

【案例描述】

小班上学期，幼儿刚入园，还没有养成生活常规，李老师发现班里的孩子在如厕、洗手时常常拥挤，即使老师、保育员不断提醒，效果仍不佳。偶然的一次，李老师看到银行排队的"一米线"突然有了灵感，想到可以用形象的标记帮助幼儿理解"按要求排队"。但"一米线"显然不适合小班幼儿的年龄特点，于是李老师在幼儿的小便池、洗手池、水罐旁贴上小脚印儿。幼儿马上明白了，只有踩上小脚印，才能洗手、上厕所，没有了小脚印儿就要在后面等待一会。一段时间过后，拥挤的现象减少了。

【案例评析】

这一案例告诉我们，利用标记、语言进行暗示，培养幼儿良好的行为习惯。利用标记、语言进行暗示可以消除安全隐患。幼儿园教师应创设相应的物质环境，对幼儿进行直观、形象而又综合的教育。例如，在盥洗室排队时，可以用"小脚丫"的标记提醒幼儿排队洗手、如厕。在教室内也可以布置一些安全标记，提醒幼儿注意，例如在班内的电视机、电门、排插上张贴了禁止触摸的标记；在窗台张贴了禁止攀爬的标记；在楼道张贴了下滑危险的标记，时刻提醒幼儿注意安全。

(三)饮水及进餐活动

1. 饮水及进餐过程中的安全隐患

饮水环节中，教师需特别注意水的温度，过高的水温或缺少防护措施的茶水桶都会增加幼儿烫伤的风险。还需做好水杯消毒工作，避免造成疾病传染。此外，还要做好饮水常规管理，一些幼儿在喝水时喜欢和同伴聊天、打闹，很容易被水呛到或滑倒，教师需及时提醒。

在进餐活动中，教师应注意营造良好的进餐氛围，不要批评指责幼儿，不能让幼儿带着负面情绪吃饭。教师在进餐前和进餐过程中对幼儿的批评指责甚至辱骂威胁都会给幼儿进餐造成不良影响，一些缺乏耐心的教师和保育员，在就餐环节会忍不住催促吃饭较慢的幼儿。盲目催促只会引发幼儿的焦虑情绪和恐惧心理，而且吃得过快、过猛很容易导致噎食和消化不良。幼儿用餐时的不良习惯也是导致事故发生的主要原因之一。有些幼儿喜欢边吃边说，东张西望，容易呛到自己；有些幼儿坐姿不正确，双脚叉开或者离其他幼儿过近，很容易绊倒或戳伤别人；有些幼儿则习惯用手抓饭或将残渣丢到地上等。这些细节看似微不足道，却关乎幼儿的健康和安全。

2. 饮水及进餐安全管理的操作要点

饮水环节，首先，教师要指导幼儿安全有序地取水、饮水，不推不挤，喝水时不嬉笑打闹，提醒幼儿剧烈运动后不要马上喝水，饭前饭后半小时内少饮水。其次，每个幼儿的水杯应放在固定的地方，让幼儿记住自己水杯的标记，不与其他幼儿共用水杯，避免水杯污染。

进餐前，注意将装饭菜的盆、桶等放到幼儿不易触及的位置。进餐时，教师应当为幼儿提供轻松愉快的进餐环境，不要批评幼儿，不能让幼儿带着消极情绪吃饭；不要过分催促幼儿进餐，对进食速度较慢的幼儿应多给其一些时间。幼儿进餐时，教师应安静地在旁照顾，注意观察幼儿的食欲。如果是身体不适的原因，可以适当减少饭菜量，注意观察，如有异常应及时与保健医生或家长沟通。在幼儿进餐过程中教师需要指导并帮助幼儿形成良好的生活习惯，如细嚼慢咽，不挑食，不用手抓食物，不吃汤泡饭，不弄脏桌面、地面和衣服。教师应注意轻声、和蔼地指导幼儿，不能批评指责幼儿，对于进食速度慢的幼儿不能过分催促，应多给予一些时间，帮助幼儿养成良好的进餐习惯。进餐结束后，教师引导幼儿餐后擦嘴、漱口，摆放好小椅子，进入区角活动或阅读绘本，教师可组织幼儿进行饭后散步以帮助消化，注意不要奔跑或剧烈运动。

（四）午睡活动

1. 午睡过程中的安全隐患

首先，幼儿的不良睡姿存在安全隐患。一些幼儿睡觉会有蹬被子、将胳膊裸露在外等情况，容易着凉；一些幼儿有蒙头睡或趴着睡等习惯，这些不良睡姿很容易造成窒息。

其次，需警惕幼儿吞咽异物。一些幼儿会偷偷将玩具或者剪刀等危险物品带入午睡室，趁教师不注意的时候拿出来摆弄，可能会造成异物卡喉或受伤。

最后，幼儿午睡时亦有可能出现抽筋、呕吐、尿床等突发情况。有些患有先天性疾病如心脏病、原发性癫痫的幼儿在午睡时可能会突然发病，如果幼儿患有重感冒、哮喘或肺炎等疾病，午睡过程中也可能出现意外情况。

2. 午睡安全管理的操作要点

午睡前，首先，要排除午睡环境中存在的危险因素，要取下女孩儿头发上的发夹、头饰，谨防幼儿将尖锐、坚硬或细小的物品，如剪刀、小刀、缝衣针、纽扣、豆子等带进卧室。其次，室内外温差要控制在10度以内，防止幼儿着凉，如果是夏天或冬天，教师应提前20分钟打开空调。

午睡时，教师要加强午睡过程中的巡视，随时关注幼儿午睡时的情绪和睡姿，及时应对幼儿的情绪变化与需求，例如帮助幼儿盖好被褥，纠正不良睡姿，天气炎热时用毛巾为幼儿擦去汗水，照顾入睡困难、有特殊需要的幼儿。

起床时，提醒幼儿注意穿衣顺序，对于穿衣困难的幼儿应及时给予帮助。

【案例 2-7】

【案例描述】

案例一：

某幼儿园某班幼儿午睡时，值班教师看到大部分幼儿都睡着了，还有个别幼儿没睡，便到别的班去倒开水，并和别班教师聊了一会儿。待她回班后，发现一名幼儿头部红肿，问其原因，是刚才教师外出后，幼儿在床上玩耍，不小心摔伤的，教师赶忙帮幼儿揉了揉，便安慰他睡了觉。下午当家长接孩子时看到幼儿头部红肿，非常生气，要求领导解决处理。

案例二：

冯一诺(化名)出生于 2012 年，2016 年开始，他在广州一所全日制学前教育机构就读。2018 年 9 月 11 日中午 12 时许，冯一诺在午睡时身体开始出现异样，几秒钟后有呕吐物溢出。主班教师发现后，想将其头侧抬起，后多次尝试拉他起来，但没有成功。之后，主班教师离开睡室，冯一诺独自躺在床上，在场的另一教师训斥其他小朋友离开，但没有和另一个教师上前救助。主班教师离开不到 30 秒后，她和一名保育员一起进入睡室，保育员对该男童采取了救助处理。之后，幼儿园两次拨打急救电话。10 多分钟后，冯一诺被抱进保健室，保育员继续对其进行救助。约 5 分钟后，他被开车送医救治，但最终因抢救无效死亡。

2018 年 9 月 20 日，当地法医鉴定中心鉴定，冯一诺符合因呼吸道异物(胃内容物)吸入导致急性呼吸功能障碍而死亡。事发后，冯一诺父母认为，在儿子呕吐时，值班老师没能及时发现，发现后也没有采取措施，错失最佳抢救时机，导致儿子呕吐物吸入呼吸道，窒息死亡，处理方式明显不当。其父母向一审法院起诉，要求赔偿费用 160 万元。

广州市中级人民法院认为，本案属教育机构责任纠纷。根据相关法律规定，无民事行为能力人在幼儿园、学校或者其他教育机构学习、生活期间受到人身损害的，幼儿园、学校或者其他教育机构应当承担侵权责任；但是，能够证明尽到教育、管理职责的，不承担侵权责任。事发时，在场教师均未能采取合理有效的救助措施。从死因鉴定报告及鉴定人意见可以认定，该男童生前身体超重，且患有呼吸道疾病以及热性惊厥病史，其肥胖的体质、呼吸道疾病是其发生呕吐导致胃内容物吸入引起窒息的条件因素。但其父母没有提供证据证明其有积极干预并改变冯一诺的身体素质，对其日常养育保护并未尽谨慎注意义务。即使是未成年人在校期间暂时脱离其照顾而突发病症，也不能免除父母日常养育失当的过错责任。

法院综合各方面的原因和过错程度，酌情认定冯一诺的监护人与该幼儿园对于其死亡后果的原因力和过错程度相当，由双方各自承担 50% 的民事责任。扣减幼儿园已支付的丧葬费，园方还需支付 44 万余元。

(案例来源：http：//baijiahao. baidu. com/s？ id = 1694448936454497554&wfr = spider&for = pc 2021-03-17)

【案例评析】

上述幼儿午睡安全事故，为幼儿园敲响了一声又一声的警钟。一旦幼儿园对幼儿的午睡安全疏于管理，就很有可能发生意想不到的严重后果，因此，幼儿教师的午睡安全管理工作，应做到以下几点：首先，幼儿午睡时，值班教师不要擅自离岗、玩忽职守，要保证幼儿的一举一动都在老师视线范围内，事故的发生有可能出现在疏忽的一瞬间。案例一中，教师发现幼儿摔伤时，应及时处理伤口并告知家长伤情，若伤势较严重，需去医院治疗。其次，了解幼儿健康状况，对体质弱的幼儿应特别关照。案例二中，男童生前身体超重，且患有呼吸道疾病以及热性惊厥病史，教师应了解清楚幼儿的疾病情况，给予特别关照，学习相应的急救措施。总之，午睡安全一定不能忽视，教师要严格贯彻午睡巡视制度，幼儿午睡时值班教师应当全程看护、来回巡查，做到眼勤、腿勤、手勤，并严格遵循值守规定："一听"——听听幼儿的呼吸是否正常，提防幼儿发生食物倒流或者呕吐物堵塞气管；"二看"——看看幼儿的神态，严密注视幼儿的举动有无异常，发现问题及时处理；"三摸"——摸摸幼儿额头的温度；"四做"——对个别踢被子的孩子要亲自为其盖好，切忌做与值守无关的事或借故离开。

（五）离园活动

1. 离园活动中的安全隐患

离园是一日生活的最后环节，同样也不能放松警惕。教师在与家长交谈时容易忽视一旁玩耍的幼儿，一些幼儿因为奔跑过猛，很容易摔伤或碰伤。交接环节也存在安全隐患，这时候教师稍有疏忽，可能会造成外来人员侵害幼儿事故。例如，一些幼儿园门卫管理不严，给了外来人员浑水摸鱼的可乘之机；一些幼儿园只认接送卡不认人，外来人员拿着捡到或偷来的接送卡冒领孩子；还有一些别有用心的亲戚或熟人骗领孩子等。

2. 离园安全管理的操作要点

首先，教师应该做好离园活动，在离园前，注意幼儿仪表形象，协助幼儿整理好衣物；设计趣味化、自主化的离园活动。

其次，注意与家长当面交接幼儿，如果来接幼儿的是教师不熟悉的人，或幼儿表现出犹豫和不情愿的时候，教师一定要谨慎，只有在得到孩子直接监护人的确认信息后才能将幼儿交给对方。交接期间，教师与家长可以进行简短的沟通，时刻注意班内幼儿的情况。

再次，要控制好家长接孩子的时间，让自己有足够的时间和精力去接待每位家长。要配合家长做好交接工作，对于生病或当天表现异样的幼儿，可向家长做简单交代。如果幼儿在园期间遭受了意外伤害，及时告知家长，并讲明原因，以免造成不必要的误解。在与家长沟通时，要保证班级全体幼儿都在教师的视线范围内。教师必须确保所有幼儿都已安全离园后再离开，离园之前需拔下电器插头，关好门窗。

【案例 2-8】

【案例描述】

  下午放学时，孩子们陆续都被家长接走了，小张老师发现只有浩浩还坐在等候区，两只眼睛可怜巴巴地望向大门口。突然，浩浩向大门口跑去，原来是爸爸来接他了。只见浩浩从爸爸手里拿过接送卡，跑着送到小张老师面前。小张老师挥了挥手，远远地和浩浩爸爸打了个招呼。浩浩跟小张老师说了声"再见"便再次跑向爸爸，跟着爸爸走了。这时门卫李师傅向小张老师走来并说："刚才那个人，你就这样让他把孩子接走了吗？"小张老师有些诧异："那是浩浩的爸爸，接送卡也给我了，为什么不让接呢？"李师傅说："你过去和他说几句话吧！"小张老师走到浩浩爸爸跟前打了个招呼。浩浩爸爸一开口，满嘴的酒气扑面而来，并且说起话来舌头有些发直。小张老师这才知道，浩浩爸爸酒喝多了。于是，小张老师拒绝了他接孩子的要求，让他打电话请别人来接。

（案例来源：史爱芬，李立新. 幼儿园班级管理案例分析［M］. 上海：复旦大学出版社，2020.）

【案例评析】

  上述案例反映了离园交接环节的常见问题，教师需要把好离园关，做到无冒领、无走失。做好离园交接工作，要把握以下几点：首先，幼儿园的各级各类工作人员都需明确自身责任，建立细致的交接手续，责任到人，确保严密交接。带班教师与教师之间、带班教师与主班教师之间、教师与门卫之间、主班教师与接送家长之间要进行严密的交接手续。相关人员也需要制定便于操作的接送反馈规范，完善接送卡信息，使教师能够了解幼儿在家中的表现状况以及家长及时了解幼儿在幼儿园的表现状况。此外，在接送卡的使用上，不能单凭接送卡就让家长接走孩子，应该近距离地和家长做简单的交流，确认家长无情绪和身体上的异常后，才可以接孩子出园。其次，还可以通过家园协调的方式，增强家长离园安全防范的意识，形成教育合力。例如，通过家长会、面谈、QQ微信群通知等形式，强调离园的要求与注意事项，在家长会上与家长做好沟通。如果家长有事情请人代接孩子，一定要持接送卡并提前电话告知老师。教师应该多总结工作中遇到的安全问题，并及时和同事们交流看法，杜绝类似情况的发生。

  总之，儿童安全至上，日常安全关系到每个幼儿的健康成长，每个保教工作者及家长都应防患于未然，去除一切可能发生在幼儿身边的危险因素。班级日常安全管理需要投入全园的力量与支持，应加强安全教育，引导幼儿学会简单的自我保护方法，形成自我保护意识，防止意外事故的发生。

【资源链接】入园晨检视频

【拓展检测】

1. 根据日常安全管理的操作要点，分组进行晨间接待及晨检、洗手、进餐、午睡和离园等日常情境的安全指导。

2. 结合见实习，根据生活活动常规的工作细则，协助幼儿园教师进行日常安全管理并进行记录分析。

突 发 事 件

🎓【情境导入】

  2021 年 4 月 28 日 14 时，北流市新丰镇民办健乐幼儿园发生一起伤害事件，16 名幼儿、两名教师受伤，其中两名幼儿伤势较重。公安机关已抓捕犯罪嫌疑人，具体情况正在调查处理中。相关部门迅速做出反应，当日，北流市卫生健康局为抢救伤员，立即呼吁市民献血。于是在相关部门组织下，当地市民纷纷前往步行街西门口献血，组织消防员献血，现场还有志愿者组织维持秩序。

（案例来源：腾讯网）

  这是一起令人悲痛的突发事件，原本很多幼儿园教师认为类似的事件离自己很遥远，可是它偏偏在我们身边发生了。事件发生后幼儿园和教师纷纷查缺补漏，怎样预防突发事件？如果真的发生了类似的暴力伤害事件，幼儿园、教师和幼儿应该怎样做才能把伤害降到最低？这些都是幼儿园和教师需要解决的问题。

🏅【学习概要】

  近年来，学前儿童高度密集的幼儿园在社会中多种因素的影响下，易受到来自各方面突发事件的威胁，突发事件日益增多。一次次意外事故的发生，一桩桩触目惊心的事件，无不为幼儿园的稳定和安全问题敲响警钟。突发事件发生后，往往是对校园应急处理能力的考验。班级对突发事件的预防和处理大多是在幼儿园整体规划之下的高效执行，因此本任务会以园级和班级层面结合的方式对突发事件的含义、突发事件风险源的辨识、突发事件应急预案的编制和突发事件演练进行阐述。

🖥️【学习准备】

  1. 文件

《中华人民共和国突发事件应对法》（2007 年）

《国家突发公共事件总体应急预案》（2006 年）

《幼儿园工作规程》（2016 年）

  2. 书籍

曹冬．幼儿园安全管理与教育［M］．北京：北京师范大学出版社，2015.

3. 期刊论文

邱源子．学前教育硕士研究生应对幼儿园突发事件能力研究[J]科技视界，2015（32）：69.

占毅．关于校园应急演练亟须常态化的思考[J]．中国职业技术教育，2010(31)：38-40.

寇丽平．张小兵．论中小学校园突发事件应急能力建设[J]．中国人民公安大学学报（社会科学版），2013(5)：69.

【学习目标】

知识目标	知道辨识危险源的策略、熟知突发事件的应对方法
能力目标	提高突发事件风险源辨识和应对的能力
素质目标	对突发事件风险源有警惕性，并学会在突发事件中保持冷静的心理状态

【学习内容】

一、突发事件的含义及诱因

《中华人民共和国突发事件应对法》中对"突发事件"这样界定：突然发生，造成或者可能造成严重社会危害，需要采取应急处置措施予以应对的自然灾害、事故灾难、公共卫生事件和社会安全事件。

幼儿园突发事件是指在幼儿园或幼儿园外一定范围内突然发生的，影响师幼生命安全和财产安全，需要采取紧急应对措施的事件。而根据突发事件的分类方法，幼儿园突发事件一般可以分为自然性灾害(洪水、龙卷风、地震、冰雹、暴雨)、事故性灾难(溺水、交通、踩踏、一氧化碳中毒、房屋倒塌、意外事故)、公共卫生事件(食物中毒、传染病疫情等)和社会安全事件(斗殴、校园伤害、住宅火灾)。

引发幼儿园突发事件的诱因主要有体制因素和个人因素。在幼儿园办园体制方面，我国现行的是公办园与民办园相结合的幼儿园办园体制。受经费投入不均衡的影响，公办园有财政的投入，大部分的民办园没有获得或获得较少的国家财政资助。民办园为了缩减开支，往往会在人员和安全设施上以最低标准来配备，如果政府主管部门监督不到位就会使得部分幼儿园有意或无意地成为"无人照顾"的"小孩"，对突发事件的应对能力极弱。在幼儿园突发事件中有两种个体因素最为典型：一是幼儿园中部分教职员工的失职、渎职和工作失误，二是幼儿园外部个别人的行为失控或心理失衡。此外，流行疾病、洪涝灾害、地震等自然因素也是引发幼儿园突发事件的一个重要因素。

【案例 2-9】

　　某幼儿园离园环节，一名小女孩在校门口闹着玩妈妈的手机，女孩遭到妈妈拒绝后蹲在地上赖着不走。妈妈这时也跟女孩杠上了，就在距离女孩 10 米远的位置看着孩子闹。突然妈妈接到一个电话，这时有一位中年妇女走过去跟女孩说话，小女孩站起来牵起了妇女的手。门口值班的安保人员看见后说："你是孩子什么人？"正在接电话的妈妈看见后马上挂了电话警觉地抢过女孩的手说："你要干什么？"妇女说："我觉得孩子蹲在地上哭太可怜了，所以哄哄她。"然后妇女就离开了。幼儿园得知该事件后，马上通过监控录像查看该妇女最近是否在校门附近逗留；提醒安保人员更加警觉接送来往的人；班级发放"致家长的一封信"提醒家长接送时段要看管好自己的孩子；班级教师开展相应的安全教育活动。

【案例评析】

　　上述案例中的"安保人员"发现相对于"孩子"来说有可能是陌生人的"妇女"有"牵走"孩子的举动时迅速有了警惕的提问："你是孩子什么人？"而孩子的"妈妈"看到有陌生人牵起孩子的手时，也警惕地挂断电话问："你要干什么？"可见"安保人员"和"妈妈"对风险源"陌生人"是有基本的辨识的，有效遏制了突发事件的发生。而幼儿园也采用了查看监控录像和有效的安全教育措施排查风险源，再一次提高大家对风险源的辨识能力。

二、突发事件风险源的辨识

　　风险源是指可能导致风险后果的因素或条件的来源。如，火灾的风险源就包括气象因素、电气、易燃易爆物品管理、不安全吸烟等。幼儿园突发事件风险源主要有两种，一是客观的风险源，二是主观的风险源。幼儿园可从以下方面辨识风险源。

（一）明晰突发事件排查的范围和对象

　　划分排查的范围和对象有利于更高效地捕捉校园风险信息，把突发事件风险扼杀在萌芽阶段。根据安全教育主管部门的排查范围，幼儿园突发事件的地点范围通常是在园内及合理辐射区域的周边地区，幼儿园突发事件的对象是师生的身心及幼儿园财产。

（二）调动相关人员参与风险源识别

　　调动与幼儿园利益相关的人员参与风险识别工作，增加排查人员，以发挥人多力量大的优势，尽量不放过任何一处安全隐患。大量的惨痛案例表明，如果能在风险还处于酝酿状态时及时将其发现、扼杀，就可将突发事件消灭。为此，在实际操作中，教师应该运用头脑风暴法参与到排查安全隐患队伍中，积极倡导家长参与幼儿园安全风险识别大排查活动。例如，开辟班级"风险直通车"窗口，让家长有机会将已察觉的幼儿园安全问题以比较快捷直接的方式反映出来，从而提高风险识别效率。

（三）编制合理的突发事件风险源识别表

事前预防是风险处理全过程中最科学合理、最接近零危害的环节。合理的突发事件风险源识别表，可以将风险识别工作标准化。首先，可参照当地教育局风险防控清单。其次，重视师生、家长等提供的风险信息。再次，将之前本园或其他校园已发生的突发事件作为前车之鉴，为开展风险识别工作指明方向。幼儿园要对风险信息进行实证调查，坚持"没有调查就没有发言权"的原则，从而诊断信息的真实性。使用参考借鉴和实地考察相结合的科学方式将所有可能发生的突发事件列成清单，编制幼儿园突发事件风险源识别表，为落实排查工作提供科学依据。

【案例 2-10】

×× 市学校安全风险防控清单

一级指标	二级指标	风险隐患点	应对措施	责任部门	责任人
三、校园安全	（十六）校舍外墙高空坠物	66. 出现裂缝，墙皮、瓷砖脱落	经常检查，及时维护保养，消除安全隐患		
		67. 玻璃幕墙不牢固、损坏的窗户及玻璃坠落			
		68. 空调外机等悬挂物时间久，锈蚀严重			
	（十七）校内施工安全	69. 校内外来施工人员、施工车辆未备案	1. 加强安全教育，提醒学生注意安全，远离施工现场 2. 与施工方协调，督促施工方设置警示标识，建立围挡，采取隔离措施 3. 督促施工方加强安全管理，防止高空坠物 4. 协调施工方加强施工人员安全管理和设施设备安全管理 5. 设立警示标识，建立施工人员专用通道，有效阻隔施工区域与教学区域、学生生活区域 6. 与校内外来施工人员签订安全协议，并对其进行监督		
		70. 塔吊等施工设备不安全			
		71. 用电不规范			
		72. 工地缺少有效围挡和警示标识，学生进入施工区域			

续表

一级指标	二级指标	风险隐患点	应对措施	责任部门	责任人
七、教育教学活动安全	（五十）体育课	221. 体育活动安全管理制度不健全，安全责任不明晰，事故处置预案缺失或不具体	1. 研究制定体育活动安全管理制度、体育课教师岗位安全职责和体育活动突发事件应急预案，明确各环节安全责任		
		222. 教师安全意识不强，体育课学生脱管失控，未能及时发现安全隐患	2. 组织体育教师认真学习相关制度和预案，进一步明确各自责任		
		223. 教师缺乏基本救护技能，突发事故处置失当	3. 对体育教师进行预防运动伤害和基本救护技能的培训，提高教师预防和处置运动伤害的能力 4. 加强督导检查，确保责任落实		
		224. 运动场地不平整，雨后湿滑	1. 课前开展安全隐患排查，及时消除安全隐患		
		225. 设施器械及周边存在安全隐患	2. 考虑场地设施情况，调整运动项目		
		226. 运动前准备活动不足	1. 认真组织学生做好准备活动		
		227. 训练方法不科学，动作不规范	2. 按照教学大纲组织学生科学训练，做好示范，及时纠正学生错误动作		
		228. 篮球、足球等项目安全要求不到位	1. 要求学生注意安全，保护好自己 2. 妥善处置突发事故		

【案例评析】

上述表格为"×××市学校风险防控清单"的部分内容，主要择取与教师息息相关的两部分。整个风险防控清单包括学校安全稳定工作体系、安防建设"4 个 100%"、校舍安全、教育教学活动安全等十项内容，涵盖内容全面，罗列的隐患点详细具体，应对措施有针对性，主体责任明确。

三、突发事件应急演练

《幼儿园工作规程》第十五条规定：幼儿园教职工必须具有安全意识，掌握基本急救常识和防范、避险、逃生、自救的基本方法，在紧急情况下应当优先保护幼儿的人身安全。幼儿园应当把安全教育融入一日生活，并定期组织开展多种形式的安全教育和事故预防演练。

为了能在突发事件发生时，预案得到高效执行，应急演练是非常必要的。通过定期或者不定期的校园应急演练，让预案中的所有人熟悉各自的工作职责，形成条件反射。此外，演练中能进一步完善和优化应急预案。根据教育部办公厅印发的《中小学幼儿园应急疏散演练指南》，结合幼儿园实际情况，幼儿园的应急演练需要注意以下两个方面。

（一）创新应急演练方式

应急演练的时间可分为定期和不定期、预先通知与突然袭击、正常活动与特殊场合；应急演练参与人员可为全园教职工或各部门职工、各年级成员；演练方式上可以增加情境的营造，如可与消防支队合作增加烟雾、救援环节，可找人扮演防暴恐演练的歹徒等。演练时情景的设计要全面，在演练中，幼儿在同一时间段内，身处不同区域又该如何逃生？例如，地震发生时，不同的区域应该怎么躲避？各自该怎么逃生？在演练时尽可能地设想到各种可能的状况，保证内容的全面性。演练中的各方职责明确，演练的重点在于提升每一个人的突发事件应对能力。

图 2-1　躲墙角

图 2-2　抱桌腿

（二）丰富应急演练教育内容和方法

应急演练教育内容需在幼儿园整体规划之下有针对性地进行。能根据幼儿的年龄特点、兴趣爱好、身心发展规律等选择适合本班幼儿演练的教育内容，如同样是火灾应急演练教育，小班幼儿重点学习的是如何能快速、有序地按逃生路线疏散到安全区域，而大班幼儿有可能会增加对火灾现场的认识，学习一些自救的技巧。在方法上，小班幼儿的活动不能太过严肃，可采用游戏的形式开展活动，营造出轻松愉悦的氛围，避免让幼儿产生恐惧。应急教育可有专门的课程，可融入其他领域教学，也可纳入班级的班本课程。此外，应急教育可为园内的教育，也可为园外的渗透教育，如到消防支队、地震体验屋、户外体验等可融入体验的场所；可通过引导和组织幼儿在绘本故事情节和人物的基础上，编一个微型剧本，通过情境表演的方式展示出来。班级教师可根据实际情况不断丰富练习内容和方法，让教育效果更为理想。

【案例 2-11】

中班安全疏散演练活动：逃生演习 N 次方

【案例描述】

1. 活动意图

为了进一步增强小班幼儿消防安全意识，提高幼儿抗击突发事件的应变能力，做到发生火灾、紧急情况时能临危不乱，有序、迅速地按照消防逃生路线安全疏散，确保生命安全，同时培养幼儿听从指挥、团结互助的素养，我们开始探讨怎样快速、安全逃生。

2. 活动实施过程

（1）出现的问题：幼儿园很安全，为什么要逃生？

（2）分析问题：幼儿年龄小，对火灾、地震等给人们带来的危害了解不多。惨重的代价给我们每个人都敲了警钟，所以逃生演练必须开展。

（3）解决问题：

①火灾、地震来了，应该怎么做？

关键词：躲避、有序、迅速、楼梯、安全出口

危险来了，应该这样做吗？			
方　　法	😊	☹	备　　注
	😊		走楼梯
	😊		表示有出口，可以去到安全的地方

续表

方　法	😊	🙁	备　注
	😊		排队可以更快出去，一起走的话，会堵在门口，浪费时间
		🙁	会影响大家撤离，要保持冷静，才能跟着老师一起安全撤离
		🙁	跑步下楼，容易摔跤，容易发生踩踏事件
	😊		空旷的地方不容易被倒下的东西砸伤
	😊		可以躲在墙角，要护头蹲下来

教师思考：《3—6岁儿童学习与发展指南》中指出"要支持和鼓励幼儿大胆联想、猜测问题的答案，并设法验证"。对于火灾、地震来了怎么办，孩子们有多元的表达，教师提供同伴思辨的机会帮助孩子们明确当地震来临时的适宜措施。

②寻找安全出口

发现安全出口

小宇：找紧急出口就可以了。

昭昭：对，有一个长方形的，上面有人，也有箭头。

圆圆：那我们在幼儿园一起找找看。

③安全出口的种类

通过寻找，小朋友们找到了几种常见的安全出口标志，小朋友们还发现，如果按照安全出口撤离，到达某个地方时突然没有了标志图的指示，不知道该往哪里撤离。

④添加安全出口标志

图 2-3　寻找安全出口　　　　　　图 2-4　贴安全图标

⑤逃生演练

A. 逃生 1 次方

地点：炭烧积木室

演练关键词："害怕""发愣""慌乱"

【哇时刻】

面对突如其来的"火灾"，能自主发现逃生中存在的问题，并在讨论中积极提出不同的解决策略。

支持点：以视频方式让孩子们自我解读、同伴互读，发现并分析问题。

B. 逃生 2 次方

地点：寝室·正在更换衣服

演练关键词："争抢""拥堵""摔跤""等待"

图 2-5　逃生演练 1 次方

图 2-6　逃生演练 2 次方

【哇时刻】

能有意识地拿取随手可得的物品保护头部，显现强烈的自我保护意识。

支持点：及时肯定孩子们的保护意识，同时抛出焦点问题助推幼儿思考行为适宜性与场景的关系。

C. 逃生 3 次方

地点：教室·午餐时间

演练关键词："有序"

【哇时刻】

逃生中抛开了对饭菜等外在因素的顾虑，体现出心理和行为的稳定性，有了生命第一的意识。

图 2-7　保护头部

图 2-8　逃生演练 3 次方

D. 逃生 4 次方

地点：寝室·午休时间

演练关键词："温暖""关爱"

【哇时刻】

逃生中能主动叫醒还在睡梦中的小伙伴，感受到了孩子们对小伙伴的爱护、对他人生命的关注和心中透出的那份温暖。

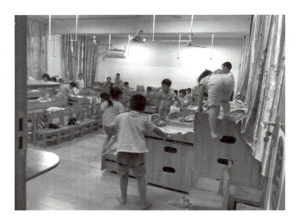

图 2-9　逃生演练 4 次方

支持点：肯定孩子们在逃生中关注他人生命的正向行为，并通过话题讨论引发幼儿对生命关系的思考。

⑥生活中的逃生

幼儿在平时的生活中还发现各式各样的安全标志和避难所，有些幼儿安全意识比较强，还经常在家里进行地震演练，书包里随时准备有食物、电筒等必备物品。

3. 收获

从 1 次方走向 4 次方，不仅是逃生技能的获得，更是对生活中安全环境的主动关注。孩子们建立起面对突发情况时沉着勇敢面对的信心，习得了行为在场景中适宜性的分析能力，能排除相关因素的干扰树立了生命第一的意识，也拥有了在力所能及范围内对他人生命关注的那一份小小的温暖。

4. 下一步计划

本学期我们主要学习如何快速、有序地疏散撤离，今年的"4·28"北流幼儿园砍人事件让人心痛，下学期我们将此活动延续到保护和自救中，期待我们有更多的收获！

（案例来源：广西幼儿师范高等专科学校实验幼儿园　李琳）

【案例评析】

本案例把"逃生演练"作为班本课程。课程的产生源于幼儿园的一次安全疏散演练活动，开始时师幼共同探讨"当事故发生时，怎样快速、安全逃生"，幼儿在讨论中提出问题："幼儿园很安全，为什么要逃生？"于是教师以"火灾和地震"为主题开展了相应的活动，师幼讨论："危险来了，应该这样做吗？"教师把幼儿的想法汇总在一起，然后通过"寻找安全出口""制作标识"等方式让幼儿快速找到逃生的出口，并通过逃生演练体验危险来临时逃生的重要性，然后在"逃生演习N次方"中不断解决新问题让幼儿的逃生经验呈螺旋上升的状态，幼儿在演练中不断提高逃生的技能。

【案例 2-12】

大班安全疏散演练活动：地震来了怎么办？

【案例描述】

1. 活动意图

为了提高大班幼儿在突发性地震事件发生时紧急避险和应急保护能力，正确掌握避震、疏散和自救的方法，进一步增强防震减灾意识，我们进行了防地震演习的探索活动。

2. 活动实施

（1）地震来了怎么办？

结合幼儿园的一次地震演习，幼儿提出了自己的设想——

壹壹：地震来了要先跑。

乔乔：先躲在桌子底下。

泽泽：躲在墙角，抱头蹲下。

大家热衷于在餐后时间，用绘画的方式把自己的想法记录下来。由此，我们开展了一系列有关"地震来了怎么办"的活动。大班幼儿在小中班的演习后，逐渐明晰了地震逃生的路线图和基本流程。但是对于正确掌握避震和自救的方法还需加强演习。

（2）正确的避震原则和方法

原则：先躲后跑。地震演练时，为防止物体砸伤幼儿，应坚持地震时躲避，震后快速撤离的原则。

（3）室内如何躲避（早点时间进行演练）

图 2-10　避震方法

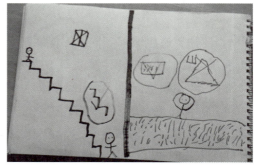

图 2-11　地震逃生路线图

演练后小结：

诗诗和她的伙伴们：我就原地蹲在睡觉房中间。

小宇和洋洋：我们蹲在阳台那里。

①出现的问题：

小军：在哪个地方躲比较安全呢？

②分析问题：

发生地震时，不同的场所有不同的躲避要点，在学校室内，如何能快速找到适合躲避安全的物体尤为关键。

图 2-12　就地掩护

图 2-13　随机找物体掩护

③解决问题：

A：幼儿讨论并尝试寻找适合躲避的安全地方。

B：再次演练：室内快速正确躲避：伏地、遮挡、手抓牢。找到墙角、桌底等承重物体，伏地掩护。

（4）室内如何自救

丫丫：老师，如果地震来了，我们被困在房子里怎么办呢？好可怕啊！

孩子们纷纷议论，对如何自救的这个话题展开了激烈的讨论。教师与幼儿共同查阅资料、观看相关的防地震视频，学习震后自救技巧：

①地震时如被埋压在废墟下，首先要头脑冷静面对地震，一定要树立生存的信心，相信会有人来救你。

②保护呼吸畅通，挪开头部、胸部的杂物，闻到煤气、毒气时，用湿衣服等物捂住口、鼻（但粉尘污染的防护需用干燥的织物来捂住口鼻）。

③设法脱离险境。如果找不到脱离险境的通道，尽量保存体力，用石块或者其他能敲击发出声响的物体，向外发出呼救信号，不要哭喊、急躁和盲目行动，这样会大量消耗精力和体力，尽可能控制自己的情绪或闭目休息，等待救援人员到来。如果受伤，要想办法包扎，避免流血过多。

④维持生命。如果被埋在废墟下的时间比较长，救援人员未到，或者没有听到呼救信号，就要想办法维持自己的生命，防震包的水和食品一定要节约，尽量寻找食品和饮用水，可用不漏水的东西接水以备所需，必要时自己的尿液也能起到解渴作用。

（5）安全有序紧急撤离

震时躲避，震后快速撤离到安全的地方是应急防护比较好的方法。

图2-14　按路线图有序撤离

地震口诀

遇到地震不惊慌，镇静听从老师教。

先后有序慢慢走，不抢不挤好宝宝。

来到操场有秩序，一个一个往外跑。

记住地震小儿歌，一定一定要记牢。

（6）户外躲避

图 2-15　在空旷的地方躲避

3. 活动收获

（1）幼儿明晰自救的方法

通过防震演习，幼儿及时了解地震发生时的应急避震知识，掌握初步应对地震发生时的防护措施和方法，幼儿的紧急避险、自救自护的应变能力有所提高。

（2）幼儿演练前、后的心理辅导与安全事项的引导

在幼儿演练之前，教师和幼儿以玩游戏的形式引导幼儿熟悉安全路线。在安全应急演练前，为避免幼儿出现意外踩踏等突发事件，教师与幼儿讨论：（1）在走安全线路时可能会发生什么事情呢？可能摔跤、鞋子跑掉了、找不到本班老师……（2）出现类似的情况如何处理呢？活动后开展"遇到地震我不慌"等心理疏导。

（3）应急演练后的小结和反思

根据幼儿在应急演练后出现的问题，分析问题、解决问题，进行防地震经验的梳理、小结和反思。教师注重安全演练工作，不断总结和反思，才能有效改进应急预案。教师要落实责任，加强统筹协调工作，以提高应急演练效率，为师生的生命财产安全加上一层保护伞。

（案例来源：广西幼儿师范高等专科学校实验幼儿园　刘春连）

【案例评析】

该案例中以地震为主题开展了一系列有关大班安全教育活动，教师引导幼儿讨论"地震来了，我们该怎么办"，通过小中班的教育，幼儿知道地震来了要"跑"和"躲"，但对于怎么"躲"幼儿缺乏经验，于是教师开展了以"怎么躲？"为核心经验的地震教育活

动，幼儿通过讨论、记录、寻找和实践的形式知道了"寻找墙角、桌底等承重物体""双手紧抓桌角""在空旷的地方躲避"等逃生方式，幼儿在一次次探索和实际演练中不断内化相应的逃生经验。

【资源链接】

1. ××市学校安全风险防控清单

2. 幼儿园突发事件应急预案的基本结构

3. ×××幼儿园新冠肺炎疫情防控应急预案

【拓展检测】

1. 根据突发事件的风险源识别要点，结合见实习幼儿园，分组进行校舍安全、接送安全、教育教学活动安全等方面风险源的排查。

2. 根据安全疏散演练要点，结合见实习幼儿园，编制一份班级安全疏散演练方案及组织一次相关的活动。

模块三：

人际关系管理与案例评析

师 幼 关 系

【情境导入】

李梅是学前教育专业大专刚毕业的学生，在一所市级示范性幼儿园工作。刚进入幼儿园的前两周，她协助小班一位有经验又优秀的黄老师带班。李梅看黄老师与幼儿关系十分融洽，感觉带班很轻松，黄老师的一个眼神、一句话，幼儿就能立马明白要做什么。但是，当李梅自己当主班老师的时候，发现事情并不是这样的：上课时总有小朋友唱反调；户外活动时又有小朋友不听要求，在操场上自由跑动，不管怎么叫都不听；午睡的时候，有的小朋友动来动去，不听老师的话……一天下来，李梅累得疲惫不堪。

讨论分析：案例中的李梅老师为什么会感到疲惫不堪？如果是你将怎么办？

【学习概要】

教师与幼儿之间的人际关系，简称为师幼关系，是一种平等的交往关系。师幼关系不同于通常的师生关系，它更亲密、更稳定、更贴近生活；也不同于日常的亲子关系，它更具有指导性和教育意义；也不同于平常的同伴关系，师幼关系中幼儿更倾向于获得支持、帮助和关爱。师幼关系之所以表现出与上述三种关系的不同，主要原因在于师幼关系是幼儿教育这一特殊活动过程的实现途径，是幼儿园课程和教学的基本要素。当然，尽管它蕴涵着教学的因素，具有"教学关系"这一侧面，但鉴于幼儿自身以及幼儿教育的特点，师幼之间表现出强烈的情感依赖关系。众多研究表明，良好的师幼关系不仅可以为幼儿提供支持、帮助和安全感，也可为教师自身带来工作的幸福感与成就感；而恶劣的师幼关系则会给师幼双方都带来压力、冲突和紧张。那么，作为一名幼儿教师，要如何定位自己与幼儿之间的关系呢？在找到合理的定位后，幼儿教师如何做才能获得幼儿的喜爱乃至信任呢？

本模块的任务主要是掌握与幼儿建立和谐关系的方法与途径，形成和谐融洽的工作氛围，提高班级管理的质量。

【学习准备】

1. 文件

《幼儿园教育指导纲要（试行）》《3—6岁儿童学习与发展指南》《幼儿园工作规程

（2016）》《幼儿园教师专业标准（试行）》《中等职业学校学前教育专业教学标准（试行）》《幼儿园保育教育质量评估指南》

2. 书籍

张富洪. 幼儿园班级管理[M]. 上海：复旦大学出版社，2012.

左志宏. 幼儿园班级管理[M]. 上海：华东师范大学出版社，2015.

张金陵. 幼儿园班级管理[M]. 上海：华东师范大学出版社，2015.

晏红. 幼儿教师与家长沟通之道[M]. 北京：中国轻工业出版社，2018.

劳拉·E·贝克. 伯克毕生发展心理学[M]. 北京：中国人民大学出版社，2018.

[美]迈克尔·汤普森，劳伦斯·科恩，凯瑟琳·奥尼尔·格蕾斯. 妈妈，他们欺负我——帮助孩子解决社交难题[M]. 北京：中国人口出版社，2017.

刘云艳. 给幼儿园教师的101条建议（幼儿心理健康教育）[M]. 江苏：南京师范大学出版社，2014.

[美]安·S·爱泼斯坦. 学前教育中的主动学习精要——认识高瞻课程模式[M]. 北京：教育科学出版社，2019.

3. 期刊论文

宁艾伦. 幼儿教师人际关系与自我效能感和职业倦怠感的相关关系研究[D]. 哈尔滨师范大学，2020.

叶鑫苗，张金荣，徐楠，王璐莹，王晨瑜. 幼儿园组织氛围对教师情绪劳动的影响[J]. 幼儿教育，2018（30）：21-23.

李冬辉，李燕. 幼儿园集体教学活动中的师幼互动研究[J]. 新课程学习（上），2012：182.

陈玉妹. 在教学中如何实现良好的师幼互动[J]. 福建教育，2014：8-9.

张卫民. 做一名美丽的幼儿教师[J]. 家庭与家教（现代幼教），2009：39-40.

揭月玲. 幼儿社会交往能力的培养[J]. 基础教育研究，2020.

🏛 【学习目标】

知识目标	了解师幼的关系定位及师幼间互动的技巧
能力目标	掌握与幼儿建立和谐关系的方法与途径
素质目标	热爱儿童，建立师幼间相处和谐、温馨的氛围

✒ 【学习内容与实施】

无论是从事什么职业的人，都希望自己拥有良好的人际关系，幼儿教师也不例外。

甚至说，幼儿教师更需要良好的人际关系，才能让自己享受工作带来的乐趣，因为幼儿教师是一项面对人的工作。统计资料表明①：良好的人际关系，可使工作成功率与个人幸福率达85%以上；一个人获得成功的因素中，85%取决于人际关系，而知识、技术、经验等因素仅占15%。更有报道称某地被解雇的4000人中，人际关系不好者占90%，不称职者占10%；大学毕业生中人际关系处理得好的人平均年薪比优等生高15%，比普通生高出33%……从这些数据可以非常清楚地看出人际关系在工作中所起的重要作用。那么，作为一名幼儿园教师，在自己所带的班级中，有哪些人际关系需要处理？又该如何处理这些人际关系呢？

一、幼儿教师与幼儿的关系定位

（一）专业的教育者

《幼儿园教师专业标准（试行）》指出："幼儿园教师是履行幼儿园教育工作职责的专业人员，需要经过严格的培养与培训，具有良好的职业道德，掌握系统的专业知识和专业技能。"从这份标准对幼儿园教师的概念界定可以看出，我国教育部门认为幼儿教师首先承担的是一个教育者的角色，是专门"履行幼儿园教育"的专业人员。

无论国内还是国外，一开始都没有幼儿教师这个职业，更多的是照顾幼儿的保姆，这些保姆只负责照看幼儿的饮食起居，并不充当教育者的角色。近代的公共幼教机构也主要是为了照看工人的幼小子女而设立的，这些机构内部的专职人员缺乏专业训练，只保不教，仍充任保姆角色。我国宋朝首设的育婴堂、慈幼局，其中的"教员"都是没有接受过专门训练的节妇，而我国第一个幼儿公共教育机构——湖北蒙养园，其中的保姆也是从节妇、乳媪中挑选的。但随着工业革命的开始，大工业和科技越来越发展，社会对幼儿教育的要求越来越高，对幼儿教育工作者的自身素质也就提出了更高的标准。此时，幼儿教育工作者的主要职责才开始由保育转为教育，或以教育为主。

现代幼儿教育机构已经是公共正规的教育组织，其中心任务就是教育、教导儿童。因此，幼儿教师首先是一个教育者，要以一个教育者的标准严格要求；同时，与其他阶段的教育不同，"保教结合"的幼儿教育又要求教师具备独特的专业素养，因而作为一名独具专业性的幼儿教育工作者，幼儿教师应做到以下几点：

第一，理解幼儿期儿童独特的心理发展特点，能做到根据幼儿的心理发展特点及其生活经验设计出相应的教育活动，并有效实施。

---

① 原山之石．论学校管理中的和谐人际关系［EB/OL］．http：//blog. sina. com. cn/s/blog_93b17d6b01011ith. html. 2014-2.

第二，理解不同的幼儿在生活经验、发展水平、发展速度、优势领域等方面的个体差异，能做到根据幼儿的不同特点因材施教。

第三，在环境中潜移默化的学习是幼儿非常重要的学习方式之一，幼儿教师应具备为幼儿提供良好的物理环境和温馨的心理环境的能力，在物理环境的创设过程中能够为幼儿的学习提供多样化的材料。

第四，游戏是幼儿的基本活动方式，幼儿教师要做到能为幼儿提供丰富、适宜的游戏材料，规划出利用充分、设计合理的游戏活动空间，并支持、引发和促进幼儿的游戏。

第五，能够有效地运用观察、谈话、家园联系、作品分析等多种方法，客观、全面地了解和评价幼儿，并根据评价结果指导下一步教育活动的开展。

总之，作为一名教育工作者，幼儿教师必须认识到国家、社会、家长所赋予的教育责任和神圣使命，并为此付出相应的努力。

（二）合格的引导者与支持者

教育部在 2001 年 9 月起试行的《幼儿园教育指导纲要》中明确指出，"教师应成为幼儿学习活动的支持者、合作者、引导者"。"引"意为"引领"，"导"意为"导向"。作为引导者，幼儿教师应以教育目标为具体导向，引领幼儿朝着教育的预期目标不断发展。在幼儿教师所扮演的各种角色中，引导者是教师最难扮演好的角色，因为教师想要引导好幼儿，就离不开对幼儿现有学习状况的了解，离不开对幼儿所面临的问题或矛盾冲突的把握，只有对这些已经了然于胸，教师才会形成自己的价值判断，从而明晰幼儿发展现状与预期教育目标之间的关系，再通过适宜的方式去引导幼儿积极地向着目标前进。

在引导过程中还有一个比较难把握的关键点是幼儿发展的个体差异性，这决定了幼儿教师要采用有差别的引导来对待不同的幼儿。比如在幼儿捏橡皮泥的过程中，幼儿教师要仔细观察幼儿现有的发展水平，看一看哪些幼儿还没有掌握好最基本的搓圆、捏长条等技能；哪些幼儿基本技能发展不错，但却无法捏出比较成型的作品；哪些幼儿的作品可以在幼儿教师的带领下得到进一步提高等。了解了幼儿的发展水平，教师就可以在布置任务时，根据幼儿的不同水平提出不同的要求，做到给幼儿的任务略高于其现有水平，即在幼儿的最近发展区内实施教育。

作为幼儿活动的支持者，幼儿教师为幼儿的学习活动提供物质上和心理上的支持。物质上的支持主要是为幼儿创设丰富多彩的物理环境、为幼儿提供适宜的互动类材料。心理上的支持则更多是需要幼儿教师能对幼儿活动进行积极的关注、平等的尊重和完全的接纳，如对幼儿自发产生的一些探究活动、有趣想法、特别发现等给予及时的回应和帮助；对幼儿消极的心理状态进行调适等。总之，幼儿教师就要如蒙台梭利所说的那样，要将自己的眼睛训练得如同"鹰眼"般敏锐，观察到幼儿最细微的动作，探知到幼儿最殷切的需要，并支持他们具有积极意义的需求，实现与幼儿间的沟通。例如，某幼儿园曾发生过这样一幕：一名大班幼儿在拼中国地图，刚开始几个国境线上的省份，幼儿很快就拼好了，可是各省份是如何连接的，幼儿就无法把握了，开始犹豫。旁边的教师观察到后，以最快的速度打印了一张中国地图，并悄悄地把地图送到这名幼儿身边，说了一句，"你可以看着这份地图试一试"，然后安静地走开。幼儿拿着打印好的地图查找、对比、拼接，最终自己完成了任务。这个案例中的教师就是一个合格的支持者，她不仅关注到了幼儿遇到的困难，而且在最短时间内为幼儿提供了材料上的帮助和支持，让幼儿将活动继续下去并取得成功。

【案例 3-1】

我们帮洋洋找鞋子

【案例描述】

　　午睡起床的时间，所有的小朋友都在做着起床的准备，香香穿好衣服后就和洋洋一边比划一边说话。我再一次提醒全部小朋友起床动作要快，不要说话。在我提醒后，香香走去把还没有穿好衣服鞋子的煜涵也拉了过去，和洋洋三个人围在一起边比划边说话，我以为他们起床不认真于是说道："你们在干什么？请你们回到自己的床边穿衣服，不要玩！"香香马上说："老师，我们没有玩，洋洋的鞋子不见了，我们在帮他找鞋子！"煜涵马上又接话："是的，鞋子在里面(床底下)，我们正在想办法帮洋洋把鞋子拿出来！"了解了情况的我没有再催他们，而是乘机引导："那你们可以自己想办法帮洋洋把鞋子拿出来吗？"他们很高兴地告诉我想到了，说完，香香趴在地上把手伸进床底，不停地往床底里面伸手拿鞋子。香香有点着急了："鞋子在很里面，我拿不到怎么办？"煜涵安慰香香："没关系，我们来试试！"煜涵和洋洋用了同样的办法还是没有把鞋子拿出来，有点着急了："苏老师，鞋子太靠里面，我们拿不出来！"我问他们："为什么拿不出来？"煜涵："鞋子太靠里面了，我们的手太短了，够不着！"我试着引导他们想其他的办法："你们刚才想的办法很棒，那能不能找一个长一点的东西？"洋洋马上就想到了："我们可以找一根棍子，可是睡房没有棍子呀！"想到没有棍子洋洋有点失望。"没有棍子，这个办法行不通，你们能再想想其他的办法吗？或者问问其他人有没有办法帮助你们。"……煜涵："我们把床拉出来吧！"说着，就开始用小小的手使劲把床拉出来。看到煜涵的动作，洋洋和香香马上也一起和煜涵一起把床往外拉，拉的时候还努力把床抬高。煜涵对着洋洋说："洋洋，你去拿鞋子。"洋洋钻到床底没发现鞋子，这时候香香很激动："我看到鞋子了，快拿!"他们三人一起把床拉出来，鞋子就露脸了。在香香和煜涵的帮助下，洋洋成功地拿到了鞋子，他们都很开心，洋洋拿着鞋子开心地向我展示："苏老师，看，我的鞋子拿到了!谢谢煜涵、谢谢香香。"然后他们很自然地把床推回了原来的位置，回到自己的床继续做起床准备——穿衣服鞋子。他们真了不起，遇到困难，自己想办法解决!

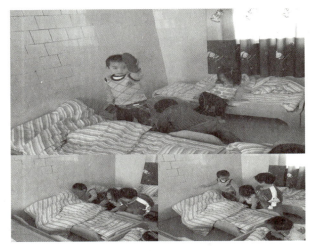

图 3-1　找鞋子

【案例评析】

从睡房的小床底拿东西，对于小班上学期的幼儿而言，不是一件简单的事情，孩子们需要试着去发现问题，并思考解决问题的办法。当幼儿发现拖鞋在床底的时候，教师以引导鼓励为主：解决问题的办法有很多，这个不行我们就换另外一个，从而引导幼儿独立思考。幼儿在自主解决问题时发现，把手伸进床底或是找一根长的棍子都不能帮助他们时，孩子们的情绪有点低落。此时教师继续引导鼓励幼儿探索解决问题的办法：向别人求助也是一个办法!从而鼓励幼儿积极地独立思考。因此，在同伴交往的过程中，我们老师应注意以下几点：

1. 培养幼儿的独立性，锻炼独立思考的能力。为了培养幼儿的独立性，我们会告诉幼儿自己的事情自己做，遇到困难要想办法自己去解决，学会独立思考。洋洋发现鞋子不见了，请香香帮忙，香香找到鞋子后发现拿不了，所以请煜涵一起想办法帮洋洋拿鞋子，最后一起想办法，合作帮洋洋拿到了床底的鞋子。

2. 尊重幼儿的选择，鼓励幼儿学习自我抉择、解决问题的能力。当幼儿遇到问题时，应该有自己做决定的机会和权力，他们可以自己选择解决问题的办法。发现洋洋的鞋子不见后，他们没有寻求老师的帮助，而是自己找同伴帮助解决问题。而老师也并没有主动地帮助孩子们解决问题，而是在一旁关注和引导幼儿，鼓励幼儿和同伴合作解决问题。

陈鹤琴先生曾说，凡是孩子能做的事情应该让孩子自己做，不要代替他。作为一名幼儿教师，我们要做幼儿活动的支持者、引导者和帮助者，科学介入幼儿的一日活动。香香他们遇到问题的时候，教师并没有主动给他们提供帮助或解决问题的意见，而是让事态自然地发展，给予他们足够的时间和空间，让他们思考并尝试解决问题的办法，这也是培养幼儿解决问题能力的机会。所以，培养幼儿独立思考的能力，不仅要孩子自己独立动手去做事情，还要孩子独立动脑去想问题。让孩子在"自己做"的过程中，能不断增强自信心，提高独立思考、独立做事或解决问题的能力，促进幼儿良好个性品质的形成。"时间"和"空间"的科学搭配，让幼儿的成长增添更多缤纷色彩！

（案例来源：广西医科大学幼儿园　苏小萍）

（三）朋友式的游戏伙伴

游戏对于幼儿的发展价值已经不言而喻。游戏既是幼儿的主要活动方式，亦可作为幼儿教育的主要方法之一。游戏开展前，幼儿教师是游戏材料的准备者、游戏场地的提供者；游戏开始后，幼儿教师是游戏活动的参与设计者、游戏情节的推动者、游戏中矛盾的协调者。最重要的是，游戏中幼儿教师要以一个游戏者的身份参与幼儿游戏的过程，成为游戏的角色之一，与幼儿一起扮演角色、一起下棋、一起搭建房子、一起画画、一起探索神奇的科学世界、一起观察神秘的植物生活……在此过程中幼儿教师以游戏指导游戏，让幼儿在不知不觉中接受教师的指导。

心理学家皮亚杰曾就儿童的游戏做出这样的论述："儿童不得不经常地使自己适应于一个不断从外部影响他的由年长者兴趣和习惯所组成的社会世界，同时又不得不经常地使自己适应于一个对他来说理解得很肤浅的物质世界。但是通过这些适应，儿童不能像成年人那样有效满足他个人情感上的甚至智慧上的需要。因此，为了达到必要的情感和智慧上的平衡，他具有一个可利用的领域，在这个领域中他的动机并非为了适应现实，恰恰相反，却使现实被他自己所同化。这里既没有强制也没有处分，这样一个活动领域便是游戏。这是通过同化作用来改变现实，以满足他自己的需要……"从这段论述可以看出，"儿童所需要的游戏"与"由年长者兴趣和习惯组成的社会世界"之间的区别。因此，作为幼儿教师需要警惕的是：我们是以什么身份参与幼儿的游戏的？我们参与时带着的是"年长者的兴趣"还是作为"幼儿游戏同伴的兴趣"？这些区别对幼儿教育是至关重要的。因为幼儿通过游戏来同化这个世界，以达成情感和智慧上的平衡。为了更加理解幼儿的世界，也为了顺其自然地引导幼儿的世界，促进幼儿更好的发展，幼儿教师一定要成为一名朋友式的游戏伙伴融入幼儿的游戏中去。

（四）反思型的研究者

无论是教育者、引导者、支持者还是朋友式的游戏伙伴，幼儿教师要想让自己成功地担任这些角色并完成这些角色要求的任务，最关键的还在于要做到在工作中不断地反思实践，从事行动研究，并将经验上升到理论的层面。这就要求幼儿教师以一个研究者的角色存在于与幼儿的交往中。研究的问题来源于幼儿教育实践；研究的目的是更明智地解决实践中的问题；研究的内容包括幼儿、课程、教学、游戏、幼儿家长、社区环境以及幼儿教师自己。归根结底，幼儿教师需要成为教科研活动中的一员。幼儿教师进行教科研活动，一方面可以促进自身的专业化成长；另一方面还可促进幼儿更好地发展。总之，幼儿教师的教科研都必须是"从儿童中来，到儿童中去"，即，这些教科研都是在教育实践过程中生成，并且是"为了实践"的研究。

作为一名研究者，幼儿教师首先要具备观察、分析幼儿行为的能力，发现幼儿的问题行为并采取相应教育措施的能力；其次，幼儿教师还应该具有一定的总结教育经验与撰写科研论文的能力，以方便自己与其他幼儿教师、教育专家等交流经验、探讨问题；最后，幼儿教师还应该能与同事进行良好的合作，以共同探讨、解决教育问题。

二、赢得幼儿喜爱的方法

教师与幼儿关系定位的顺利实现离不开幼儿对教师的喜爱和信任。那么，如何获得幼儿的喜爱和信任呢？下面提供了几种最常用的办法以供参考。不过，教育实践中仅仅是生搬硬套这些方法是不够的，因为每一个幼儿都是独特的、更多的时候需要教师用心去倾听、理解和帮助。

（一）参与幼儿的活动，成为玩伴

对于幼儿园教师来说，想要当一个好老师，当一个幼儿愿意亲近、信赖、听话的老师，首先要做的就是找回自己的"童心"，把自己变成一个小朋友，用幼儿的眼光去观察世界、看待事情。一个拥有童心的幼儿教师，必然能从幼儿的角度出发去思考问题，从而获得幼儿的认同和喜爱。

幼儿教师要跟幼儿做朋友，成为孩子王。在成为幼儿的朋友后，以朋友的方式对待他们，让幼儿能和教师玩在一起，从而成为幼儿的玩伴，参与幼儿的一切活动和游戏。

成为幼儿的玩伴，教师不仅与幼儿的心更近，与幼儿的关系更融洽，也更容易进行相应的教育活动。在与幼儿一起活动的过程中，教师潜移默化的影响比直接通过与幼儿沟通交流来教育幼儿更有效果。在活动中，幼儿教师自身表现出的一些良好品质，如勇敢、善良、坚持、有责任心、主动思考等，都会在无形中让孩子理解并接纳。一个乐观开朗爱笑的教师，通常所带班级的幼儿也会乐观开朗爱笑；一个安静善良温和的教师，所带班级的幼儿也常常会表现出同样的品质。

【案例 3-2】

毛毛医院

【案例描述】

"毛毛医院"是最新创设的活动区，通过与幼儿讨论，设置的区域角色有医生、护士和病人。区域游戏开始时，孩子们拿着自己的进区卡迫不及待地涌进"毛毛医院"，选择"毛毛医院"的人比较多，浩浩就是其中一位。浩浩今天选择扮演病人，他到挂号处拿了看诊号，然后到医生处就诊。医生玉玉直接拿听诊器放在浩浩的胸口上，然后说："去打针吧！"浩浩问医生："你都没问我话呢！"玉玉说："问什么？"浩浩说："问我哪里不舒服啊！"玉玉说："你哪里不舒服？"浩浩说："我感冒了，流鼻涕。"玉玉说："好的，你可以去打针了"。浩浩说："你都没有写字，护士怎么知道打什么针？"玉玉看了浩浩一下，然后走到旁边的美工区拿了纸和笔写了"处方"（画了一些符号）给浩浩。于是浩浩拿着"药方"到护士处打针。

区域活动结束后，教师组织幼儿分享游戏经验，扮演病人的浩浩说："我觉得很奇怪，去医院看病怎么不用钱呢？"紧接着大家七嘴八舌地说："需要啊，我妈妈说我看一次病要花好多钱呢！""对啊，药很贵的！""不过我妈妈也不用钱，用手机扫一扫就可以了。"扮演医生的玉玉说："还要有纸和笔，不然医生没法写病历。"浩浩还说："打针前要用酒精消毒的，不然会发炎的。"旁边的西西说"是啊，每次打完针还要用棉签摁着打针的地方。"教师认真听着孩子们的讨论并做了相应记录，讨论结束后教师说："你们分享的游戏经验很宝贵，提出的建议也很符合真实医院的场景，老师会和你们一起调整材料，让毛毛医院更好玩。"

教师在毛毛医院增加了钱币、口罩、病历本、体温针、笔、纸、酒精、棉签、吊针瓶和手机模型等物品。同时教师组织了集体活动"毛毛去看病"，活动通过视频、图片、游戏等多种感官体验方式再现病人去医院看病的场景，让幼儿更全面地了解作为医生、护士的基本职责，病人看病的流程等。通过材料的调整和前期经验的积累，孩子们在"毛毛医院"的游戏更投入了。

约两周后，在一次区域活动中，突然从"毛毛医院"里传出了哭闹声。老师循声而去，发现天天在打针处"哭"，护士耐心地说："不用害怕，打针不痛的，等会就好了。"天天说："我不想打针，可不可以拔罐?"护士看了看天天说："什么是拔罐?"天天说："我见过妈妈感冒的时候去拔罐，然后感冒就好了。"护士说："真的吗?"天天说："真的，我演给你看。"于是天天叫护士趴在床上，然后自己到美工区拿了几个空胶泥罐放在护士的背上，他一边摁着胶泥罐，一边说"舒服吗?"护士说："很好玩，你躺着试一次。"于是天天趴在了病床上，护士则学着天天的样子给他拔罐，如此反复不亦乐乎。在游戏经验分享的时候，天天兴奋地分享了拔罐的游戏经验，教师顺势提到了"中医"一词，并引导幼儿分享有关中药、把脉、拔罐等中医的生活认知。于是教师根据幼儿的兴趣开设了专门的中医门诊，并把有关拔罐、针灸的材料提供在区角里，丰富了游戏的内容。

图 3-2　看中医

图 3-3　把脉

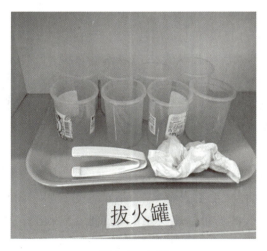

图 3-4　火罐

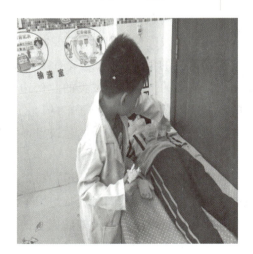

图 3-5　拔火罐

【案例评析】

本案例中，幼儿对"毛毛医院"具有浓厚的兴趣。在游戏过程中出现了几个比较关键的幼儿，即扮演病人的浩浩、天天，扮演医生的玉玉，教师在活动中能及时观察，活动后分享能抓住幼儿的关注点以及推进"毛毛医院"不断完善的关键点。教师通过观察和倾听，对区域的材料进行及时调整，并组织了如"毛毛去看病"等相关的活动提升经验，提高全体幼儿对医院及医务人员工作的认知，及时补充"毛毛医院"游戏所需要的经验，以满足幼儿的游戏需求，促进了幼儿的发展和成长。

(案例来源：广西幼儿师范高等专科学校实验幼儿园　白秋珍)

(二)温柔亲切，言而有信，尊重儿童

无论是成人还是幼儿，都会更喜欢温柔可亲的人，而不会喜欢一个粗鲁暴躁、蛮不讲理的人。那么对于幼儿教师而言，更需要做一个温柔可亲的、讲道理的人，因为幼儿教师面对的是3—6岁的幼儿，幼儿的模仿学习能力非常强。幼儿教师在日常工作里，每天与幼儿的相处时间长达8个小时，甚至比一些家长与幼儿相处的时间还长。在这么长的相处时间内，幼儿能非常敏锐地感受到教师的态度以及教师的做事风格。一个习惯用粗鲁态度对待幼儿的教师，其所带班级的幼儿也会用同样粗鲁的方式对待自己的同伴和老师；一个言而有信的幼儿教师，其所带班级的幼儿也会去信任和爱戴这名教师。

【案例3-3】

有主见的宸宸

【案例描述】

班里的宸宸小朋友是个"小人精"，他有自己的思想和主见，且个性很强。当老师批评他的时候，他会据理力争，但有时他也怕被批评，有事不敢告诉老师，是一个"矛盾"的孩子。

有一天，午睡时他翻来覆去睡不着，老师叫他去小便，回来后他马上睡着了。起床后被其他老师发现尿床了，他推脱是老师不让他上洗手间，他"憋尿"，所以尿床了，实际上是他不说实话，怕尿床了被老师批评，有胆怯的心理。

于是，周一时，老师给了一个"壮娃迎宾"的机会锻炼他，过后老师对每个"壮娃"进行了点评。老师批评了小宇、小杰做得不够好，因为他们讲笑话，做小动作，不能坚持立正站好。轮到评价他时，老师看到他已经做好了被批评的郁闷表情，老师改变了策略，出乎意料地表扬了他，称赞他站得"笔直"，不仅能坚持到最后，还能大声地向家长和小朋友问好。他的表情瞬间亮了，笑容立即洋溢在他脸上，整个人充满了自信！

从此老师知道：个性敏感、好强的孩子，要善于发现他的"闪光点"和点滴进步，教育孩子时以表扬为主、批评为辅，给孩子树立自信心并激励他，这样做会让他更有进步！

【案例评析】

我们对待幼儿的态度以及与幼儿的互动方式都深刻地影响着幼儿与他人、环境的互动态度和方式。每个幼儿都千差万别，各有所长，各有所短，教育就是尽力帮助每个人成为他自己，不能用一把尺子衡量所有的幼儿。因此，作为幼儿社会性发展的启蒙老师，应努力发现并坚持看到每一个幼儿身上的闪光点，尊重幼儿的不同个性，理解他们，真诚耐心地接纳、肯定和包容每一个幼儿。案例中的宸宸非常有主见，自尊心强，害怕批评，尿床了把责任推脱到老师身上以减轻自己的过错。作为老师除了帮他清洗干净身体和床褥，还要有包容的心理去开导和帮助他，对他动之以情、晓之以理，让他能认识到自己的错误并改正，发自内心地不冤枉老师并尊重老师。为了扭转他在班级中的形象，还要创造让他表现的机会，细心观察他的闪光点，将他的所作所为进行全班性的讨论和表扬，让其他幼儿对他佩服有加。

通过这两件事情，使幼儿初步懂得了每个人都有优点和缺点，看到别人好的地方我们要多向他学习，看到别人不好的地方我们也不要去批评他，而是要想一想自己有没有这样的缺点，有的话就改正。

真正的教育不是单方面的成长和给予，而是师生双方的互相促进、彼此成长。《3—6岁儿童学习与发展指南》是指导教师如何帮助孩子发展的，但不能把它当成标尺去测量幼儿、伤害幼儿，不能把它变成束缚幼儿和自己的绳索。它提倡我们做一个研究型的老师，要善于观察幼儿，勇于反思自己。一切从有利于孩子的发展角度出发，反思我们过去的做法，删减不利于孩子发展的因素，俯下身子，倾听孩子的心声，了解他们的需求，给孩子真正需要的关爱和适当的表扬，给他们树立自信心。

（案例来源：中共广西壮族自治区委员会机关保育院　罗柳琼）

（三）提升自己，吸引幼儿

具有强烈个人魅力的幼儿教师，通常都会吸引幼儿的注意，也会得到幼儿的喜爱。那么幼儿教师该如何提升自己的个人魅力呢？首先，我们来看看个人魅力这个词。所谓个人魅力，是指个人通过形象、语言、动作、气质等表现出来的、得到别人感性认可的气质，会潜移默化地影响他人的情感、活动。从对个人魅力的释义可以看出，个人魅力包括两个方面，一是个人外在形象，如得体的穿着、优雅的装扮等；另一方面是个人内在修养，表现为个人的语言、动作、气质、心态、性格等。要做一个有魅力的幼儿教师，这两方面的修养都十分重要。

1. 举止优雅

"爱美之心，人皆有之"，喜欢美好的事物是人类的天性，幼儿也不例外，言行举止大方得体的教师通常更能获得幼儿的喜爱，因此幼儿教师需要时刻注意自己的形象，以最美的状态面对幼儿。

幼儿教师的外在美包括仪表美、语言美和行为美等①。幼儿教师的仪表要美，仪表是指人的外表，包括形体、容貌、服饰、表情、姿态和动作等。据调查，家长、园长、社会群体心目中理想的幼儿教师的形象是：外表端庄、自然、亲切，服饰整洁、稳重、美观，声音温柔、清脆，态度和蔼、耐心。另外，幼儿教师语言要美，幼儿教师应十分重视自己的语言美。第一，语言要简洁、规范、温和、悦耳、生动、形象、富有感染力，语调要亲切、自然，语速要舒缓、柔和；第二，谈吐要文雅，使用文明用语，"请""谢谢""对不起"要常挂在嘴边；第三，依据面临对象的特殊性，幼儿教师的语言需要有童真、童趣，这样教师才更容易和幼儿进行情感的交流。幼儿教师的行为更美，其身正，不令而行；其身不正，虽令不从。幼儿教师要时刻注意为人师表，以身作则，注重自身姿态、动作、修饰、打扮要合乎美的标准。因为在幼儿的心目中，幼儿教师的形象是高大、神圣的，幼儿会毫不犹豫地接受教师的一言一行并加以模仿。

2. 乐观开朗

华盛顿说过："一切的和谐与平衡，健康与健美，成功与幸福，都是由乐观与希望的向上心理产生与造成的。"想要获得幼儿的喜爱，幼儿教师必须具备一颗乐观开朗的心。乐观的幼儿教师更容易发现幼儿身上的闪光点，更愿意去挖掘幼儿身上最美好的地方，这样的教师必然会获得幼儿的喜爱。

3. 幽默风趣

幽默风趣是一名优秀教师教学风格的重要构成要素，更是教师自身思想、学识、智慧在教学过程中的结晶。3—6岁学前儿童具体形象的思维特点和活泼好动的年龄特点，决定了他们更喜欢幽默风趣的幼儿教师；而这类教师常常使用的生动、活泼、有趣的形象化语言往往能调动幼儿快乐的情绪体验，让幼儿沉浸在积极的正能量当中。

4. 学识丰富

---

① 张卫民. 做一名美丽的幼儿教师[J]. 家庭与家教(现代幼教)，2009(Z1).

作为一名幼儿教师，应不断丰富自身的专业知识，努力提升自己，丰富知识，增长见识，这样，才能成为一名幼儿喜爱的多才多艺、博文广识的幼儿教师。

【案例 3-4】

老师，我会了！

【案例描述】

泰迪餐厅的服务员最近热衷于榨果蔬，而削果蔬皮成了目前困扰他们的一大难题。教师在泰迪餐厅里提供了各种各样的果蔬，其中一些果蔬需要削皮，如青瓜、苹果、雪梨等，但削果蔬皮这一技能似乎对中班的幼儿来说有一定挑战性。在工具上老师颇费功夫，各种大小和材质的瓜刨一应俱全。而经过一周的探索，有一部分幼儿已经掌握了削果蔬皮的要领，但仍有幼儿不敢尝试或有兴趣的幼儿没法单独把果蔬皮削好。

某一天，有 6 位小朋友在泰迪餐厅游戏，他们进区后进行了简单的分工，其中有 4 位小朋友负责削果蔬皮，贾明喻就是负责削果蔬皮的其中一位小朋友。

贾明喻拿了一个比较大的苹果，选了一把黄色的瓜刨坐到了座位上。贾明喻左手拿着苹果，右手拿着黄色瓜刨尝试削苹果皮，她尝试了几次也未能成功削出果皮。她看了看旁边正在削青瓜皮的男孩翰翰，翰翰当时正在娴熟地把黄瓜皮一条一条地削出来。于是，贾明喻到玩具架换了一个比黄色瓜刨稍小一点的绿色瓜刨，到座位后她研究了绿色瓜刨并坐下来尝试继续削果皮。第一次没成功，于是她用瓜刨的另一面继续尝试，还是没能成功，然后她看向老师说："老师，我不会！"老师说："哦！老师正在忙，你可不可以先观察其他小朋友是怎么做的，等会我忙完再来和你一起研究可以吗？"贾明喻点了点头。

贾明喻求助老师无果后，她专注地观察了翰翰大概 30 秒，然后自己尝试在用力削果皮的同时用手指摁着瓜刨的前端，这样的方法让她发现瓜刨带出了细小的果皮，她查看在托盘上的小果皮笑了。然后她继续用此方法连续尝试了三次，每成功一次，她都会仔细观察削出的苹果皮，每一次削出的果皮都比原来的大一点。如此反复成功 5、6 次之后，她高兴地对着老师说："老师，我会了！"老师听到后展现出很惊喜的表情说："哇，明喻会自己学习啦，非常棒！能告诉老师你是怎么做到的吗？"贾明喻很兴奋地说："我看了翰翰，他是一边用力拉瓜刨，一边用力把瓜刨往下摁，我这样做了之后苹果皮就出来了。"老师伸出大拇指说："明喻很细心哦，也很聪明，遇到困难学会自己解决了，加油！"听完老师的话贾明喻笑着继续手中的"工作"。

图 3-6　削果蔬皮

【案例评析】

在本案例中我们看到一个"会学习"的孩子，也看到了一个"有智慧"的老师。贾明喻小朋友通过观察同伴的操作，判断果皮没能削下来有可能是没有选对合适的工具，于是她找到了更小的瓜刨，连续尝试无果后，她想到了求助老师。这位老师判断贾明喻完全有能力把这件事情做好，于是找了一个"借口"，让贾明喻继续寻找解决问题的方法。由于老师的"借口"，贾明喻不得不继续寻找解决问题的方法，她继续细致观察同伴手上动作并尝试模仿，最终找到了削苹果皮的有效方法，成功达到了"会削苹果皮"的目的，体验了自己成功解决问题的喜悦。贾明喻在"学会"技能后主动向老师"邀功"的表现，以及充满自信和带着喜悦的表达体现了她对老师的崇敬，希望得到老师的肯定。显然，这样的老师是有魅力的，是能赢得孩子喜爱的。

这位教师的成功在于懂得适时"退后"，让幼儿有更多独立解决问题的锻炼机会。在本案例中，当贾明喻向老师求助时，老师判断这是一个让孩子独立解决问题的契机，所以老师选择了适时"退后"，并从旁观察，最后让孩子体验了独立解决问题成功后带来的成功体验，老师表示了"关注"，并及时给予表扬。这样的师幼互动是良性的，这样的老师也是幼儿需要的。

（案例来源：广西幼儿师范高等专科学校实验幼儿园　白秋珍）

【资源链接】

在教学中如何实现良好的师幼互动

如何建构积极、有效的师幼互动是我们每个教育者所共同面对的问题，它关系到教师在活动过程中能否很好地利用教育的契机和幼儿进行互动交流，从而促进幼儿的发展。那么在我们的教学中怎么样能做到积极的师幼互动呢？下面我就从四个方面来谈这个问题。

1. 师幼互动中教师的角色定位

师幼互动作为幼儿园教育的基本表现形态，存在于幼儿一日生活中，表现在幼儿园的各个领域，并对幼儿发展产生难以估量的重要影响。在师幼互动中，教师绝不是简单的管理者、指挥者或裁决者，更不是机械的灌输者或传授者。重要的是教师要创造良好的师幼互动环境与交流机会，多扮演"合作伙伴""设计师"的角色，站在幼儿的角度思考教学过程和方法，运用组织、设计、分工、讨论等方式开展活动。

2. 师幼互动中教师的语言要求

教师的语言是实现互动的基础。因此教师在师幼互动过程中要讲究语言策略，具体地说，要做到以下几点。

（1）善用富于童趣的语言

幼儿的年龄特点决定了他们喜欢生动的、有趣的、形象的、活泼的语言，特别是教师丰富的表情和适当的动作，更容易为幼儿所接受和模仿，因此教师的语言应注重生动形象和富有感情。而同样富于童趣的语言对不同年龄段的幼儿又要加以区别应用。比如，吸引小班幼儿的语言是要富有情节性的（外在的动感的简单重复）；吸引大班幼儿的语言是要富有逻辑性的（事物内在的联系）；而中班幼儿的心理特征则介于小班和大班之间，他们有时像小班幼儿那样需要情境，有时又像大班幼儿那样需要逻辑。

（2）多用积极的建议性语言

教师在教学过程中要注重和幼儿之间的情感互动，为幼儿创造一个轻松、愉快的互动氛围，多采用一些积极的指令和建议。教师要告诉幼儿能够做什么、怎样去做，如"请你再大声些!""请你在后面排队。""好，我们一起来跳舞。""××，请你回答这个问题。"而不要一味地指责他们不能做什么、不应该做什么。积极的建议比消极的命令更为有效，更能拉近教师与幼儿之间的关系，有利于师幼互动。

（3）适时运用鼓励性语言

教师要在幼儿完成了任务时给予及时的表扬，在幼儿遇到问题或困难时要及时地予以鼓励。教师的鼓励对幼儿来说是一种力量，诸如"嗯，真不错!""好样的!""你真棒"

等语言，加上教师亲切的表情、爱抚的动作，会使幼儿受到极大的鼓舞，信心百倍地参与到活动中来。但要注意一点，表扬也需要适度，而不能过多、过滥，否则也会削弱鼓励的效用。

3. 师幼互动中教师的提问策略

提问，是教师组织教学活动时最常用的一种教学手段和教学技能。在教育活动中，教师通过"提问"来组织教学活动完成教育目标，教师通过提问引疑、设疑、质疑、求疑、解疑、留疑，启发幼儿积极思维，促进幼儿的发展，使有效学习达到最优化。提问，是艺术性很强的教学手段之一，关系到能否取得良好师幼互动的效果。

（1）提问要有启发性

启发性的问题，可以促进幼儿观察，引起他们的思考。如教师在引导幼儿观察故事图片时间，你还发现了什么？教师在幼儿操作时间，你还能想出和别人不一样的方法吗？为什么是这样的？又如创造性教育活动"到对岸去"，为了让幼儿发挥想象力，培养其发散思维，教师是这样发问的："小朋友们，小猴子要到河的对岸去看它的姥姥，可是小猴子不会游泳，你们快帮它想想办法，怎样才能过河？"这样的提问可以培养幼儿的创造性思维。

（2）提问要有趣味性

提问内容的设计要富有情趣、意味和吸引力，以引起幼儿的好奇心，激发幼儿积极思考。比如小班故事《小兔乖乖》，在讲述中教师可以戴上头饰，以兔妈妈的身份问："我是兔妈妈，我敲门的时候要怎么说，我的兔宝宝才会给我开门？"这样的问题对于小班幼儿来说，会觉得很有趣。

（3）提问要有层次性，特别要注意难易程度

良好的提问技巧，包含各认知层次的问题。低认知层次的问题引发的是儿童初级的心理活动和认知过程，高认知层次的问题引发的是儿童高级思维过程。比如，在故事教学中，教师经常会让幼儿给故事起名字，这是一个高认知层次的问题，它需要幼儿依据教师低认知层次问题的提示，回忆已有故事情节，在此基础上分析出其中最核心的内容，并进行概括、创造、想象，才能回答。同时教师在提问过程中要注意难易程度，如果提问内容过于简单，将达不到启发的目的；如果提问内容太难，幼儿将无从下手。

4. 师幼互动中教师的应答技巧

在教学中，对于幼儿回答的问题，教师该如何应答，也是师幼互动中很重要的一个环节。在实际教学中教师经常会碰到一些难题与困惑，如幼儿的回答跑题了怎么办？注意力分散了又怎么办？因此教师的答复技巧，将直接影响活动的效果。

（1）补充式回应

师幼互动中，有时幼儿表达的语言内容不太正确，有时是表达方式不正确，有时是

表达不完整，有时甚至答非所问。这时，教师不能因此而对幼儿漠视或忽视，而应适当提示，把幼儿的回答思路拉到问题中心来，并且顺应幼儿的思路，补充与完善幼儿的语言这样，教师既尊重了幼儿的语言表达，又使幼儿的语言表达更加清楚、完整、准确。

（2）提示式回应

中班语言活动"多变的脸"在一开始的时候，教师让幼儿自由看镜子并观察脸部表情，但教师发现几个小朋友没有按要求去做，而是把注意力转移到镜子背面的图案上，而且还交头接耳。这时候教师就应采用提示的方式，提醒幼儿该做什么、怎样做。

（3）迂回式回应

在师幼互动中，有时幼儿对问题的回答，不在教师预设的范围内，有时甚至答非所问，怎么办？这时不宜强行直奔"主题"，教师的课堂机智可以体现在尊重幼儿的说法，先顺应幼儿的话，顺其思路引导，绕个弯回归"主题"。这样既尊重了幼儿的反应，又能围绕预设的目标进行，效果会好得多。

4. 回应时切忌啰嗦，要避免简单的重复

师幼互动中，教师的回应要避免犯简单重复的毛病。

（资料来源：陈玉妹. 在教学中如何实现良好的师幼互动[J]. 福建教育，2014：8-9.）

幼儿园集体教学活动中的师幼互动研究

1. 幼儿园集体教学活动中的师幼互动

在幼儿发起的互动中，幼儿主动展示与寻求指导和帮助的互动最多，依次是发表见解与告白。这说明在幼儿园集体教学背景下，师幼发起的互动更多的是围绕着教学内容而展开的。在幼儿园集体教学活动中，师幼互动的内容并不像游戏或生活活动中的互动内容那样分散，都是紧紧围绕教育活动内容而展开，教师的提问、指导与帮助都是以幼儿容易接受、理解的教学内容而开展的。

2. 幼儿园集体教学活动中师幼互动的价值

（1）促进幼儿身心的全面发展

幼儿的心理目前还处于他律阶段，所以存在着较强的可塑性。他们对自身以及外界的认知目前尚未稳定和成熟，非常容易受到外界环境的影响。由此，师生互动的成效将会在一定程度上帮助幼儿各方面的成长。在幼儿园里，师幼互动主要出现在教学活动中，教师是幼儿成长过程中尤为重要的角色，他们的言行举止会直接影响到幼儿的自我认识以及情感。良好的师幼互动具有情感的亲密性，它把教师的各种观念和态度及对幼儿的爱以一种润物细无声的方式传递给幼儿，为师幼互动创造良好的心理氛围。

（2）营造良好的教学氛围

师幼之间平等、积极的人际互动会创造出和谐的氛围。在这种积极氛围中，幼儿活动积极，表现出较高的求知欲、积极性和主动性，他们乐于与教师交往。良好师幼互动产生的情感氛围不仅是启迪幼儿学习知识与技能的催化剂，而且满足了幼儿对情感的需要。教学不是单纯的劳作与传授，是人与人之间的交流，是双方彼此促进成长的动态过程。

3. 幼儿园集体教学活动中师幼互动的构建

（1）树立幼儿全面发展的教学观

儿童的发展是全面的发展，并不是某一方面的单独发展，是身心和谐的发展，是情感与认知统一的发展。如果教师的教学观念认为教学仅仅是对幼儿进行知识传授与技能灌输，那么就会忽略幼儿生命的灵动性与内心的丰富性，忽略幼儿解读世界的一百种语言。在教学活动中教师首先要树立幼儿完整与全面发展的教学观念，对幼儿的教学不仅仅是知识的传授，更重要的是给予幼儿情感的关怀，激发幼儿内在的生命力量。

（2）注重幼儿的体验过程

幼儿认识世界的重要方式之一是体验，通过体验，幼儿丰富了自身的知识与经验，用自己独特的视角解读世界。在教学互动中，教师要改变幼儿处于被动、受抑制或其主体性受到忽视、实质上被异化为客体的状况，要注重幼儿主体性的发挥和对活动过程的体验。

（3）树立平等的师幼对话观

树立师幼对话观意味着教师要真诚地、平等地面对幼儿。真诚意味着教师对孩子的关心是发自内心的、诚恳的，把发生在孩子身上的每件"小事"都当成自己的"大事"。幼儿可以质疑教师的"权威"，发表自己的观点与看法，倾诉自己的情绪与情感。教学在理解、分享、自由、开放、轻松的教学氛围中进行，知识在对话中变为活跃的生命气息注入师幼的生命中。在对话中，教师与幼儿会感觉彼此之间能产生共鸣与精神鼓舞。

（4）互动中教师要掌握提问技巧

首先，必须要求教师灵活运用各种提问方法，教师在提问过程中要根据问题的类型综合运用直问、反问、追问、激问等多种提问方式使得问题不呆板，能激发幼儿的兴趣，吸引幼儿参与互动。

其次，在对学生进行提问时应该要面向全部不同层次的幼儿，要认真接纳幼儿的不同认识。提问时应该注意顾及所有孩子，必须考虑到教室中所有的幼儿。

比如，在语言活动"伞下的小白兔"中，教师让幼儿观察图片并直问："小白兔身上怎么了？"幼儿回答："小白兔的身上淋湿了。"教师接着追问："你是从哪里看出来它的身上被淋湿了？"在教师提问下，有的幼儿回答小白兔耳朵上滴水，有的幼儿回答小白兔的鼻子和脸上也滴水，有的幼儿回答小白兔站的地方都是水……在教师的引导下，不同的幼儿从不同的角度理解并表达了自己的所思所想。多种提问方式的灵活运用，可以帮助教师对幼儿的回答进行梳理、转换与提升，在互动中迁移幼儿的经验。

　　总之，幼儿园的教学活动必须依靠教师与幼儿的互动而实现，互动的过程是幼儿知识获得、发展情绪情感及社会化的过程，是教师自身专业素养不断提高的过程，也是重塑师幼关系的过程。

（案例来源：李冬辉，李燕．幼儿园集体教学活动中的师幼互动研究［J］．新课程学习（上），2012：182.）

【拓展检测】

　　1. 结合见实习经历，谈一谈幼儿教师应如何成为一名反思型的研究者。

　　2. 想一想，幼儿教师赢得幼儿喜爱的方法有哪些？

幼 幼 关 系

【情境导入】

下班后，檬檬(3岁半)的妈妈给温老师发来微信，告诉温老师近期每天早上檬檬都不愿意上幼儿园，入园情绪不佳。温老师进一步了解后，檬檬妈妈分析了原因，说檬檬不愿意上幼儿园是因为西西、苗苗和可可三个小朋友不和她一起玩儿(先前一直是四个小朋友在一起玩儿)。几天后，樱桃妈妈在放学后和温老师沟通交流时也提到，樱桃说在幼儿园不会和西西、苗苗、可可和檬檬一起玩儿，"因为她们总在一起玩儿，不和其他小朋友一起玩。"樱桃妈妈表示，现在小朋友们还在小班阶段，就出现了"小团体"的情况，不利于孩子们社交能力的发展。

讨论分析：面对檬檬妈妈和樱桃妈妈的担忧，如果你是温老师，你会怎么做？

【学习概要】

《3—6岁儿童学习与发展指南》中指出：家庭、幼儿园和社会应共同努力，为幼儿创设温暖、关爱、平等的家庭和集体生活氛围，建立良好的亲子关系、师生关系和同伴关系，让幼儿在积极健康的人际关系中获得安全感和信任感，发展自信和自尊，在良好的社会环境及文化的熏陶中学会遵守规则，形成基本的认同感和归属感。随着年龄的增长与语言的发展，幼儿同伴交往逐步增加，游戏时表现为从独自游戏过渡到合作游戏，同时人际关系之间的"冲突"也开始出现。若教师能够加以引导，幼儿能发展出良好的人际关系，习得人际交往的策略，促进班级氛围向着团结友爱的方向发展。幼儿园教师可以观察幼儿的社交水平并就班级幼儿社交中需要提升的能力加以引导，促进幼儿社交往能力的发展。本任务介绍幼儿社会性发展的阶段，学习促进幼儿同伴交往以及帮助幼儿学习解决冲突的方法。

【学习准备】

1. 文件

《3—6岁儿童学习与发展指南》

2. 书籍

[美]迈克尔·汤普森，凯瑟琳·奥尼尔·格蕾斯，劳伦斯·科恩. 朋友还是敌人？儿童社交的爱与痛[M]. 北京：中国人口出版社，2017.

[美]迈克尔·汤普森，劳伦斯·科恩，凯瑟琳·奥尼尔·格蕾斯. 妈妈，他们欺负我——帮助孩子解决社交难题[M]. 北京：中国人口出版社，2017.

刘云艳. 给幼儿园教师的 101 条建议——幼儿心理健康教育[M]. 江苏：南京师范大学出版社，2014.

🏛 【学习目标】

知识目标	了解幼儿同伴交往的概念
能力目标	掌握促进幼儿同伴交往的方法
素质目标	1. 理解从家庭到幼儿园，幼儿对人际关系的改变需要逐步适应 2. 愿意关注并倾听幼儿人际交往中遇到的问题，并帮助他们解决

✍ 【学习内容与实施】

作为幼儿园教师，了解幼儿的社会性发展阶段能更好地观察幼儿的社交发展水平，从而进一步促进幼儿社交能力的发展。

表 3-1　幼儿社会性发展阶段

阶段	第一阶段	第二阶段	第三阶段
具体表现	非社交活动（nonsocial activity）：无所事事、旁观行为和单独玩耍的游戏	平行游戏（parallel play）：儿童在同伴旁边玩相似的玩具，但不想影响别人的行为	真正意义上的社交活动：一种是联合游戏（associative play），儿童各自玩，但他们以交换玩具和评论对方来互动；另一种是合作游戏（cooperative play），这是一种更高级的互动，儿童在活动中能指向一个共同目标，例如表演一个假装游戏的主题①

在成长的过程中，儿童会逐渐形成交友的基本技能，这些交友的基本技能是②：

---

① 劳拉·E·贝克. 伯克毕生发展心理学[M]. 北京：中国人民大学出版社，2018.

② [美]迈克尔·汤普森，劳伦斯·科恩，凯瑟琳·奥尼尔·格蕾斯. 妈妈，他们欺负我——帮助孩子解决社交难题[M]. 北京：中国人口出版社，2017.

- 享受他人的陪伴

- 互惠、轮流、合作以及分享的能力

- 同理心

- 切实、积极的期待让你能够充满自信地接触世界

- 解决问题的能力

- 控制攻击性冲动以及其他情绪的能力

- 解读情感的能力，特别是那些微妙而复杂的情感

- 承受挫折的能力

- "心系他人"的能力

- 相信他人能够也愿意把你放在心中

- 自我袒露——愿意且能够展现自己的弱点

在幼儿园中，有的幼儿不善于交往，有的幼儿喜欢一个人玩，还有一些幼儿在交往中经常与他人发生冲突，这些是幼儿发展过程中的问题，有必要培养幼儿的社会性心理品质。社会性心理品质主要涉及个体在社会化过程中改变自身或环境，使自身与环境相协调的能力，具体包括同理心、合作性、交往礼仪、解决冲突、环境适应等，是个体人际交往智力的主要内容。①培养幼儿社交交往能力的具体策略如下：②

1. 运用兴趣，建立交往桥梁

兴趣爱好是一座桥梁，连接起幼儿之间的关系，让他们自然而然地进入社交活动。例如，幼儿大多喜欢玩积木，教师就可以将幼儿分成几个小组，要求每个小组完成指定的积木造型搭建。搭建过程中便很好地制造了幼儿与他人合作、交流的机会，从而促进幼儿交往能力的发展。

2. 营造氛围，培养社交习惯

首先，教师可以考虑活动空间的功能分区，例如，设置益智游戏区、涂鸦区、娃娃之家等，并使用一些玩具柜将这些区域分隔开来。在开展活动的时候，幼儿可以自主选择喜欢的区域开展活动，并在活动中与伙伴分享玩具、共同游戏，这样便能让幼儿形成与人交往的意识。此外，幼儿园开展活动时，要注意场地划分的合理性，即根据不同班级的需求来划分场地。同时要划分能够让不同班级的幼儿互动的公用区域，在公共区域设置模拟现实生活的走廊，开设"商场""医院""警察局"等，让幼儿能够在活动中体验社会生活，并加强幼儿之间的互动。其次，活动空间的划分要考虑人数和空间密度的影响，避免区域太多太紧密让幼儿在活动时发生安全问题，即集体性活动要安排大空间，

---

① 刘云艳. 给幼儿园教师的 101 条建议——幼儿心理健康教育［M］. 南京：南京师范大学出版社，2014.

② 揭月玲. 幼儿社会交往能力的培养［J］. 基础教育研究，2020(6).

而需要独立思考或者少人合作的项目则划分小空间，以便充分开发幼儿多方面交往的能力。最后，为了能让幼儿之间更加简便地完成互动，幼儿园要给幼儿提供充分的材料。由于幼儿可能会对材料产生占有欲，只有为幼儿准备充足的材料才能避免幼儿之间因为空间不够或者材料不足而产生矛盾。

3. 巧用游戏，丰富交往方式

通过游戏来培养幼儿的交往能力是最为简单的方式。教师可以采用让幼儿扮演社会中某种特定角色的方式来尽量摆脱以自我为中心的认知，体验不同角色的情感需求，促进幼儿社会属性的形成。幼儿通过角色代入，逐渐掌握不同社会角色的规范和行为准则，也就能够慢慢学会处理人际关系。例如，教师可以在幼儿园模拟社会活动中让幼儿开展一次"商店购物""医院就诊""教师上课"等游戏活动，让幼儿互换角色体验现实生活中不同职业人的行为特点，让幼儿在角色互换的体验中你来我往，加强联系，增进与同伴之间的感情。

4. 善用语言，学会交往技巧

教师要善于用语言作为突破口，来加深幼儿学习交往技巧的教学，从不同渠道采集或者自己创编一些合适的教材进行故事表达、看图说话以及情景表演的活动，这样可以有效地提高幼儿对社会交往技巧的认知。例如，"分享"这个教学主题是幼儿园教育中经常用到的，教师可以创设一些活动情境来加强幼儿的语言表达能力。为了让幼儿懂得分享，先让他们感受到不被分享带来的感受，可以设置一个幼儿很想玩同伴的某个玩具而同伴不愿意的情境。此时没有拿到同伴玩具的幼儿会感受到生气和难受，同样没有给出玩具的幼儿会因为自己独自一人玩耍而孤单。这时教师就可以教授幼儿语言技巧，让幼儿向自己的同伴表达想一起玩耍、分享玩具的意愿。幼儿通过邀请同伴与自己一起玩耍而体会到分享的乐趣。同样的方法也可以运用到其他幼儿活动中，迫使幼儿去主动表达自己的想法和意愿，从而提升幼儿的表达能力，使他们建立起良好的人际关系。

【案例 3-5】

我可以玩吗？

【案例描述】

9 月，小朋友们迎来了自己的"人生第一次"——上学。一个月的入园焦虑期后，小朋友之间就偶有争抢玩具的情况发生，小宝近期几次出现了和小朋友争抢玩具的行为。经过我的观察，是小宝在看到其他小朋友玩玩具时，会直接拿过来，对方就会认为自己的玩具被"抢"了，于是发生争执。

　　基于对小宝的观察，我决定教给小宝一些社交策略。起初，我教小宝在拿小朋友手中的玩具时先问："我可以玩吗？"但小宝很干脆地回答我"可以"，以为我在问他。每次他这么回答时，我都尝试给他解释并不是在问他，这样的情况持续了一周，我决定改变自己的表述，看到小宝想要其他小朋友手中的玩具时，问："小宝可以玩吗？"他也慢慢理解了我是在让他问别人。这样做又遇到一个问题，我发现小宝想玩其他小朋友的玩具时，他们已经经历了争抢过程，被询问的小朋友回答通常都是：不可以（刚被抢过玩具，所以更多选择拒绝）。这样会让小宝感受到语言策略无效，继续用"行动策略"，导致社交策略学习无效。于是我教小宝这种情况下可以继续问小朋友："那我等一下可以玩吗？"通过观察，在追问的情况下，被询问的小朋友只有一位回答不可以，其他全都是可以，于是双方都很开心。有时小朋友的"等一会儿"可能只有一分钟，有一次过了很长时间，被询问的小朋友依旧记得拿着玩具去找到问他的小朋友。同时，那个拒绝等一会儿给别的小朋友玩的孩子，我也尝试引导他换位思考，引导他感受如果别的小朋友拒绝和他分享玩具，他的心情会是什么样的。两个月过去了，小朋友在遇到直接拿走玩具的情况时，我都会一对一教他们先询问，他们用这种询问的方式能够玩到玩具，也愿意用我教他们的这个办法了。一天，听到小宝在没有我的引导情况下，自发地问顿顿："我可以玩儿吗？"我真的很开心！

【案例评析】

　　案例中小宝是新入园的孩子，从家庭生活到幼儿园的集体生活，幼儿需要的社交策略也有所不同。首先，大部分家庭只有一个孩子，在家中，所有玩具的"所有权"都是幼儿的，家中的玩具他们拿起来就可以玩儿。其次，如果孩子拿走了家中成人手中的物品，成人基于对孩子的理解与关爱，也会"让着"孩子，因此，不会产生冲突。

　　但是在幼儿园有所不同，幼儿园中物品的"所有权"属于集体，每个小朋友都可以玩儿，若幼儿依然像在家中一样直接拿走其他幼儿手中的物品，就很容易发生争抢行为。因此，作为幼儿教师的我们，应该从幼儿的角度出发，首先是探寻和理解他们行为产生的原因，是缺乏社交的策略？还是明知道直接拿走其他小朋友手中的物品不礼貌，依然这么做。若是第一种情况，可以教幼儿先礼貌地询问，并陪着幼儿一起练习几次，直到他们能够自己运用；若是第二种情况，则可以引导幼儿换位思考，如果自己的玩具被别的小朋友拿走了，会有什么样的感受，从而培养他们的同理心，促进他们与其他幼儿交往技能的发展。

　　　　　　　　　（案例来源：成都市金苹果天府国际社区幼儿园　王鸿）

5. 家园同步，提升交往能力

一方面，教师以通过开展一些活动来加强家长对于幼儿社会交往能力的认知，充分调动家长的积极性，开发家庭潜能，让家长在家培养幼儿良好的品德、习惯。同时，以家长会、亲子游、家访等活动来争取家长的支持和配合，让家长把孩子社交能力的培养当成一件重要的事来做。另一方面，要鼓励家长放下手机、电脑，多带孩子走出家门，为孩子创造更多与同伴、与邻里交往的机会。例如，家长可以利用双休日带孩子参与社区活动，邀请小伙伴来家里做客，让孩子学会怎么接待客人、怎样为自己的同伴提供必要的玩具和书籍等。同时，家长可以多带孩子去一些儿童活动场所，让孩子与同龄人在一起玩耍。

【案例 3-6】

高瞻问题解决法

【案例描述】

第 1 步，平静地走向幼儿，停止一切伤害行为。

第 2 步，认同幼儿的感受。教师冷静地制止幼儿的伤害性行为并认同幼儿的感受。幼儿可以释放他们的情绪，重新恢复平静，这可以让他们识别并解决问题。

教师蹲在莱尔和汉克中间，并用胳膊楼着他们："你看上去很生气，莱尔。汉克，你看上去很失望。"（两个男孩点头表示认同）

第 3 步，收集信息。

第 4 步，重述问题。教师听取双方的观点，不带入私人情感，所有幼儿的观点都能被倾听和认同。

教师：发生了什么？

莱尔：我想扮演爸爸，我是第一个说的。

汉克：你总是扮演爸爸，我也想当大人。

莱尔：我是最大的！你不能扮演爸爸，你太小了！

教师：所以问题是，莱尔，你想扮演爸爸；汉克，你也想扮演爸爸。（两个男孩点头表示认同）

第 5 步，询问幼儿解决问题的办法，并共同选出一个。

第 6 步，需要时给予后续支持。这就让幼儿获得了控制力。他们同意了这个情境，指出要如何去做，并且选择接下去怎样做。他们的控制力和自主性在这里发展起来。

教师：我们如何解决这个问题呢？（两个男孩看着老师，他们在思考）

莱尔：我可以今天扮演爸爸，汉克明天扮演爸爸。

汉克：我想今天扮演爸爸。

教师：看样子你们都想今天扮演爸爸。

莱尔：但是我们不需要两个爸爸，汉克你可以扮演工人，并且带上工具袋。

汉克：还有手套。

莱尔：好的，拿着手套。（两个男孩看上去高兴了）

教师：所以莱尔，你会扮演爸爸。汉克，你会扮演工人，并且带上工具袋和手套。（两个男孩点头，教师看着他们开始活动，并看着他们分别扮演工人和爸爸，搭建了一艘"沼泽船"）①

【案例评析】

高瞻问题解决法重视儿童自主解决问题能力的发展，教师的角色是帮助幼儿澄清问题，鼓励他们自主想出解决问题的办法，而不是依靠老师的帮助，并在幼儿选择双方都同意的解决办法后给予幼儿适当的帮助，这种解决办法可以用于年龄稍大的幼儿。

【案例 3-7】

对不起，你别哭了

【案例描述】

"老师，浩浩哭了，是尘尘把他的作品推倒了。"区域活动时间，宁宁小步跑来拉着我的手说。顺着她指的方向望去，看见浩浩坐在散落一地的积木前伤心地哭着，而旁边坐着的尘尘似乎在说着些什么。我心想："这到底是怎么回事呢？"于是，我决定走近倾听。只听到尘尘说："浩浩，你别哭了，我不是故意的。我就是觉得你搭的不好看，我想重新再改造一下。"但是作品被破坏掉的浩浩依旧很难过，不停地抽泣着。"浩浩，你再哭就是爱哭小姐了。"尘尘继续劝说着，见浩浩还是很伤心，他便默默地把倒在地上的积木又重新搭了起来，说："浩浩，我帮你重新搭好了，你别哭了。"可是浩浩还是止不住悲伤，眼泪依然大颗大颗地掉下来，在一旁的尘尘有点不耐烦了，说："哎呀，浩浩，你能不能不哭了，我都给你搭起来了你怎么还哭？"他不耐烦的情绪让浩浩更是委屈。尘尘见浩浩没有停下来，坐在旁边搓着手指头，若有所思地看着浩浩，然后伸出手去帮他擦了擦眼泪，拍了拍他的肩膀轻轻地说："浩浩，对不起，我不是故意的，你别哭了好

---

① ［美］安·S. 爱泼斯坦（Ann S. Epstein）. 学前教育中的主动学习精要——认识高瞻课程模式（第 2 版）［M］. 霍力岩，等译. 北京：教育科学出版社，2019.

吗？我和你一起把剩下的完成吧。"听到尘尘的语气渐渐好转，慢慢地，浩浩的情绪才逐渐缓和，两人又继续搭起了积木。

游戏活动结束后，我分别向尘尘和浩浩了解了事情的真实经过，原来是尘尘觉得浩浩的作品搭得不好看想要重新搭建，但是在没有浩浩同意的情况下直接把他的作品推倒了。"如果浩浩没有问过你就把你的作品推倒了，你的心情会是怎么样的呢？"我尝试让尘尘换位思考。"我也会很生气，很伤心。"尘尘搓着衣角小声地说。"如果你觉得别人的作品不好看，是不是可以用提建议的方式来解决呢，或者在帮他重新改造前还要做什么呢？"我进一步提问，尘尘想了想，然后走到浩浩旁边说："浩浩，对不起，我不应该在你没有同意的时候把你的作品推倒。"

最后，我对尘尘能够及时调整自己的行为，以及能够安慰他人的表现给予肯定，强化他的正确行为，同时也通过引导的方式让他学会换位思考、学会尊重他人的作品。

图 3-7　尘尘为浩浩擦去眼泪

图 3-8　尘尘在向浩浩道歉

【案例评析】

人际交往和社会适应是《3—6岁儿童学习与发展指南》中幼儿社会学习的主要内容，也是其社会性发展的途径。良好的社会性发展对幼儿的身心健康和其他各方面的发展都具有重要影响，大班的孩子语言表达方面已经能够较清晰、完整地表达自己的想法，有一定自己处理同伴间矛盾的能力，因此在这次游戏活动中，教师首先以观察者的角色对幼儿处理矛盾的方式进行观察，再以引导者的身份对幼儿这一过程的行为进行引导——

学会换位思考、学会欣赏和尊重他人的作品。在这一过程中，我们看到其实无论是前来"告状"的宁宁还是尘尘，他们都能够理解他人的情绪并关心同伴，同时尘尘也能够主动调整自己的行为，学会了用恰当的语言、语气和方式去安慰浩浩。因此，在指导幼儿解决同伴间的矛盾时，教师应该要注意：

1. 为幼儿创造机会，鼓励幼儿尝试自己解决与同伴间的矛盾，相信孩子有解决问题的能力，减少高强度干预和专制的解决策略。

2. 倾听孩子的真实想法，了解冲突的前因后果，对幼儿间的冲突进行适时、恰当的引导，引导和鼓励幼儿思考多种解决冲突的方式并学会采取正确、合理的方式进行解决，学会正确对待同伴间的关系，学会换位思考，学会宽容、尊重和接纳他人的成果。

3. 及时肯定和强化幼儿的良好表现，培养幼儿良好的行为品质。

（案例来源：广西医科大学幼儿园　卢凤美）

【资源链接】

儿歌《找朋友》（适用于小班）

歌曲《幼儿园里朋友多》（适用于小班）

邀请舞《我的朋友在哪里》（适用于中、大班）

绘本《南瓜汤》（适用于中、大班）

故事《十二生肖争第一》（适用于中、大班）

故事《金色的房子》（适用于中、大班）

【拓展检测】

1. 回顾幼儿社会性发展的三个阶段。

2. 回顾促进幼儿社会交往的方法。

3. 同学三人一组，一人扮演老师，两人扮演产生冲突的幼儿，试着用高瞻问题解决办法解决幼儿之间的冲突。

任务三

教师与家长关系

【情境导入】

　　温老师是新入职一个月的新手老师，今天在完成一天的工作准备离开时，园长走来，和她聊了起来。聊天过程中，园长肯定了温老师教学认真、与孩子的互动也很好，但有一点需要提升：与家长的沟通。温老师回忆了这一个月的工作，与家长的交流的确很少，有时家长会问孩子的吃饭情况，或是午休的情况，这时温老师会认真地回答，除此之外，自己确实很少主动与家长沟通。有时温老师也想主动说点什么，但是和家长沟通什么内容？怎样和家长沟通？温老师一时犯了难。

　　讨论分析：案例中的温老师遇到的问题可能很多新手老师也有同样的疑问，如果是你，你会怎么做？

【学习概要】

　　《幼儿园工作规程》第五十二条指出："幼儿园应当主动与幼儿家庭沟通合作，为家长提供科学育儿的宣传指导，帮助家长创设良好的家庭教育环境，共同担负教育幼儿的任务。"同时，《幼儿教师专业标准（试行）》中的"专业能力"的"沟通合作"部分也指出："与家长进行有效沟通合作，共同促进幼儿发展。"家园沟通是较多新手老师"有待提高的能力"，良好的家园合作能够发挥一加一大于二的效果。本内容结合幼儿园一线教师的家园沟通经验，介绍家园沟通的原则、家园沟通的内容、家园沟通的方式、家园沟通的时间等，为将来的家园沟通实践做好准备。

【学习准备】

　　1. 文件

　　《幼儿教师专业标准（试行）》《3—6岁儿童学习与发展指南》《幼儿园工作规程》

　　2. 书籍

　　张金陵. 幼儿园班级管理[M]. 上海：华东师范大学出版社，2015.

　　朱家雄. 家园沟通实用技巧[M]. 上海：华东师范大学出版社，2013.

　　晏红. 幼儿教师与家长沟通之道[M]. 北京：中国轻工业出版社，2018.

【学习目标】

知识目标	知道家园沟通的内容、方式、语言、对象等
能力目标	能够与幼儿家长进行有效家园沟通
素质目标	1. 知道家园沟通对幼儿发展的重要意义 2. 愿意积极地与家长进行沟通

【学习内容与实施】

一、家园沟通之与家长关系的建立

作为幼儿教师的我们首先应该和家长建立平等、积极的合作关系，进而才能共同促进幼儿发展。教师只有和家长保持平等关系，才能保证交流渠道的畅通，因此要做到以下三点：

一是确立平等意识。教师要避免以专家自居，或者是在与家长的交谈过程中使用过多的专业术语，给人以高高在上的感觉。要利用家长接送幼儿之际，面对面交流，彼此将孩子的情况反馈给对方，及时交流教育过程中存在的问题，共同商议解决的办法，并能够把最复杂的道理用最浅显易懂的语言表达出来，达到沟通的目的。

二是及时捕捉信息。教师不仅要会说，还要会倾听，及时捕捉家长发出的信息，并能够用家长的视角来看同一个问题，只有这样，信息才能够双向流动。

三是唤起主体意识。教师要唤起家长的主人翁意识，鼓励家长积极参与教育活动，真正成为幼儿园的合作伙伴。在指导家庭教育时，教师可以帮助孩子的家长，共同分析原因，选择适当的教育方法，但不是替代家长去履行教育的职责。[1]

【案例 3-8】

宸宸的"问题"

【案例描述】

又是一年开学季，小班幼儿入园已有一个月，大部分幼儿已逐渐度过分离焦虑期，

---

[1] 张金陵.幼儿园班级管理[M].上海：华东师范大学出版社，2015.

慢慢适应了幼儿园的生活。宸宸是班里的一名小男孩，他的行为与同伴有些不同：集体活动中他"坐不住"，在20分钟的活动时间里，离开位置5到6次，教师发出"请宸宸回到位置坐好"的提醒指令后，宸宸没有回应，需要老师走到身边拉着他的手帮助他回到自己的位置；老师问宸宸："你叫什么名字呀？"他能正确回答，而当老师问："你喜欢什么？"时，他则是重复老师的话；午睡时间，当小朋友们都安静入睡后，宸宸会起来喊叫，在床上跳，老师走过去安抚时，他会摸着老师的衣服、头发、喃喃自语，不愿意躺下睡觉。出于职业的敏感，老师感觉到了这个孩子的"与众不同"，并尝试和来接送的宸宸妈妈沟通。刚开始时，宸宸妈妈表示会好好配合幼儿园，当老师多次反馈后，宸宸妈妈回应道："哦！这样啊，宸宸，以后不能这样了啊！"说完便离开了，妈妈的态度呈现了回避的状态。

为了能和家长顺利沟通，帮助家长正视幼儿可能存在的问题，避免产生超限效应。班级三位老师商讨后采用了以下策略：第一，对宸宸的日常表现做了为期一周的详细观察记录，涉及生活、游戏、学习、与人沟通及交往状态等，包括老师采用策略后孩子的回应。第二，尝试分析该孩子的心理状态，猜测出现"问题行为"的可能性因素，并做好记录。第三，班级老师针对宸宸的问题召开班会，一起讨论如何帮助宸宸，并给家长分享了三点建议：希望家长来园跟踪观察幼儿在园表现、尝试来园陪孩子午睡3天、在家多玩一些幼儿园的游戏。第四，请宸宸的父母到幼儿园交流。在约谈宸宸父母的过程中，老师客观地反馈了宸宸在幼儿园的表现，包括优点及幼儿的"特殊"表现（展示详细的观察记录），陈述了老师采取的策略，并请家长分享对孩子的观察及看法。第五，与家长达成一致，家长表示愿意来园跟班观察3天，并来园陪幼儿午睡。

家长来园观察幼儿后看到了孩子的真实表现，并主动和老师沟通孩子的帮助策略，在老师的建议下，家长带宸宸到医院做了详细检查，最后确诊孩子患有轻度的阿斯伯格综合征。在医院建议下，幼儿园老师及家长共同合作：家长带宸宸到医院做相应的干预治疗，一位亲属来园陪着幼儿适应幼儿园生活，教师针对性地进行指导。一年后，在大家的努力下，宸宸的日常行为有了一定改善，也慢慢适应了幼儿园的生活。

【案例评析】

超限效应是指刺激过多、过强或作用时间过久，从而引起心理极不耐烦或逆反的心理现象。超限效应通常会发生在教师反馈某一孩子的"问题行为"过程中，当"问题行为"不能快速改善时，家长容易产生不耐烦或逆反的心理。在本案例中，当教师第一次和家长反馈幼儿"问题行为"时，家长耐心倾听，并表示愿意配合教师一起改善孩子的行为，但当宸宸的行为没有很明显的转变，教师再次反馈时，家长有了明显不耐烦的表现。教师见此情况，为避免家长的心理演变为逆反的情形，及时调整了策略，趋利避害，从而使事情往更好的方向发展。

（案例来源：广西幼儿师范高等专科学校实验幼儿园　白秋珍）

二、家园沟通之具体方法

建立平等的关系后，如何与家长进行沟通，也是我们新手教师需要学习的，以下将从沟通的六个方面进行阐释：

1. 沟通方式。沟通的方式多种多样，如：面对面沟通、个人微信沟通、企业微信沟通、邮件沟通、相关 APP 平台沟通等，我们可以根据需求与园所的相关规定选择适合的沟通方式。

2. 沟通时间。沟通时间方面，在新生家长会中，老师可以与家长商量一个沟通时间，超过约定的时间，家长和老师都尽量不在群里发言。如果家长遇到紧急的特殊情况，可以单独与班级老师联系。这样既有规则，又有温度，有助于家园良好关系的维护。

3. 沟通内容。我们将幼儿园教师与家长沟通的内容梳理为以下五类：

第一类：突发状况，如幼儿在幼儿园户外活动时意外受伤；

第二类：身体护理，如幼儿当日身体状况、饮食情况、衣物增减等；

第三类：玩耍和学习，如幼儿角色扮演游戏中表现出的社交技能；在集体活动中提出的有趣想法；在小组活动中的合作表现等；

第四类：集体活动，如节日活动、家长会、家长开放日等；

第五类：其他特殊情况，如新生入园或幼儿生病。

4. 沟通对象。目前越来越多的家庭日常是由祖辈接送孩子，作为老师，我们是应该和日常不能见面的父母沟通，还是与每天接送孩子的祖辈沟通呢？我们可以根据沟通内容的分类决定沟通的对象，同时也基于沟通对象的特点决定沟通的内容。

对于第一类突发情况，如小朋友受伤，这类信息应该基于园所的政策，第一时间打电话与幼儿的父母主动沟通，并在晚送环节再次告知接送的祖辈。

第二类身体护理，祖辈一般很关心孩子这方面的情况，可在晚送环节作为和祖辈日常沟通的内容。若孩子有呕吐等需要观察或建议就医的情况，应在与祖辈沟通后，再次和父母沟通。

第三类玩耍和学习，这类信息父母会更为关注，可以和父母进行沟通，接送时也可适当与祖辈交流，引导他们关注孩子的全面发展。

第四类集体活动，这类信息一般会由班级老师在班级群中集体通知，但由祖辈接送的孩子父母大多工作较忙，容易遗漏信息，老师可以在班级群通知后在晚送环节询问祖辈，家中谁会来参加活动，既可以将信息传达给祖辈，同时可以让祖辈提醒父母。

第五类其他特殊情况，比较紧急的情况一般会及时和父母进行沟通，在祖辈晚接时可以再次告诉祖辈，保证祖辈和父母信息的一致性。

根据内容分类，在祖辈家长关心的方面可以多沟通，在此基础上，也适当给祖辈家长分享孩子的学习、社交等方面的内容，拓展沟通内容的深度和广度，促进幼儿的全面发展。

5. 沟通距离。15 厘米之内为亲密距离，适宜亲人和亲密的朋友之间，46~122 厘米为个人距离，适宜熟人之间，122~370 厘米为社交距离，适用于面试、讲座等更加正式的交往关系，370~760 厘米为公众距离，这是公开演讲的距离。教师与家长之间的沟通适宜采用 46~122 厘米的个人距离，以至少让对方感觉到自己说话时的呼吸为宜。[①]

6. 沟通语言。沟通的语言应符合教师的身份，尽量使用普通话。

【案例 3-9】

我不想参加比赛了

【案例描述】

希希听老师介绍了"广西幼儿讲故事，经典诵读大赛"后，高兴地报名参加经典诵读比赛。下午看到妈妈来接，他急忙过去拉着妈妈的手，小心翼翼地说："妈妈，我报名参加表演古诗，行不?"希希妈妈一听，脸上露出惊讶和不安的神情，把希希拉到一旁，小声地和他说了一会儿，然后过来告诉老师："希希还小，我担心他参加比赛表现不好，心里难受，以后会害怕参加类似的比赛。"老师告诉希希妈妈："希希能够主动报名参赛，是一件值得高兴的事情，我们更应该鼓励和支持他，这正是一次孩子锻炼和成长的好机会。"希希妈妈点点头，一脸紧张地带着希希回家了。初赛的前 3 天，希希妈妈每天送希希来园离开时，都会抚摸希希的后背说："宝贝儿，加油!"初赛前 2 天，希希在午餐前给大家朗诵了一遍参赛的古诗，记得还挺熟。初赛的前 1 天，参赛的孩子在班上表演，轮到希希时他却迟迟不上前。在大家的鼓励下，他终于上前表演了，小手紧紧地抓着衣角，但声音很响亮，也有一定的韵律感，我们给了他热烈的掌声，希希高兴得笑眯了眼。

---

① 晏红. 幼儿教师与家长沟通之道[M]. 北京：中国轻工业出版社，2018.

初赛快开始了，希希突然告诉老师："我不想参加比赛了。"老师问及原因，希希说："我妈妈说昨天表演给大家看过就行了，等我到大班再参加真正的比赛。"初赛快结束时，老师悄悄地告诉希希："参加初赛的小朋友都会有奖状的哟。"希希听到有奖状便点头答应继续参加比赛。但希希这次表演看起来比昨天紧张，忘词了。老师和希希聊天得知，希希练习时，妈妈要求的动作每次都不同，希希老想着动作，就忘记了古诗的内容。

【案例评析】

上述案例中，希希妈妈对于孩子的爱是期待性焦虑的表现。教师通过和希希妈妈沟通得知：一直以来都是她一个人带孩子，希希爸爸在外地，经常询问希希的情况。希希上幼儿园后，希希妈妈开始努力考博，每天都很累很紧张。通常来说，女性比男性更容易体验敏感多疑带来的痛苦，并给孩子的情绪带来一定的影响，希希妈妈要求自己能做称职的母亲，但又怀疑自己的能力，担心在教育希希的过程中会出现失误或者错误，因而顾虑重重，这种紧张焦虑的心态在无形中传染给了孩子。在参加比赛这件事中，妈妈担心希希比不上别人或者害怕孩子会面对挫折，所以对孩子过度保护、过度关注和监督，束缚了孩子，时间久了孩子会对家长产生依赖，降低对新事物的好奇，失去尝试的兴趣。

指导家长策略：

1. 鼓励家长学会自我放松的方法，建议家长参加瑜伽培训班，也可以在家学着自我放松，比如，播放轻音乐进行呼吸放松法或者肌肉放松法。

2. 引导家长学会用积极的眼光看待事物，学会对孩子放手，相信孩子的潜能，让孩子去感知这个未知的世界。

3. 提醒家长平时不要过度关心，尽量避免连续不断地追问，避免孩子反生压力或变得自卑，更易出错。

（案例来源：广西民族大学幼儿园　韦美秀）

【案例3-10】

豆豆受伤了

【案例描述】

豆豆入园三个月了，豆豆妈妈的肚子一天天大起来，家庭即将迎来小生命。豆豆妈妈告诉我预产期快到了，爸爸工作也比较忙，之后会让豆豆的外婆来接送豆豆，待弟弟/妹妹出生后再由妈妈来接。

一次，豆豆进行户外小组探究时，不小心被树枝擦到了手，手上有一道明显的伤口，我们赶紧带她去医务室进行消毒处理。这是豆豆外婆"接手"豆豆接送"工作"后豆豆第二次"受伤"。晚送环节，外婆来接豆豆时，脸上明显"由晴转阴"，感觉难以接受……

感受到豆豆外婆的情绪后，我考虑到豆豆妈妈即将要生小宝宝了，于是我选择主动与豆豆的爸爸沟通，向他说明情况，爸爸表示理解，说小朋友在幼儿园难免会有磕碰。

第二天早晨，豆豆外婆送豆豆来园时，幼儿园需要家长填写幼儿体检前的告知书，豆豆外婆忘记戴老花眼镜，看不清告知书上的字。观察到这个情况后，我主动上前询问是否需要帮助，在我的帮助下，豆豆外婆顺利完成了表格，并对老师表示感谢。

【案例评析】

当前祖辈家长在养育第三代上也存在着不少困惑，也会担心带不好孙子/孙女，对自己的子女不好"交代"。祖父母的角度与父母的角度有所不同，我们应该站在祖父母的角度理解他们。当豆豆第二次受伤时，根据日常和豆豆外婆的接触，我能感受到她的"难以接受"是基于目前妈妈将接送和照顾豆豆的"重任"交给她，可是孩子"又"受伤了，难以向豆豆妈妈"交代"。根据祖父母的立场和角度的不同，真正站在他们的角度思考，于是我主动与豆豆的爸爸进行了及时沟通。

此外，由祖辈接送的孩子也分为两种情况：一种家庭可能是日常由祖辈接送，爸爸妈妈每天在家也会陪伴孩子；一种家庭可能是父母长时间不在身边，长期由祖辈照顾孩子。对于第二种情况，我们更应该对他们多一份耐心，让他们感受到老师的支持和理解。有时幼儿园会有一些需要家长填写的表格，有些祖辈家长在填写时会有一定的困难，我们也要留心，给予帮助、赋能祖辈，与祖辈共同成长。

（案例来源：成都市金苹果天府国际社区幼儿园　王鸿）

【资源链接】

学期初家长会会议内容准备：①

1. 班级情况分析

(1)班级师资情况：教师、保育员介绍。

(2)班级幼儿情况：介绍插班生、班级人数、性别比例、上学期各方面发展情

---

① 张金陵. 幼儿园班级管理[M]. 上海：华东师范大学出版社，2015.

况等。

（3）班级教室、卧室、活动室等介绍。

2. 本学期保教任务

（1）班级本学期保教任务目标。

（2）分领域概述。

（3）预设大活动内容：班级活动、年级组的大活动以及全员性质的大活动。

3. 本学期现阶段幼儿一日作息安排

（1）来、离园时间。

（2）户外运动时间。

（3）餐点时间。

4. 家园共育

（1）接送安全问题。

（2）季节多发病、常见病的预防。

（3）饮食内容与时间。

（4）需要准备的物品。

（5）各类大活动家长可以配合的方面的提示。

5. 与个别家长进行交谈，交谈对象的选择依据是：

（1）上学期有特殊情况的幼儿。

（2）本学期的插班学生家长。

【拓展检测】

1. 回忆家园沟通的内容、方法、对象、时间与距离。

2. 和同学一起，一人扮演老师，一人扮演家长，就幼儿近期发展情况模拟一次家园沟通。

同 事 关 系

小婷刚大学毕业，从上海回到了家乡幼儿园工作。但是，在进入幼儿园工作时，她感到了极度的不适应。幼儿园同事、领导的行事风格及整个幼儿园的组织氛围与她在上海实习的幼儿园差异非常大。她协助一位老教师带班，在工作过程中，她对搭班教师、保育员的教育行为产生了不同的看法，与她大学所学相悖，她感到无所适从。

🏅 【学习概要】

在幼儿园中，教师需要处理与同事之间的关系，包括与幼儿园领导、同事（搭班教师及其他教师）、保育员的关系。不同身份的同事，其关系定位有共同点，也有不同点。因此，幼儿园教师首先要找准同事关系定位；其次，要掌握与同事相处的方法。

📑 【学习准备】

1. 文件

《幼儿园教育指导纲要（试行）》《3—6岁儿童学习与发展指南》《幼儿园工作规程》《幼儿园教师专业标准（试行）》《中等职业学校学前教育专业教学标准（试行）》《幼儿园保育教育质量评估指南》

2. 书籍

左志宏 . 幼儿园班级管理 [M] . 上海：华东师范大学出版社，2015.

3. 期刊论文

贾云，尹坚勤，吴巍莹 . 同事间信任对幼儿园教师消极情绪的影响：职业延迟满足的中介作用 [J] . 学前教育研究，2021（6）.

杨余香，邹鲁峰，刘媛媛等 . 如何看待幼儿园同事之间的分歧与矛盾 [J] . 早期教育（教师版），2009（Z1）：29-31.

宁艾伦 . 幼儿教师人际关系与自我效能感和职业倦怠感的相关关系研究 [D] . 哈尔滨师范大学，2020.

叶鑫苗，张金荣，徐楠，王璐莹，王晨瑜 . 幼儿园组织氛围对教师情绪劳动的影响 [J] . 幼儿教育，2018（30）：21-23.

【学习目标】

知识目标	了解同事间的关系定位及同事间配合的技巧
能力目标	掌握与同事建立和谐关系的方法与途径
素质目标	真诚待人，建立同事间和谐、温馨的工作氛围

【学习内容与实施】

有研究者发现性别会显著影响同事支持（Meglichetal，2016），女性比男性对同事支持的需求更高，也更可能寻求和提供支持（Carolynetal，2016）。同时，相对于其他年龄段的教师而言，幼儿教师平时在园时间长，与领导、同事之间相处的时间更多，接触的内容更丰富，彼此之间关系会更密切。另外，幼儿园以班级为单位，每个班由相对固定的三位老师（两位教师及一位保育员）组成，同时，幼儿园教师还需要处理与幼儿园领导的关系。因此，同事之间的关系如何，影响着教师的工作氛围。

研究表明，幼儿园组织氛围与教师劳动情绪密切相关。在组织氛围较好的幼儿园内，教师往往会表现出更高的职业认同感，运用自然情绪表现即能进入职业角色，从而更好地完成工作任务[①]。那么，我们在与同事相处过程中，要注意什么呢？要怎样和同事相处才能构建和谐、温馨的组织氛围呢？

一、幼儿教师与同事间关系的定位

（一）教师与教师之间的关系

1. 合作者

与中小学教师不同，班级两位教师与保育员（生活老师）长期共同组织管理一个班级，在每天的工作中要共同面对幼儿，在班级一日活动中双方必须时刻合作，互相"打辅助"，保证保教质量。所以同事间要保持相互配合的合作关系，例如，某幼儿园的早操活动就体现了三位老师之间的合作关系。在表 3-2 中我们可以看到，三位老师在活动组织中，一人主导、两人配合，各司其职，才能做好户外早操活动环节的组织和管理。

---

① 叶鑫苗，张金荣，徐楠，王璐莹，王晨瑜. 幼儿园组织氛围对教师情绪劳动的影响[J]. 幼儿教育，2018（30）：21-23.

表 3-2　幼儿园"三位一体"早操活动流程安排表①

项目	主班教师	辅班教师	保育员/生活老师
户外早操活动	工作提要： ● 做好外出进行户外活动的准备工作 ● 列队前往运动区域 ● 组织幼儿的户外活动 具体内容： 1. 提醒幼儿做好准备(整理服装、如厕等)。让幼儿了解当天运动所在的区域和运动类型 2. 请幼儿回忆相关的安全规则和游戏规则 3. 鼓励幼儿进行创造性游戏 4. 关注幼儿运动的强度，及时调整运动节奏和强度 5. 在醒目地点进行早操镜面示范，动作准确到位，大班可以请个别幼儿共同进行示范 6. 关注幼儿活动中的安全 7. 关注幼儿的冷热情况，提醒幼儿增减衣物	工作提要： ● 配合主班教师做好外出进行户外活动的准备工作 ● 配合主班教师列队前往运动区域 ● 与保育师共同准备活动器械 ● 组织幼儿的户外活动 具体内容： 1. 配合主班教师帮助幼儿及时整理，列队前往活动场地。两位教师分别站在队伍的头尾 2. 与主班教师一起进行早操的镜面示范，动作准确、到位 3. 关注个别幼儿，提醒幼儿动作的准确性和集中注意力 4. 鼓励幼儿协助保育师准备运动器械 5. 关注幼儿活动中的安全	工作提要： ● 把运动中所需要的物品带至运动场地 ● 检查和准备运动器械 ● 做好幼儿运动中的保育工作 具体内容： 1. 带好需要的物品(干毛巾、衣服筐、纸巾等) 2. 检查运动器械的情况，及时排除安全隐患 3. 与辅班教师共同准备活动器械 4. 在运动中及时提醒幼儿自主增减衣物、垫毛巾；带领幼儿如厕、喝水等 5. 关注幼儿活动中的安全

除一日活动以外的其他时候，教师们也需要进行积极的合作。如，家长会的开展、集体外出游玩活动的组织等，都需要三位教师共同协商、分工并在活动组织的过程中互相配合。

2. 资源共享者

单个人的力量是有限的，单个人的资源也是有限的。三位教师工作的共同目标是要将班级管理好，促进幼儿的发展。所以，必须集中优势资源，形成资源互补，才能更好地完成班级各项工作。班级中的三位教师，可以将自己的课程方案、教学资源(图片、课件、音乐等)、素材等进行共享，形成班级资源库。一方面便于教师更顺畅地开展班

---

① 左志宏. 幼儿园班级管理[M]. 上海：华东师范大学出版社，2015：136-147.

级活动，另一方面可以提供互相分享、相互学习、共同进步的机会。

3. 专业成长互助者

幼儿园每一位教师都有自己独特的专长。这些不一样的专长为幼儿教师之间提供了良好的学习空间和条件，这不仅为工作中的合作互动奠定了基础，也对教师自身的专业成长起到了有力的促进作用。

（二）教师与保育员的关系

保育员，也称保育师，有的地方称为生活老师，是幼儿园班级中不可缺少的一员。与教师的主要职责不同，保育员更多负责的是班级幼儿吃饭、喝水、上厕所、换洗衣物、打扫卫生、消毒教玩具等工作，还有些幼儿园会让保育员负责幼儿的午睡看护工作。

根据学龄前儿童的身心发展特点，幼儿园提倡"保教结合、保教合一"。要做到保教合一，教师与保育员需发挥各自的优势，明确自己的岗位职责，履行自己的工作职责，并互相配合。幼儿园教师与保育员的良好工作关系是实现保教合一的前提。

（三）教师与幼儿园领导的关系

1. 职业发展规划的引路人

幼儿园领导常常起到的是方向标的作用，在提到园长的时候，老师们常常会觉得园长是自己专业成长中的"引路人"。领导对教师们的指导很多是方向性的，引领性的，主要体现在对职业发展的规划上，幼儿园领导虽然没有具体的操作方法，但是这些方向都是非常明确和有针对性的。这种方向性、引领性的作用是不可忽视的，这种作用在短期看来似乎没有很大的用处，但是，长远来看，这种影响的作用是巨大的。

2. 专业思想拔高的引路人

在专业情感上，领导的榜样作用会慢慢转移成幼儿园教师对专业的一种更高的情感要求。领导的榜样作用可以提高教师在专业思想上的认识，在领导的眼光和眼界的影响下，教师对于本专业继承和发扬的使命感也在不断加强。

3. 工作态度与修养确立的引路人

幼儿园领导的为人处世的风格，自身的人格魅力等，都能够影响幼儿园教师。同时，幼儿园领导为幼儿园的整体营造了一个教师们都认同的工作氛围。幼儿园领导对于教师无论是生活上还是专业成长上，都是非常关心的，具有比较高的关注度。

4. 专业知识提升的引路人

在幼儿教师的专业成长上，幼儿园领导起到了引领的作用。通过组织与开展教研活动，对教师进行教育教学业务培训，帮助她们熟悉、了解和掌握幼儿园教育教学的主要原则、基本方法和基本的组织形式等，并不断从实践中反思与提升，提高自己的专业素质。

从职业发展规划、专业思想拔高、工作态度与修养的确立到专业知识的提升，幼儿园的领导能够满足幼儿园教师的多种需要。

二、建立和谐同事关系的途径

首先，幼儿园要重视教师在工作中的人际关系，努力营造相互理解、相互帮助的工作氛围，助推同事支持的深化、优化以及多元化。具体而言，幼儿园要重视人文关怀，关注教师诉求，增进幼儿园教师同事之间的情感性支持，构建平等、和谐的同事关系。例如，可以通过建立教工之家、创设教工休闲吧等方式打造温馨的工作环境，增加同事之间接触和交流的机会。另一方面可通过组织主题沙龙、趣味运动会等团队活动缓解工作的压力，提升同事之间的亲密感和凝聚力。

其次，教师自身要有主动建构和谐关系的意愿，并掌握一定的方法。《幼儿园教师专业标准（试行）》中提到，在与同事的相处中要做到"与同事合作交流，分享经验和资源，共同发展"。作为教师，如何才能与同事相处愉快呢？

第一，教师应当主动承担并完成自己应该承担的工作。在工作中，要与搭班分工，主动认领自己负责的工作，并把工作做好，不给同事添麻烦。如果同事有困难无法完成自己的工作时，我们也要积极分担，这样才能形成良好的合作关系。

第二，尊重幼儿园每一位同事。不论同事的工作岗位是什么，都应当以平等、平和的态度对待每一位同事。另外，由于每个人的成长经历、生活背景、学历背景等都不一样，那么面对同一件事情时每个人的观点、做事方法也难免不同，不能因为观点、做法的不同就否定别人。

第三，与同事的沟通也要注意方式方法。作为同事，我们要尊重每一个人的想法，主动倾听、了解，共同沟通，坦诚相待，寻找最优解决方式。

【案例 3-11】

我的搭班老师

【案例描述】

又是新一届的开始，幼儿园根据园方实际情况安排，做了人员调整，这学期和一位年轻的李老师搭班。

新学期开始，许多工作需要用到下班后的时间去完成，之前我和李老师说下班后是否有空留下大家一起加班，李老师说她晚上有安排了，没空。为了不影响班级环境创设的进度，我就独自留下来加班了。但仅凭一个人力量，进度还是不够快的，依然需要班后的时间，于是我又问了一下搭班老师是否能一起完成剩余的工作，李老师依旧说，有事不能参加。虽然这位李老师不是新入职的老师，但因为之前没在一起搭过班，不太了解对方的工作情况，而这几次配合不太积极，对班级工作不上心，让我有些苦恼。幼儿园的工作琐事多，班级管理工作是需要大家一起齐心协力才能共同做好的。

那段时间，李老师的工作状态也不太好，对很多班级事务不太积极主动地处理，做事不上心，我想这样下去不是个办法，时间久了还容易引发很多不好的连锁反应，我作为班主任有责任去提醒李老师，于是我决定找李老师好好谈一谈。

但如何沟通才能让对方欣然接受并做出改变呢？于是，我寻思该如何跟李老师进行对话。

我思量了一番后，决定从关心询问她生活情况开始进入话题，刚开始李老师不太愿意说，因为涉及她个人的一些私生活，但随着话题的深入，李老师慢慢地敞开了心扉，谈起了她的近况。得知她是因为情感上的一些问题，于是我开导她，每个人或多或少都会遇到情感上的问题，但我们切记不要因为生活情感上的一些不良情绪而影响了我们的工作，特别是我们的工作对象又是这么特殊的一个群体。面对生活，我们要积极乐观；面对工作，我们要认真负责，这样才能不负家长、幼儿园对我们的信任，不负稚嫩可爱的孩子们，不负光荣的幼儿教师身份。我们肩上的责任是很重的，今后凡事可以多沟通多商量，要知道，我们一个班集体缺了谁都不行，希望我们三位老师齐心协力，共同努力把班级工作做好。

经过这次的深入交谈后，李老师状态逐渐在转变。工作中我们采用分工合作的方式，相互认真、积极、主动完成自己的那份工作；生活上，多关心对方，彼此诚恳对待，当对方有困难时，乐于给予力所能及的帮助。

【案例评析】

《幼儿园教师专业标准（试行）》中强调，幼儿教师要"与同事合作交流，分享经验和资源，共同发展"。这是对幼儿园教师同事间相处的一个纲领性要求。在工作中，处理好与同事的关系尤为重要。

这个案例对我们幼教行业来说，应该是比较常见的。在幼儿园班级管理工作中，教师之间、教师与保育员之间的关系是否融洽、配合是否默契、沟通是否到位等，将会直接影响班级管理工作的质量。当教师发现搭班教师出现不在工作状态的情况，能及时找搭班老师了解其原因，主动沟通，做出解决方案。

人和人交往贵在真诚，胸怀坦诚、为人亲切。与搭班老师坦诚相待，就像与朋友相处一样，凡事多交流，多沟通，配合起来就会比较默契，这是保证班级管理质量的基石。班级就像是个小家庭，班组成员之间相互关心、彼此温暖，既有利于工作的顺利完成，也有利于班级凝聚力的形成。

但所谓团结，并不是不分彼此，一拥而上；协作也不是界限分明，互不相干。在后来的工作中，班组成员之间采用的分工合作，以分工明确为前提，责任到人，互助互补，优质高效地完成班级工作。这样避免了因职责不明而遗漏，或因界限模糊而延误。因此，班组成员之间不仅要团结协作，也要在具体任务上有明确的分工，工作分配到人，明确各自的工作职责。

那么，如何处理好与同事的关系？

1. 以诚恳好学的态度主动与搭班老师进行沟通，互相尊重，做到有商有量；

2. 主动承担自己应有的工作分工，不逃避任务；

3. 以恰当的方式表达自己的观点或处理与同事的分歧，不因与同事的私人关系而影响工作；

4. 以积极的态度理解和对待同事的批评和建议，同时将自己的困惑和所需的帮助坦诚地表达出来；

5. 细心发现别的班级幼儿的长处，和同事交流时经常性表扬他们班的孩子，同事间相互的赞赏和鼓励是促使同事关系和谐的有效桥梁；

6. 与搭班老师协商一个分工方案，但在实施过程中不要过于计较；

7. 与搭班老师经常沟通班中每位幼儿的情况，了解幼儿不同情境中的表现，沟通对于幼儿行为的理解。

一份和谐而融洽的同事关系应该是，对待同事的成绩，保持一份敬意、虚心学习；对待同事的批评和建议，保留一份诚意、耐心听取；对待同事的缺点，保存一份善意、诚心包容。与同事相处就像与朋友相处一样，只要你能够胸怀坦诚、为人亲切、积极助人、关心同事，都会与同事友好相待，拥有愉快的合作团队。

（案例来源：广西医科大学幼儿园　朱婷）

【案例 3-12】

"我"与同事：作为"竞争者"的同事

幼儿园新教师专业成长中的重要他人除了领导和师傅之外，与自己同时入职或者在相近年份入职的教师在专业成长中占据着比较重要的地位。王老师说："你会去关注他们的成长。唉，我觉得这点也很重要，因为有的时候在人群中总会有比较的。有的时候你不会跟比你高很多届的人比较，但会与同一届入职教师的人比，你会瞄着她，总感觉你比她落后了，就这种感觉，我觉得也蛮重要的。同一届进来的，她的发展会触动你的发展，她的好会带动你的好。"在访谈中发现，这些教师都是跟幼儿园新教师接触比较频繁的教师，有的甚至是同住一个宿舍的。幼儿园新教师容易从同时入职的教师中满足自己的社交需要，舍友是她们沟通与合作的主要对象。幼儿园新教师和同时入职的教师也有更多的共同话题。

🔳【案例分析】

在专业知识与专业能力的建构上，幼儿园新教师会非常关注与自己同时入职的其他教师的发展，其他教师的发展情况也容易成为触动她们职业追求的一大影响因素。同时入职的教师就像是自己的镜子一般，可以作为重要的参考，用来反思、激励和评价自己的专业成长。

幼儿园新教师会主动与同时入职的教师做对比，并对自己的专业成长方向做出相应调整。但是在社交中也会出现一些"竞争"行为，有时候这种"竞争"实际上是良性的。在"竞争"中，有些幼儿园新教师会发现自己原来是在某些方面有着与众不同的能力，也有的幼儿园新教师会在"竞争"中激发起自己不断向前的动力，从而不断满足自我实现的需要。

（资料来源：胡伟航. 幼儿园新教师专业成长中的重要他人研究［D］. 南京师范大学，2019.）

♻【案例 3-13】

在自己第一年带班时，我们班的常规得到了幼儿园一致的好评。当时因为自己是第一年带班，觉得孩子的常规得到表扬很高兴，但后来和几位同事说起这个常规好的事情，其中一位同事就说常规应该要求，但是并不能一味强调要求幼儿完全按照自己的想法去做事，应该给孩子们自由的空间，在自由中有一定原则。她说的话让我印象比较深刻，然后自己就反思，确实自己的方式可能有些不对，应该去改变一下。所以，在之后带班时我在抓常规的同时更注重多给孩子一些自由，孩子们比以前活泼了，更加开心了。

🔳【案例分析】

这位老师对于班级常规管理的理解，从原来的"觉得孩子的常规得到表扬很高兴"到后来赞同同事提出的意见"应该给孩子们自由的空间"，最后通过改变班级管理的方式使"孩子们比以前活泼了，更加开心了"。该老师在与同事交流中，被同事的观点启发，转变了自己的教育观念及行为，从而达到了良好的效果。由此可见，与同事相互交流学习也是新教师专业成长的重要方式之一。

（案例来源：刘畅．新手幼儿教师专业成长中的关键事件研究［D］．内蒙古师范大学，2019.）

【案例 3-14】

陈老师是一位男老师，属于脾气比较随和的人，不会轻易与人发生矛盾。在所有的人际关系中，陈老师与其领导的关系矛盾最为突出，即使好脾气的陈老师还是与自己的领导（园长）发生了冲突。无论在什么单位，一般被管理者是不会与自己的领导起正面冲突的，然而陈老师的经历特殊、所做的工作内容导致了他不得不与自己的领导发生冲突。刚入园的第一年，陈老师只是作为一名普通的教学岗位的老师，与领导接触较少，沟通较少，平时只是普通的问候，没有大的利益冲突。随着陈老师工作岗位和内容的调整，陈老师与园长的冲突逐渐升级，直到发生正面冲突——争吵，随后，形成两人见面也互不理睬的局面。与工作量大相比，陈老师觉得和领导的相处更多感觉到的是心累。

【案例分析】

人际关系是在彼此之间交往活动的过程中建立的，良好的人际关系在双方互动中能够达到融洽和协调。领导管理方式的差异对陈老师的适应造成重要影响。案例中陈老师与园长的行事风格不同，导致在共事过程中产生矛盾。作为幼儿园教师，首先要尊重和认可园长的领导地位，尽量避免与园长发生正面冲突；其次，遇到矛盾应与园长真诚沟通，一起梳理工作过程和方法，了解园长的工作思路，在此基础上提出自己的意见。

（案例来源：刘畅．新手幼儿教师专业成长中的关键事件研究［D］．内蒙古师范大学，2019.）

【拓展检测】

1. 根据同事关系的处理方法，简述作为新教师应该如何与同事相处。
2. 案例分析：

开学不久的一个早晨，我刚走进教室，就看见范老师在教室里忙碌。"在做什么呢？"我问。范老师说："快来和我一起干，将这些东西顺一顺。"看着玩具柜上被孩子们乱放的图书、水彩笔和玩具之类的物品，我想说，这些东西都是孩子们用的，应该由他们自己来收拾。但转念一想，范老师该不会说我"找借口"吧，于是我转过身对全班孩子说："你们看，范老师多辛苦，你们随手乱放，范老师就要花很多时间来整理，也就没有时间和你们一起出去玩了，怎么办呢？谁愿意把玩具送回家呢？"孩子们纷纷举手。"范老师你来选。"我将一直在埋头整理的范老师"请"了出来。

　　请结合相关知识，分析案例中老师的做法是否正确，并陈述理由。

模块四：

班级事务管理案例评析

班级物品管理

【情景导入】

　　叶老师是一名学前教育专业刚毕业的新手教师。面对自己班级一日生活的管理和日常区域教玩具的繁多杂乱，她总是觉得自己班级的物品、柜子不够用，教室各个台面上经常随意摆放着物品。"有时候，面对幼儿园临时检查，我们班级都要额外加班，全体总动员进行大扫除，每月末我们有卫生大检查，可依然不能较好地保持下去。"叶老师自己也非常苦恼。

　　像叶老师班级这样的现象，极大地降低了教师的工作效率和质量，影响了教师日常教育工作的顺利开展，对幼儿良好行为习惯的培养也有负面消极作用。为提高幼儿园保教质量及班级的日常管理工作，结合幼儿园实际情况，叶老师所在的幼儿园推进精细化管理，帮助教师调整幼儿园班级区域摆放，使幼儿园内部管理的统一标准，建立良好的教育教学环境，提高保育、教育质量；提升师生整体素养，提高工作效能。

　　你是否也像叶老师一样，拥有班级"杂乱、无从下手整理"的困惑呢？

【学习概要】

　　幼儿园班级物品管理是指教师根据班级的教育目标，通过计划、组织、实施、调整等环节，将幼儿园班级内的一切物品进行规划、调整，优化班级物品管理，从而提高班级管理效率，促进教育目标的实现。通过对班级物品合理、规范、有序的管理，可为幼儿创设一个丰富、健康的生活和活动环境，提高设备、物品的使用效率，不仅可以更好地服务于教育教学活动，避免浪费和无意义的损坏，还可以提高班级管理的效率，培养幼儿良好的物品使用习惯和自理能力。

【学习准备】

　　1. 文件：《幼儿园工作规程》《幼儿园教育指导纲要（试行）》《幼儿园卫生保健制度》
　　2. 书籍：
　　曹宇. 幼儿园班级管理技巧150[M]. 北京：中国轻工业出版社，2011.
　　施燕. 幼儿园新教师上岗手册[M]. 上海：华东师范大学出版社，2012.

📖 【学习目标】

知识目标	1. 知道班级物品管理的内涵和原则 2. 了解班级物品管理实施方法
能力目标	1. 能合理分类、有序放置班级物品 2. 能在班级物品管理过程中，培养幼儿良好的生活习惯、自我服务和自我管理的能力 3. 学会根据班级情况设计表格，提升班级物品管理的能力
素质目标	1. 能感受到开展班级物品管理的重要意义，培养自身和班级幼儿对幼儿园的归属感 2. 树立科学管理、高效工作的理念

🔍 【学习内容与实施】

一、班级物品管理的内涵

幼儿园班级物品指的是除班级空间外的一切设备设施和所用之物。班级物品主要分为幼儿生活物品、幼儿学习物品、教师教学物品、卫生用品等，种类繁多，有桌椅、板凳、钢琴、电视、电脑、教具等教学用品，有水杯、餐具、毛巾、饮水机、消毒柜等生活用品，还有各个区域的玩具、学具、图书、活动材料等游戏用品，有公共卫生的保洁、清扫和消毒物品，还有幼儿的午休及日常衣物、玩具、书包等个人的生活用品等。这些物品在班级活动空间中不能随意摆放，而应该分类、有序放置，并注意科学管理。

幼儿园班级物品管理是指教师根据班级的教育目标，通过计划、组织、实施、调整等环节，将幼儿园班级内的一切物品进行规划、调整，优化班级物品管理，从而提高班级管理效率，促进教育目标的实现。通过对班级物品合理、规范、有序的管理，可为幼儿创设一个丰富、健康的生活和活动环境，提高设备、物品的使用效率，不仅可以更好地服务于教育教学活动，避免浪费和无意义的损坏，还可以提高班级管理的效率，培养幼儿良好的物品使用习惯和自理能力。

二、班级物品管理的原则

(一)安全实用原则

保护幼儿的安全健康是幼儿园的基本责任，《幼儿园教育指导纲要（试行）》明确指出："幼儿园必须把保护幼儿的生命和促进幼儿的健康放在工作的首位。"班级物品的安全，一方面是材料的安全，要确保无毒、无污染；另一方面是物品摆放的安全，电子产品、电源插座、玩具、悬挂物、墙饰、活动器械的摆放需符合安全规范。班级物品的收集避免多多益善，应根据幼儿学习、生活、活动的需要以及幼儿的身心特点设置区角、丰富材料。

温馨贴士：每个班级就是一个"小家"，可以说这个"小家"里什么都有，教师在摆放班级物品的时候要做有心人，有棱角、尖利的设施、设备应马上进行修改或改变摆放的方向。如，常用消毒物品应放在幼儿拿不到的地方；开水桶要摆放在幼儿接触不到的地方；烫汤、热粥等食物要放在固定的开饭桌上，预防烫伤幼儿。

（二）动态发展原则

班级物品是教师开展教育教学活动的物质保障，是幼儿生活、学习、游戏的重要保障，是促进幼儿发展的重要支柱。班级物品的提供应根据教育教学活动的变化及时整理、补充、丰富活动材料，为幼儿创设温馨、健康、丰富的活动环境，更好地服务于教育教学活动及一日活动的开展，还要根据季节的变化及时调整，如根据气候的变化及时更换被褥等。

（三）物尽其用原则

在班级物品管理中，应避免物品进行堆放式投放，而应根据需要逐步投放，精打细算，不铺张、不浪费。纸箱、奶罐、纸杯、易拉罐、矿泉水瓶等都可以再利用，教师可引导充分发挥幼儿的想象力、创新力，使其一物多用，变废为宝，既培养幼儿创造能力，同时又在潜移默化中培养幼儿勤俭节约的美德。

（四）共同参与原则

班级物品管理不只是教师和保育员的职责，还是班级中每一位成员的职责，教师和幼儿都是班级的主人和班级物品管理的主体，教师应根据幼儿的年龄特点，与幼儿共同制作标识、制定班级物品管理的规则、规划班级区域，调动幼儿参与物品清洁、整理、整顿的积极性、主动性，培养幼儿科学管理物品、定位收放物品等良好的习惯，培养幼儿的责任感和按类别收拾整理物品的能力。

【案例 4-1】

"玩具的家"在哪

【案例描述】

我班幼儿刚入园时，尚不具有整理的意识和能力，常常不知道该把玩过的玩具送到哪里，那时，我们采用"水果对对碰"标签，帮助幼儿认识"玩具的家"。中班时，我们仍然采用这类一一对应的标签，只不过"水果对对碰"可能会变成"数字对对碰"等。到了大班，幼儿的思维能力得到了一定的发展，我们便尝试让他们自己去整理。所有的材料柜、材料筐上不再贴标签，全班幼儿先一起商定哪些材料放在哪个区域，每次游戏结束后，每个幼儿自主去整理。放手之后，我们发现，区域活动后每一筐材料都会被送回材料架，只是位置不是固定不变的，但这不影响幼儿再次取放。当然，有时我们也会发现有个别材料筐放错了区域，我们会请幼儿一起来分辨，将其归位。渐渐地，幼儿都能够把材料筐送回相应的区域了。

【案例分析】

教师根据幼儿年龄特点，从具象到半具象再到抽象，让幼儿用相似的方法、不同的标签，从他律到自律，逐渐学会有序整理。一次只做一件事，不求多求全，把事情做好，把习惯培养好，对幼儿来说就是最大的收获。教师应立足于幼儿的发展，把自主权还给幼儿，相信幼儿会做得很好。

【案例 4-2】

班级常规建立之小管家

【案例描述】

小班的孩子缺乏自控力，常把玩具、材料到处乱扔。针对这一情况，严老师采用了物品管理责任到人的做法。她把活动区分成几个区，并设计了徽标，每周一上午评选"小管家"。具体的方法为："建筑区"小管家负责带领该区幼儿整理积木；"毛巾区"小管家负责检查毛巾收挂情况，如发现毛巾没挂好，要及时提醒；"图书区"小管家负责检查图书破损、取放情况，及时制止撕书行为并要求修补破书；"书包区"小管家负责检查书包的小尾巴、拉链、水杯是否收整齐等。面对一双双热情的小手，严老师选出了七个岗位的小管家。孩子们都很高兴任老师分配的工作，并把它看作一个荣誉。到了周五，严老师和幼儿共同评出优秀的小管家，并奖励星星，然后重新评选七个岗位的新管家。这么一来由于小管家常常清扫、整理，小班在任何时候都很整洁，物品也有了明确的位置。无论是对幼儿还是老师来说，存取东西都成了一件轻松、简单的事，而且由于物品摆放合理，班上的安全事故也明显减少。

【案例分析】

在此案例中，教师充分发挥了共同参与原则的作用，让幼儿一起当班级的"小管家"，有了称谓也就有了责任感，有了责任感就会建立自我约束，形成内在的规则意识，进而从管好自己到管好他人，也在管理他人的过程中，建立更完善的自我约束意识，促进班级常规的建立。

图 4-1　整齐的"图书区"

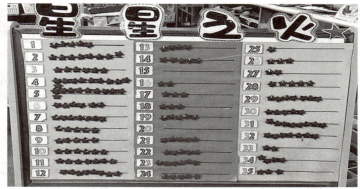

图 4-2　优秀小管家荣誉墙

【案例 4-3】

玩具柜变了样

【案例描述】

片段一：

"老师，这个玩具柜又乱了。""老师，这个要放在哪里？""老师，这个托盘又放错地方了。"教师说："让我们来做个实地考察，看看到底是哪里出了问题。"幼儿一下子来了兴致，自发地分成几队到各个区域考察。他们发现，每个区域里放材料的托盘都有多种颜色，如果把托盘按颜色分类，不同的区域使用不同颜色的托盘，大家可能就不会放错地方了。于是，幼儿开始统计班上现有的各种颜色的托盘数量和各区域需要用到的托盘数量，然后根据数量分配哪种托盘放到哪个区域去使用。在分配的过程中，幼儿发现益智区需要的托盘最多，无论哪种颜色的托盘，其数量都满足不了益智区的需求，怎么办呢？这时，有幼儿提出一个办法："浅绿色和深绿色的托盘颜色很接近，可以都放到益智区去用，这样就够用了。"这一想法得到了大家的认同。大家齐心协力将各个区域的托盘调换好，这样，以后就可以轻而易举地把材料放回原来的地方了。

片段二：

托盘的颜色统一了，材料再也不会放错地方了，但很快大家又发现了新问题：不少幼儿活动后把托盘随手往柜子上一放就离开了，柜子上还是显得杂乱无章。在一次区域活动后，教师再次带着幼儿到各个区域"视察"，并提出问题："为什么托盘的颜色统一了，材料都放对地方了，柜子上还是乱乱的？"幼儿回答道："是我们没放整齐。""有的横着放，有的竖着放。"教师又问："为什么总是放不整齐呢？"一个幼儿说："因为没有标记，所以放不整齐。"对于"需不需要在柜子上做标记"，班里幼儿有两种不同的意见：一部分幼儿认为需要，这样就能知道托盘要怎样摆放，大家统一按标记摆放，就能放整齐；一部分幼儿认为不需要，因为"我们一起商量好怎么放，就能记住，下次大家都这样放，不需要用标记提醒我们"。经过讨论，班里幼儿达成共识：不需要做标记，以后把托盘全横着并贴近柜子里边摆放。定下规则后，幼儿把材料摆放得可整齐了。

🔍【案例分析】

在片段一中，区域中的材料多而杂，摆放材料的托盘也林林总总，增加了整理难度。教师鼓励幼儿实地考察，思考到底问题出在哪里。教师和幼儿都十分明确，寻求策略是为了又快又好地将托盘送回"家"。在片段二中，由于材料摆放缺乏统一规则，幼儿总是随意放，导致柜子上的材料仍然杂乱无章。这是在幼儿把托盘送回"家"的基础上对幼儿提出了更高的要求：把托盘排列整齐。以上两个问题有着递进关系，始终围绕着"如何整理"这个主题。幼儿在发现问题、解决问题的过程中积累经验，收获成长。作为教师，我们最重要的不是向幼儿传授知识，而是培养幼儿解决问题的能力，以及引导幼儿在一次次成功解决问题的过程中树立自信。

把握幼儿的年龄特征是教师开展教育活动的前提，这样的教育才能取得良好的效果。案例中的幼儿具有一定的生活经验，已具备初步分析和共同讨论解决问题的能力。所以教师在发现问题后没有急于纠正，而是组织幼儿自己观察和分析，从而发现问题、思考解决策略。只有让幼儿的主动性得到充分的调动，幼儿才能真正成为学习的主人。案例中，教师引导幼儿观察思考，给幼儿充分讨论的机会，真正把制定规则的权利交给幼儿。在自主讨论规则、制定规则的过程中，幼儿的收获远比"由教师制定规则、幼儿执行规则"要多。教师只有尊重幼儿，尽可能地让幼儿参与班级各种事务的决策，才能使班里不同、不同能力水平的幼儿对规则有共同的认识，进而共同努力维护规则、遵守规则。

在班级常规建立以及幼儿习惯养成的过程中，不把自己的意愿强加给幼儿，理解并尊重他们，留给他们更多探索、创造的机会，放权给他们，让他们真正成为班级的主人，如此，我们将会发现一个个鲜活的、独特的生命。

三、班级物品管理存在的问题

(一)班级物品管理的随意性

班级物品的摆放未划分区域，物品存放位置未定类、定位，物品放置杂乱、无标识。放置班级物品根据放置区域的空置位置决定。班级物品管理的随意性，不仅导致取放材料不方便，还存在安全隐患。

(二)班级物品管理的盲目性

班级区角设置、班级物品的管理缺乏科学规划、科学管理、定期整理及相关的制度与标准。物品如何归类、如何放置没有目标，只是简单地清理、堆放。有的幼儿园因为班级场地窄小，或者活动室、午休室未分开，采用随意堆放式放置，导致需要物品时耗费大量时间寻找。

(三)班级物品管理的主观性

班级教师在设置区角、物品定位标识、进区角规则、插卡规则等方面与幼儿的沟通、商量不充分，由教师自行设置，往往导致设置以后幼儿不能按照老师的要求进行收拾、整理，也无法遵守规则。

四、班级物品管理的方法

(一)制度先行，明确分工

建立健全班级物品管理制度。共同管理班级管理涉及班级中的每一个成员，教师与保育员应在尊重个人意愿的基础上，按照"谁使用、谁保管、谁负责"的民主分工原则，建立健全班级物品管理制度，负责人对班级物品要做好整理归纳、保管齐全，随时取用，并做好记录。一般来讲，保育员主要负责班级公共卫生用品和幼儿个人生活用品的管理，教师主要负责班级教学用品和幼儿学习、游戏等活动用品的管理。虽然有一定的分工与要求，但在实际生活中，由于班级物品的使用在时间与空间上很难做严格的划分，所以班级人员一定要相互协作，共同负责。幼儿也是班级管理的主体，尤其是对中班、大班幼儿，教师要注意激发幼儿参与班级物品管理的积极性和主动性，激发幼儿班级责任感，培养幼儿的秩序感与生活自理能力，养成物归原处的良好习惯，幼儿对物品分门别类的管理，在一定程度上还可以提升幼儿对实物概念的初步掌握，真正发挥物品管理服务教育教学的实效性。

(二)归档整理，提高效率

建立"班级物品登记表"和"班级物品变损清单"作为交接、检查的依据，学期初和学期末的时候对班级物品进行登记，建立"班级物品登记表"。如表 1 所示，并备有"班级物品变损清单"如表 2 所示，随时记录、更新班级物品在日常教育活动中使用及损坏情况，以便及时修理与补充，更好地服务教育教学活动。表格的运用既便于幼儿园对各个班级的物品进行统一记录和分析，同时也切实提高了本班的物品管理效率。

表 4-1　班级物品登记表

类别	物品名称	物品数量	型号	责任人	备注
生活用品					
学习用品					

表 4-2　班级物品登记表

物品名称	单位	数量	变损记载	备注

表 4-3　广西幼师幼教集团幼儿园班级资产清单

班级	雪门二班		填写时间	2021 年 6 月 30 日	
教师	梁蕊、黄献娇、蒋丽少				
序号	班级配备		生活用品		学习用品		玩教具	
	名称	数量	名称	数量	名称	数量	名称	数量

序号	班级配备名称	数量	生活用品名称	数量	学习用品名称	数量	玩教具名称	数量
1	单人床	17	保温桶	1	笔筒	1	单元积木	1 箱
2	橡木桌子（方桌）		喷壶	2	水笔		八度音管	1
3	橡木桌子（长桌）	4	扫把	2	文件夹	3	创意积木 500 件套装	3
4	笑脸椅子	21	一字拖把	1	胶枪（大）	1	掀盖记忆游戏	1
5	6 格玩具柜	6	垃圾铲	1	透明格子收纳篮	1	构建大师	1
6	5 格柜		吸水拖把	1	白色收纳篮大	15	柔性竹节棍 400	1
7	区域梯形柜		厕刷	2	白色收纳篮小	10	分极镜	15
8	图书柜	1	玻璃刷	1	大剪刀	1	磁力棒-机械部件 103pcs	2
9	口杯架	1	纸巾盒	1	订书机	1	大型放大镜	2
10	直角柜	2	体温计	1			七色颜色卡	2
11	弧形柜（大）	1	体温枪	1			数学几何拼图游戏	2
12	电钢琴	1	衣架	21			三维立体逻辑思维训练（三色立方）	2
13	毛巾架	1	时钟	1			竹篓掉球	5
14	拖拉床 4 层		排插				宝藏岛	5
15	鞋柜	2	吹风机				儿童显微镜	10
16	口杯柜	1	塑料水盆	4			喷泉制作套件	10
17	穿衣镜	1					侦探手套套装	10
18	电视	1					磁性探索板	10
19	电脑	1						
20	电脑桌	1						
21	幼儿椅子	30						
22								
	……							

（三）分类放置，整洁有序

首先，班级内的物品种类繁多。许多小型物品不应混杂放置，而应将不同种类的物品进行分类。对于使用频率较高的玩具和区域活动材料，班级人员要制订一定的使用规则和管理办法，并在生活中坚持一致性和一贯性，从而建立物品使用的规则。装物品的容器可以用不同的颜色加以区分，也可以在容器外面贴上醒目的标签以便于寻找。如幼儿园班级中盛放美工材料的盒子按颜色加以区分：红色的盒子用来放泥工材料，绿色的盒子则用来放纸工材料，蓝色的盒子用来放幼儿的作品等。再如，柜子上的编号"A1""A2""A3"……按序存放各个主题活动的教辅用品。这样，无论是教师还是幼儿在使用过程中都能够做到一目了然，提高活动效率。

其次，物品分类之后，摆放要整齐且位置固定。每次用完物品之后要及时放回原处，以便下次使用。另外，对于幼儿的生活用品以及玩具等要经常清洗和消毒，确保幼儿使用的物品干净、安全。对于班级内的设施、设备等，也要经常清扫、擦拭以保持干净，尤其对一些设施、设备内部等易忽略的地方更是要做到定期清洁。

图 4-3　有标识的器械柜（1）

图 4-4　有标识的器械柜（2）

图 4-5　户外器械收纳有序、整齐

图 4-6　教室内清洁工具分类、干净（1）

图 4-7　教室内清洁工具分类、干净（2）

图 4-8　班级物品分类摆放、标示清晰（1）

图 4-9　班级物品分类摆放、标示清晰（2）

图 4-10　班级物品分类摆放、标示清晰（3）

图 4-11　班级物品分类摆放、标示清晰(4)

图 4-12　班级物品分类摆放、标示清晰(5)

(四)位置适宜，便于取放

物品摆放位置的总体原则是便于幼儿开展活动，最大限度地把空间留给幼儿。为此，幼儿常用的一些玩教具材料，如水彩笔、手工纸、橡皮泥、图书绘本等物品的摆放要照顾幼儿的身高，便于幼儿根据活动需要自主取放。切不可为了单纯的美观或一味的整齐，而忽视了幼儿的需要。

幼儿园小班、中班、大班幼儿的身高不同，班级中幼儿的桌椅等配置也就有相应的区别。但是在小班中会有个子较高的幼儿，在大班中也有个子较矮的幼儿，对于特殊需求的幼儿，教师要及时发觉幼儿的需要，并给予个别调整和帮助，保障幼儿的舒适与健康。

图 4-13　班级环境富有童趣，高度适宜(1)

图 4-14　班级环境富有童趣，高度适宜(2)

(五)提供"专柜"，存放物品

幼儿园班级在条件允许的情况下，尽可能为每位幼儿提供可以存放私人物品的空间，如为每个幼儿配备一个小柜子或小箱子。因为每个幼儿都需要一个独立拥有和守护的空间，这样既满足了幼儿"个人"空间的需求，又便于幼儿自主管理个人物品。

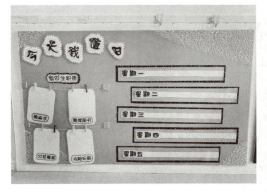

图4-15　班级环境富有童趣，高度适宜(3)

图4-16　幼儿个人物品标识清晰、自主管理

此外，对于幼儿临时性的个人生活用品应妥善保管，并注意及时与家长沟通联系，防止损坏和丢失；对于有安全隐患的药品、消毒液、电器、开水及其他物品等，班级人员一定要合理放置，妥善保管。

好习惯对于每个人都是受益终身的。物品摆放整齐的好习惯是幼儿园习惯养成目标之一。老师们应从自己做起，为幼儿树立榜样，带动幼儿养成物品摆放整齐、物归原处的好习惯，共同创设保持干净、整洁、漂亮的生活学习环境。

【拓展检测】

1. 根据实习班级的具体物品，进行班级物品的记录及统计。

2. 结合见实习班级幼儿的具体年龄段，观察幼儿收拾物品的情况，并给予相应的指导。

班级文案管理

【情景导入】

常常有新入职的教师说起书写各类文案，就是一句话："当教师真不容易。""写作不是我擅长的事情，所以绞尽脑汁、痛苦万分""写了也没人看，没有太大意义"等。"写"是很多新教师最头疼的问题之一，既然从事幼儿园教育工作，教师们就不可避免地应对各种案头活儿。面对各种各样的计划、总结、观察记录、反思，心里装着疑问带着困惑面对这些文案工作，迷茫中思考：从何下笔？计划怎么做？教案怎么制定？观察记录怎么写？

【学习概要】

班级文案管理是班级管理的重要内容之一，掌握班级方案管理的技巧有助于提高教师的专业成长，也有助于家长了解幼儿园工作。本任务讨论了班级文案管理的内涵和意义、内容及撰写要点，具体对班务计划、周计划、教学活动设计（教案）、教养笔记、观察记录和家园联系手册进行了详细分析。

【学习准备】

1. 文件

《幼儿园教育指导纲要（试行）》《3—6岁儿童学习与发展指南》《幼儿园工作规程》《幼儿园教师专业标准（试行）》《幼儿园保育教育质量评估指南》。

2. 书籍

张富洪．幼儿园班级管理[M]．上海：复旦大学出版社，2012．

施燕．幼儿园新教师上岗手册[M]．上海：华东师范大学出版社，2012．

陈时见．幼儿适应性发展课程指导手册[M]．南宁：接力出版社，2011．

雷湘竹．接力宝贝生活渗透式课程资源教师用书[M]．南宁：接力出版社，2016．

何桂香．成长在路上——幼儿园新教师必读[M]．北京：农村读物出版社，2016．

【学习目标】

知识目标	1. 知道班级文案管理的内涵和具体内容
	2. 明白班级文案管理对教师专业化发展和班级管理的重要意义

能力目标	1. 能规范撰写班务计划、周计划、教学活动设计等班级文案 2. 掌握班级文案撰写的要点和具体措施
素质目标	1. 能把班级文案管理与自身专业发展联系起来，不断追求专业进步 2. 形成自我反思的意识，培养思辨、分析问题的能力，让自己的工作更高效

【学习内容与实施】

一、班级文案管理的内涵和意义

班级文案是班级管理的重要内容，是指教师依据幼儿园教育目标，为促进教师自身专业发展或完善班务而撰写的相关文章。主要包括班级学期计划、周计划、学期个人计划与总结、教师教育笔记、教学活动设计、观察记录、个案分析、阅读笔记、教学反思、保育笔记、家园联系手册等。

每位教师都需要经历计划——实践——记录——反思——再实践——再学习——再记录——再实践……的过程，这是走向合格教师的唯一道路。班级文案管理是教师对班级文案材料的收集、整理、归类和保存等途径，它也是考核教师工作绩效的重要依据之一。通过制订和管理这些文案，能保证班级教育活动的系统性和循序渐进性，有利于指导班级教师日常工作有序开展，是教师反思自己教育教学能力和班级管理能力的重要途径，有助于教师专业化发展和班级管理效率、班级教育活动质量的提升。同时记录文案可以帮助教师养成勤思考勤积累的好习惯，而习惯是促使一个人成长的关键。

二、班级文案管理的内容及撰写要点

(一)班务计划

班级学期工作计划简称班务计划，制订班务计划能够提高班级工作的效率，加强教师在工作过程中的执行率，减少工作的失误。同时对比前期制订的工作计划和预期目标，能够及时发现班级在实施过程中的不足，并加以改进，以达到高效率实现保育教育目的的综合性计划。班务计划包含情况分析，针对班级上学期存在的问题提出，以及新学期的工作重点与措施等。

【案例 4-4】

2022 年春季学期班务计划

【案例描述】

1. 班级情况

本班教师队伍不变，由黄翠云老师担任班组长，陈冬宁老师、苏冬妍老师担任副班老师；幼儿总人数 30 人，其中男孩 15 人，女孩 15 人。结合幼儿上学期的发展情况，将继续做好各项培养计划，并严格落实。

2. 指导思想

本学期我班继续坚持以《幼儿园教育指导纲要（试行）》《幼儿园规程》和《3—6 岁儿童发展与学习指南》为指导，团结与带领班级教师，突出班级特色，推动发展，力求创新，以保教结合为原则，以贯彻安全工作为主线，以促进幼儿发展为目的，结合我园"党娃乐游"课程，有效开展本班教育教学工作，真正使每一位幼儿健康、快乐地成长。

3. 工作目标

（1）继续把新冠肺炎防控工作放在首位，做好防疫工作，切实做好保教结合，确保幼儿安全健康成长。

（2）加强班级管理，促进幼儿能力发展。

（3）加强学习，提升教研水平，促进保教质量提高。

（4）做好家园共育工作，促进家园和谐发展，帮助幼儿做好幼小衔接工作。

4. 工作措施

（1）加强班级管理，促进幼儿能力发展

从班组长做起，制订班级工作计划、月计划，班级两位老师周计划、日计划等，在制订计划时注意计划的可行性和操作性，确保这些计划的认真实施。班级内部要及时进行沟通交流实施情况、幼儿参与活动情况等，以便及时对后面的活动开展形式、活动开展内容等方面进行调整。

（2）加强学习，提升教育水平、教研水平

班级教师共同加强自我学习，积极参加各类论文、案例比赛，将理论和实践相结合，促进教学水平的提升；积极参加保育院提供的培训，积极参加年级、院级的教学研讨，将班级基础课程、环创、节日活动等与园本课程有机结合，在研讨中求进步，求创新。

（3）加强卫生保健工作，营造安全卫生环境

①根据上级部门要求做好防疫保健工作，切实做好保教结合，确保幼儿安全健康

成长。

②加强户外活动管理，保证幼儿户外活动时间、运动量达标。同时对幼儿进行安全教育，安全开展活动，时刻做好防范工作。

③合理安排幼儿一日活动，做到动静结合，培养幼儿的饮食、睡眠、盥洗等良好卫生习惯，培养幼儿的生活自理能力。

④加强幼儿午睡管理，值班教师时刻注意幼儿午睡动态，同时做好幼儿被褥的清洗、消毒工作，提高幼儿的午睡质量。

⑤加强幼儿良好行为习惯的培养，特别加强幼儿"文明礼貌"教育、卫生习惯教育。

（4）做好家园共育，促进家园和谐发展

教师与家长及时沟通交流孩子的发展情况，以便争取家长的支持和帮助。充分利用班级家长宣传栏向家长宣传科学的教育理念，循序渐进做好幼小衔接的培养工作，帮助幼儿顺利过渡好上小学的转折期。

5. 具体工作

二月份：

（1）及时上交班级和个人的各项工作计划。

（2）教师积极参加防疫防控培训及演练。

（3）做好开学前的卫生工作，幼儿返园疫情资料收集工作。

（4）帮助幼儿恢复学习和生活常规。

三月份：

（1）引导幼儿学习消防知识，积极组织幼儿参加消防演习活动。

（2）结合三八妇女节、学雷锋活动日、气象日开展相关的教育活动。

（3）做好班级环境创设工作，迎接环创评比活动。

（4）教师做好早操编排，并引导幼儿练习。（拟定3月30日检查早操）。

四月份：

（1）引导幼儿做好去春游的计划，鼓励幼儿积极参与春游活动，让幼儿感受春天的美好。（拟定4月15日）

（2）根据广西壮族特色节日，组织班级幼儿参加保育院开展的三月三系列活动。

（3）组织幼儿开展"世界读书日"系列活动。

（4）组织幼儿积极参加保育院的院庆活动。

（5）做好区域活动的计划和实施工作，迎接院内观摩与指导活动。

（6）提前帮助幼儿做好体检心理建设，帮助幼儿顺利体检。

（7）组织幼儿照毕业照。

（8）积极参加六一系列活动筹备会。

（9）鼓励家长们积极参加"幼小衔接"家长讲座。

五月份：

（1）配合上级教育部门做好全国学前教育宣传月相关工作。

（2）做好接待南宁师范大学见实习生的相关工作。

（3）组织幼儿开展六一系列活动。

六、七月份：

（1）指导顶岗实习生上考核课。

（2）组织大班幼儿参观小学。

（3）组织幼儿开展毕业典礼活动。

（4）班级做好财产清点及交接工作。

（5）做好期末总结工作并将相关资料及时上交档案室。

（6）做好班级安全工作和放假前的相关收尾工作。

本班教师将严格按照以上工作计划开展各项工作，争取圆满完成毕业班的各项工作，最终将本学期的工作顺利完成。

【案例评析】

计划是工作的设想和安排，无论写哪种计划，教师需要明确的是，计划是为应用而写，因为有了计划，将要进行的活动思路就更清晰，目标更明确，方法更有效。

班务计划是对整个学期班级工作的规划，它是在了解本班幼儿发展现状的基础上制定的。班务计划的主要内容：

1. 情况分析：它是制定计划的根据。制定计划前，要分析现状（如幼儿各方面发展水平），充分了解下一步工作是在什么基础上进行的，是依据什么来制定这个计划的，只要充分考虑幼儿发展中的问题，才能制定出切实可行的方案。

2. 工作任务和要求：即明确要做什么。根据需要与可能，规定出一定时期内所应完成的任务和应达到的工作指标。一般情况下，通常先制定目标，再制定完成目标的具体策略。

3. 工作的方法、步骤和措施：即明确怎么样做。在明确了工作任务以后，还需要根据主客观条件，确定工作的方法和步骤，采取必要措施以保证工作任务的完成。

（案例来源：中共广西壮族自治区委员会机关保育院　黄翠云）

（二）周计划

顾名思义即一周的活动计划，它是一周活动的提前预设和整体把握，更多地体现了幼儿和谐发展的几种途径。它的目的是帮助教师规划一周的教育教学活动，帮助家长朋友了解一周活动，实现良好的家园互动。

【案例4-5】

×××幼儿园2022年春季学期第1周活动计划表

班级：大114班 　教师：周　卉 王宏鹏　赖玉稳 　时间：2022年2月21日—2月25日

生活活动指导	1. 帮助幼儿恢复在园各项常规 2. 加强对幼儿的全面护理，监督提醒幼儿多喝水、及时更换汗湿的衣服				
预期目标	1. 健康领域：培养巩固爱刷牙、讲卫生的好习惯 2. 语言领域：欣赏童话故事的语言美，感受童话带来的快乐 3. 艺术领域：能用亲切活泼的声音演唱歌曲 4. 科学领域：了解转动是运动的一种方式，积累有关转动的经验 5. 社会领域：学习奥林匹克精神，了解冬奥知识，萌发幼儿的民族自豪感和自信心				
主要活动安排	星期一	星期二	星期三	星期四	星期五
	升国旗	区域活动：重点指导表演区，与幼儿商量表演区需要增添的东西	区域活动：重点指导图书角，引导幼儿互相合作一起修补和清理图书，并按标签摆放整齐	区域活动：重点指导建构区，帮助幼儿回忆建构区规则	区域活动：重点指导科学区，引导幼儿学习新材料，并能有序地收放材料
	课 间 操				
	户外活动： 1. 游戏：老狼老狼几点钟 2. 游戏场器械自选	户外活动： 1. 游戏：揪尾巴 2. 游戏场器械自选	户外活动： 1. 游戏：鹰捉兔 2. 游戏场器械自选	户外活动： 1. 游戏：跳绳接力 2. 游戏场器械自选	户外活动： 1. 游戏：冰冻人 2. 游戏场器械自选
	午 点				
	社会活动：开学第一课	语言活动：自私的巨人	健康活动：我会修图书	艺术活动：蜗牛与黄鹂鸟	科学活动：转起来

续表

	星期一	星期二	星期三	星期四	星期五
主要活动安排	户外活动： 1. 游戏：小伞兵 2. 运动场器械自选	户外活动： 1. 游戏：皮球游戏 2. 运动场器械自选	户外活动： 1. 游戏：丢手绢 2. 运动场器械自选	户外活动： 1. 游戏：两人三足 2. 运动场器械自选	户外活动： 1. 游戏：小小消防员 2. 运动场器械自选
环境与材料	1. 阅读区：和幼儿一起修补和清理图书，并按标签摆放整齐 2. 科学区：逐步添加科学实验材料包，供幼儿自主探索				
家园同步	1. 可与孩子一同玩出寻找春天，发现春天，记录春天 2. 幼儿学习整理自己的小书包，养成自己的事情自己做的好习惯				

（案例来源：中共广西壮族自治区委员会机关保育院　周卉）

（三）教学活动设计（教案）

教学活动设计又称教案，是一节集体教学活动成功与否的基础，新教师在自己备课时往往要从写出一篇详细的教案开始。一般来说，详案包括以下几方面内容：设计意图（阐释教学过程行为的具体原因，包括幼儿先有情况或经验，分析教材或活动主题，挖掘该教材或活动主题的教育价值，对纲要、指南文件的解读和对幼儿未来发展的意义和作用。）；活动目标（2—3条，写清楚教学活动需达到的重点，不同领域有不同的教学重点）；活动准备（经验准备：幼儿生活经验或知识经验准备；物质准备：教师教具准备、幼儿操作材料准备等；教学环境准备：适合活动开展的班级环境、配合活动延伸的区角环境等）；活动过程（写清楚每一个环节要做什么事情，要说什么话）；活动延伸（包括活动区延伸、家庭延伸、社区延伸、生活活动、其他领域延伸）；活动评价（本节课亮点和本节课不足之处或建议）。

【案例 4-6】

教学活动计划

执教：周卉　　　　助教：王宏鹏　　　　2022 年 3 月 21 日

活动名称	大班语言活动：捉迷藏
活动预设目标	1. 欣赏诗歌，感受诗歌的语言美、意境美，能有感情地朗诵诗歌 2. 尝试用已有的经验，扩展诗歌的内容

续表

活动名称	大班语言活动：捉迷藏
活动 资源	1. 每个幼儿《接力宝贝大班（下）》1 册 2. 配套 DVD 1 张、DVD 播放器 1 台
活动 过程	一、游戏"捉迷藏" 1. 教师和幼儿在教室里共同玩捉迷藏的游戏，教师扮演找的人，幼儿扮演躲的人。请 幼儿事先想好自己躲在哪，当被找到后，要用一句话来表达自己躲在哪儿。 2. 师幼玩捉迷藏的游戏。 师："太阳也喜欢玩捉迷藏，你们知道它是和谁一起玩的吗？" 二、欣赏诗歌，理解内容 1. 欣赏诗歌的第一段。 请幼儿打开幼儿用书，仔细地观察和阅读诗歌的第一段。教师提问："太阳和谁玩捉迷 藏？谁把太阳的眼睛蒙起来了？太阳数数的时候，颜色该怎么办？"教师有感情地朗读。 2. 欣赏诗歌的第二段。 请幼儿打开幼儿用书，仔细地观察和阅读诗歌的第二段。 教师提问："太阳和什么颜色玩捉迷藏？"提问幼儿各种颜色分别躲在哪里，引导幼儿学 说×颜色躲在××里。 3. 教师有感情地朗读。 4. 欣赏诗歌的第三段。 请幼儿打开幼儿用书，仔细地观察和阅读诗歌的第三段。教师提问："颜色们都藏好后， 太阳都找到它们了吗？"教师有感情地朗读。 5. 教师播放配套 DVD 动画视频，让幼儿边欣赏画面，边欣赏诗歌。 三、联系生活，扩展提升 教师：白色除了躲在云朵里，还会躲在哪里？黄色除了躲在菊花里，还会躲在哪里？请 幼儿自由大胆地表达。 四、游戏活动，提高应用 提供诗歌中没有出现的各种色卡，让幼儿选择一张自己喜欢的颜色，根据诗歌的结构， 把"×颜色躲在××里"编进诗歌里。 附诗歌： <div align="center">**捉迷藏**</div> <div align="center">文/佚名</div> <div align="center">把太阳的眼睛蒙起来了，</div> <div align="center">趁它还在数着</div>

活动名称	大班语言活动：捉迷藏
	一、二、三、四、五、六、七、八……颜色们赶紧找一个， 自己喜欢的地方， 静悄悄地躲起来。 绿色太多了，挤不下，有的躲在树叶里，有的躲在小草里。 白色躲在云朵里，黄色躲在菊花里，蓝色躲在天空里，红色躲在玫瑰里。 大家都躲好了， 黑夜就把手帕解开， 太阳睁开眼睛， 一下子就把它们全都找出来啦！

（案例来源：中共广西壮族自治区委员会机关保育院　周卉）

（四）教养笔记

教养笔记是教师在工作中对观察到的各方面内容有所感悟而写的随笔，与教育行为有关，也就是施行了什么教育行为使幼儿得到了发展。不仅仅是对幼儿行为的记录，还包括带有文学性质，心有所感，思有所发之类的文章，教养笔记包括教育随笔和教育反思。

【案例 4-7】

让疫情下的成长更精彩
——"特殊的时期，不一样的陪伴"记 116 班亲子趣闻

【案例描述】

疫情突如其来，"看不见的病毒"困住了孩子们向往大自然的脚步和探究的渴望，被迫当起了小宅男、小宅女。宅在家的日子里，老师们通过各种信息平台和家长们、孩子们保持着沟通和联系，在家长们的微博、微信等平台里，老师们感受到了来自宝妈宝爸和孩子在家发生的趣闻。来！一起看看我们 116 班家长们的记录，和"神兽"相处的平凡日子活得多么精彩和富有仪式感！

1. 敬畏大自然

下个雨也可以这么玩，穿上雨衣就是最爱，大自然就是要亲身体验才好玩，小九妈妈就是这么想的，所以，小九小朋友可以在大雨中品尝雨水的味道，在雨中寻找乱跑的蜗牛！

图 4-17　有趣的雨点

当然宅家的日子，最重要的事情就是要了解病毒远离病毒，学会生活……除了学洗手，戴口罩，还学做力所能及的事情！

图 4-18　生活小能手(1)　　　图 4-19　生活小能手(2)　　　图 4-20　生活小能手(3)

喜欢大自然，不管是小动物还是植物，都是我们的朋友，我们要用行动来关注它！守护它！在大家互相分享日常的同时，孩子们的责任意识也慢慢发芽了。

2. 让每天都充满仪式感

让每一天的生活都精彩！疫情期间，家长们懂得思考如何让我们的孩子感知身边的生活、体验生活，即便在家也要创造出不一样的仪式：（1）中国加油！孩子可能暂时不明其意，但悉心培养爱国之情定会萌芽！（2）清明时节雨纷纷，我亲手做的小百花，向英雄致敬！（3）疫情下我最爱的幼儿园 30 岁生日了，疫情之下不能回园，不能和老师小朋友共同庆祝，可我不会忘记的，我用自己的方式来表达我对幼儿园满满的爱！生日快乐我的幼儿园！

图 4-21　走进大自然（1）　图 4-22　走进大自然（2）　图 4-23　走进大自然（3）　图 4-24　走进大自然（4）

图 4-25　生活充满仪式（1）　　图 4-26　生活充满仪式（2）　　图 4-27　生活充满仪式（3）

图 4-28 生活充满仪式（4）　　图 4-29 生活充满仪式（5）　　图 4-30 生活充满仪式（6）

3. 感悟：爱与分享

孩子学会了生活也同样会热爱生活，该如何表达爱呢？分享和传递，即使隔着屏幕，也能感受到孩子们的爱和幸福！

把每一天过得精彩纷呈，教会了孩子学会生活学会自我保护，体验生活，在亲子互动中体会到生活的仪式感；热爱生活并在共同分享中传递幸福，把爱转化成为光和热传递给他人……不正是教育的最终目的吗？教育的本身就是要回归生活，回归儿童！和孩子一起慢下来，领悟生活感知生活！在这特殊的日子里，老师们看到了家长生活教育意识的提升，看到了孩子们真实的生活经历，收获了经验的积累，更是"我长大了"带来的欣喜和骄傲！期待和孩子们、家长们一起重启新学期的到来！……

【案例评析】

教育随笔并不是有某些格式要求的官方文献，而是一种个人的随笔记录，在日常工作中就可以随时记。这些记录是思考和创造的源泉。连续记 10 年、20 年甚至 30 年的教师笔记，是一笔巨大的财富。每一位勤于思考的教师，都有他自己的体系，自己的教育学修养。随笔有助于集中思想，对某一个问题进行深入思考。把这些随笔和记录加以研究、对比和分析，就能看出知识的巩固性取决于许多先决的前提和条件，教育随笔能带给我们更多思考。

该案例记录的是疫情期间孩子在家的日常生活事件，教师如实记录了事件的过程，并进行了分析和关注，挖掘出家园共育的家长参与孩子学习发展过程的亮点，看到了家长教育意识提升带来的新的启示，为下一阶段教育行为提供了很好的素材和线索。

1. 为什么写

教育随笔、教育反思和观察记录是教师必备的教育技能，也是幼儿教师需要履行的一项工作职责。记录的目的在于教育者通过观察幼儿或事件，发现关注或存在的问题，逐步改进教育方法，最终促进幼儿全面健康地发展。它的核心价值是让教师在对每个儿童进行关注时，能更好地遵循新《幼儿园教育指导纲要（试行）》的精神，提高教师观察的敏锐力，关注每个幼儿的不同特点，寻求有针对性的教育方法，真正把"因材施教"落到实处。

2. 怎么写

1. 真实：记录的内容一定是真实发生的事件，不要为了完成记录任务，而随意编造或根据孩子反映的未经调查的情况瞎写，这样的记录没有任何意义。

2. 客观：客观体现在两方面：一是客观描述幼儿的行为、动作或语言等真实情况，不从自己角度给事件贴上标签；二是客观分析，表明自己针对事件的态度和做法。

3. 深入：在观察到各种行为或现象后，分析出幼儿行为背后的原因，提出问题或策略，并在实施策略过程中，进一步验证，从而使观察能层层深入。

4. 价值：记录首先要有目的，了解不同幼儿或事件的特点，捕捉幼儿典型行为，发现教育规律。通过坚持深入观察某一方面的内容，得到翔实的第一手资料，通过探索解决问题的有效策略的过程，更新教育观念，将"理解先于教育"落在实处，提高教师自身专业素质，逐渐形成自己的专长和研究课题。

（案例来源：中共广西壮族自治区委员会机关保育院　吴慧涛）

（五）观察记录

包含个人专业成长，课题研究，班级实际情况，个体发展情况，格式包含：个案（性格、特殊儿童、能力弱，有针对性），集体（领域、技能、能力方面）、小组（区域）。

个案是有计划地观察，有预设，有目的性。书写要素：对象、时间、地点、预设目的、现场记录（情况记录、实录、场景实录等）。要有真实的片段，呈现孩子真实的表现，教师的分析和措施包含将要对幼儿说的话，要采取的进一步行动，或是教师对行动的思考等，要将策略分解，落到实处，保证措施的有效性。

【案例4-8】

观察记录一：阳光赋予的色彩

【案例描述】

1. 活动背景

（1）前期经验

中班下学期的幼儿在生活中已经对颜色有了明确的认识。在日常游戏活动中，幼儿也有了自发自主开展游戏活动的经验，比如户外游戏：木头人、吹泡泡、老鹰捉小鸡等；益智游戏：猜一猜、听一听、铁罗汉等。本次活动的目的在于将颜色的认识融入游戏，在游戏中提升幼儿对色彩的敏感度，培养孩子的反应能力以及开拓游戏的能力。

（2）教师预期

①在活动中巩固幼儿对颜色的认知，提升对色彩的敏感度。

②幼儿能自主创造并组织游戏，提高合作能力。

（3）玩法与环境创设

在户外彩色雨棚下幼儿自创的游戏玩法。

游戏一，颜色猜猜猜：发出"开始"指令后，幼儿闭眼摸颜色，睁开眼睛时，快速找到与自己摸的颜色相同的色块。

游戏二，站颜色：指令者说到什么颜色，幼儿就站到相应的色块中，超出色块范围或者站错色块者将接受相应惩罚。

游戏三，颜色木头人：发出"木头人"指令后，幼儿听到指令，站到自己喜欢的颜色当中，做木头人动作。随后教师发出颜色指令"××颜色"，站在××颜色的幼儿可以动起来变换颜色。站错颜色或者提前动的幼儿接受惩罚。

2. 活动过程

（1）游戏来源

2017年的12月，天气逐渐转凉，阴冷的雨天困扰了我们好一段时间。20日这天，太阳公公终于露出了笑脸，孩子们提出到保育院内有阳光、宽敞的活动场地晒晒太阳，活动活动筋骨，温暖温暖身体，玩玩游戏。

于是，我们走到了保育院门厅。门厅顶上是一个彩色通透的大棚，阳光把五彩缤纷的色块一个个折射到了冰凉灰暗的水泥地板上，流光溢彩。孩子们纷纷惊叹："哇！钟老师快看！地上有好多漂亮的颜色啊！"我立即询问："对啊，这些颜色是从哪里来的？""是房顶上照下来的。"他们回应着。看到这些五颜六色的色块，他们有的过去踩一踩，有的过去摸一摸，对这些色块产生了浓厚的兴趣。看着他们好奇的样子我便提出一个建议："我们能不能跟这些颜色玩些什么游戏呢？"我的提议马上得到了积极响应，随后大家一起商量着怎么跟这些颜色玩游戏。

（2）游戏开始

（游戏一，颜色猜猜猜。）涛涛先发话了："我们来玩闭着眼睛猜颜色的游戏。"我说："好！你来说说怎么玩。"只见他闭着眼睛摸了一个颜色，睁开眼后又走到了跟他摸到的颜色一样的色块上。他说："这是猜颜色的游戏。"随后大家学着他的样子玩了起来。接着，我又提出了一个问题："大家都用手去摸地板不太卫生，天气那么冷，我们玩一点能动起来的游戏吧。"俊挺说："那我们闭着眼睛蹲下来，不摸。""除了闭眼睛玩还能怎么玩？"大家突然安静了，没有人回应我。"天气好冷，我想玩点不一样的游戏。"说完，我便在色块当中来回地跳跃了起来，试图引导他们做一些运动量大点的游戏。

（游戏二，站颜色。）萌萌似乎看懂了我的意思，立刻说："钟老师，你说一个颜色，我们就踩上去，看谁最快找到颜色。"我马上回应道："大家觉得萌萌的这个建议如何？"孩子们都称"好"。于是，站颜色的游戏开始了。孩子们说让我来给他们发指令："黄色、红色、绿色……"他们听到颜色的指令，都以最快的速度站到折射在地板的色块上。每次指令变换，他们一个个就像是小地鼠一样，这里蹦那里蹿，甬提多开心了。看着颜色照射在自己身上，他们好兴奋。雨棚面积不大，色块的面积也相对较小，每一个色块仅满足三四个人站。这时，他们你推我抢地"霸占"着自己的"领地"。看到此景，我马上嘱咐他们注意安全不要推挤。话音刚落，祎祎被小峤的庞大身躯撞倒在了地上。祎祎一脸埋怨道："你挤我干嘛？"小峤惭愧地扶起祎祎。我便说："这里的每块颜色面积都不大，大家又都想站进去，站不进去就会被挤出来，我们有什么办法能够既站得进去又不被挤出来呢？"雅雅说："要反应快一点。"琬琰说："我们踩一点点颜色就可以了。"我随即问道："如果我们是一个团队，要让大家都必须站到色块上，不让一人落下的话我们可以怎么做？我们再试一试看看。"第二轮游戏开始，当我说完颜色，孩子们迅速站位，这次他们互相抱紧在一起，但还是有人被挤了出来。我假装着急地问："哎呀！硕硕被你们挤出来了，快把他拉回去啊！"可是，把硕硕拉了回去，琪琪又被挤了出来。俊挺见势立刻把硕硕抱了起来。琪琪站回了原位，这一次大家都能站到色块上了，看到他们的做法，我及时给予了肯定和鼓励："俊挺的做法非常棒，这样我们一个团队的人就不会落下了。"他们有的相继模仿着你抱我我抱你的方式，有的侧着站，有的相互搀扶着，大家都在极力地控制着小团队的伙伴们不出界。游戏继续开展……

（游戏三：颜色木头人）玩了几个回合游戏，看着他们抱啊挤的，都有点费劲儿了，我提道："大家还有什么新的玩法吗？"点子最多的琪琪发话了："我们玩木头人。""木头人？木头人怎么跟颜色玩游戏啊？"我疑惑道。琪琪说："钟老师，你说木头人的时候我们就站到颜色上，你说一个颜色，站在这个颜色上面的人就可以动。""可以怎么动？"她回应道："可以跑到其他的颜色上面，你再说一个颜色，站在这个颜色的人又跑到另一个颜色上面。"我瞬间明白了她的意思，就来试试她的这个创意。孩子们又请我来发令，游戏开始了。第一次游戏，雅雅最心急，没喊到她的颜色，她就动了，大家都说要罚她十个深蹲。随即雅雅接受了大家的惩罚。第二次游戏，我看大家都玩得很愉快，很顺利，这时，我又发问了："每次只喊一个颜色，其他的木头人有些等不及了呢。"琪琪又马上反应道："我们可以一次说两个颜色，这样可以动起来的人更多了。""好主意！"我回应道。游戏的难度又提升了，这回被惩罚的人也多了几个。难度增加，游戏更具有挑战性了，他们玩得可开心了。随后，我把发令者让给了他们，他们轮流争当发令者，自己继续开展游戏。

3. 活动价值及启示

（1）价值

①提高幼儿的想象力和创造力

游戏来源于生活，也是幼儿最喜欢的活动，他们在这个阳光雨棚的下面开展了一场与颜色的游戏，将日常生活中喜欢玩的猜想游戏、触摸游戏、抢占游戏、木头人游戏融入新的游戏环境当中，提升了游戏的趣味性和新颖性，拓展游戏的玩法，提高了他们想象力和创造性思维能力。

②提高幼儿解决问题能力

在游戏过程中幼儿能够不断去解决教师在游戏中提出的质疑、问题，并大胆尝试游戏的各种玩法，当教师提出"我们是一个团体不能落下一个"的时候，他们想到了互助，用集体抱成团、抱起被挤走的同伴、单脚站等对策，增强了团队凝聚力和合作能力。

（2）启示

①与环境相结合，把握教育契机

这场与颜色的游戏活动并不是提前准备和策划的，而是一次"意外收获"，当我们发现生活中一些有趣的能够激发幼儿探究欲望和满足他们需要的环境的时候，我们应把握好教育的时机。《3—6岁儿童学习与发展指南》中在"科学"教育方面的教育建议强调："和幼儿一起发现并分享周围新奇、有趣的事物或现象，一起寻找问题的答案。"

②游戏主动权归于幼儿，引发幼儿创造性开展游戏

在游戏当中，教师把游戏主权交给幼儿，一步步引导着他们开展创造性的游戏，通过激发性的语言激励幼儿大胆创造游戏玩法，让他们体验自己创造游戏的乐趣获得游戏成功的喜悦。从刚开始比较试探性的触摸游戏，到最后颜色与木头人游戏的结合，玩法越发大胆，体现了游戏难度的层层递进，教师在参与游戏过程中不断地提出问题让幼儿完善游戏、提升游戏。如提出"玩一些能动起来的游戏"，让幼儿从相对比较安静的"颜色猜猜猜"的游戏升级到了"站颜色"的能调动肢体的游戏。让幼儿在游戏中促进了身体运动功能的发展。再如木头人游戏中，教师在后面增加了两个颜色的指令，让游戏增加了难度，协助幼儿提升了游戏的挑战性。在集体游戏一段时间后，教师退出了指令者的角色，让他们进行更多的创造性游戏，也符合《3—6岁儿童学习与发展指南》中在"社会"教育方面指出的："幼儿园应多为幼儿提供自由交往和游戏的机会，鼓励他们自主选择、自由结伴开展活动。"

③活动引发的后续思考

这一次在彩色雨棚下的游戏，初始目的在于让幼儿动起来，在游戏中锻炼身体，调动身体运动机能，下一次我们可以把幼儿的兴趣点投射到科学领域，例如：光从哪里来、光的颜色、光对人类的影响等问题上，再进一步激发幼儿的好奇心、求知欲和创造性思维能力。

（案例来源：中共广西壮族自治区委员会机关保育院　钟丽娜）

【案例 4-9】

观察记录二：观察与反思（2022 年 3 月）

班级：大 115　　　　　　　　　　　　　　　　　　　　　　　教师：钟丽娜

时间	活动名称	幼儿表现	教师的回应与思考
2月21日	社会活动：开学第一课	幼儿对于当前疫情形式有一定的了解，知道病毒对人类的影响。能认真倾听和通过视频感受当前广西百色疫情的严峻形势，表现出对防疫医务人员的尊敬之情	教师通过谈话，了解到幼儿对于疫情的认知程度。与幼儿分享了疫情对于我们生活的影响，幼儿认识到健康码、行程码的意义及重要性。从安全健康的角度普及幼儿不聚集、不外出的目的。通过观看防疫视频，让幼儿感受医务工作者的艰辛和为我们守护健康的付出

续表

时间	活动名称	幼儿表现	教师的回应与思考
2月29日	社会活动：学习雷锋好榜样	幼儿对于雷锋有简单的认识，知道他是个助人为乐的人，知道他是一名解放军，但是具体的事例以及为什么三月份被定为学雷锋月不太清楚。通过活动，激发了幼儿对探寻雷锋故事的兴趣，也对这个传奇的人物充满了好奇感	教师与幼儿共同通过网络知识寻找雷锋的基本信息，知道他在贫苦年代出生，养成了勤俭节约、吃苦耐劳的好习惯，在一生当中见人就帮，处处突显好人好事事迹。从朗朗上口的歌声中感受雷锋的精神，歌颂雷锋精神
3月11日	艺术活动：我们要做雷锋式的好少年	幼儿很喜欢这首轻快活泼的歌曲，听上一遍便能激发他们跟唱的情绪，对歌词大意的理解也比较快。幼儿也能够根据歌曲旋律进行即兴编排	歌曲旋律轻快、活泼。歌词朗朗上口，容易理解。教师运用欣赏感受、乐器合奏、身体律动等方式，让幼儿体验音乐，在理解歌词的过程中感受雷锋的精神
3月31日	语言活动：捉笑的小精灵	幼儿能通过观察图片进行大胆的猜测想象，理由充分。在欣赏故事后能理解故事内容，明白生气时要学会解压与缓解，不能迁怒于人。学习如何表达自己的快乐，寻找快乐的方式	教师通过引导幼儿观察故事情节，猜测故事发生的内容，在人物表情中感受情绪变化带来的滑稽。激发幼儿对愉快情绪的向往，引导幼儿寻找表达快乐的方法

（案例来源：中共广西壮族自治区委员会机关保育院　钟丽娜）

（六）家园联系手册

《幼儿园教育指导纲要（试行）》中指出："家庭是重要的合作伙伴，应本着尊重、平等、合作的原则，争取家长的理解、支持和主动参与。"由此可见，班级工作是离不开家长的配合的。家园联系手册是幼儿园与家庭之间相互了解、沟通、交流合作的重要纽带，更是凝聚着家园共育、幼儿成长的真实写照。它能帮助家长随时了解幼儿在幼儿园学习生活的状况，帮助幼儿养成良好的学习和生活习惯，分享幼儿成长中的每一个进步，帮助幼儿树立自信心，帮助教师及时了解幼儿在家的学习及生活情况，利用手册中"家园互动"的模块，及时和家长沟通幼儿在园的学习、生活、活动、健康等各方面情况，有利于持久全面地了解幼儿。

【案例 4-10】

家园联系手册

图 4-31　成长报告册（1）

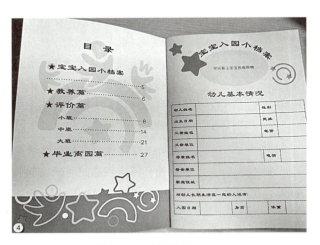

图 4-32　成长报告册（2）

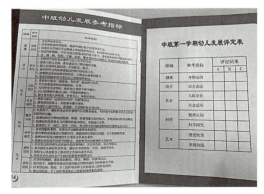

图 4-33　成长报告册（3）

图 4-34　成长报告册（4）

【案例分析】

苏联教育家霍姆林斯基在其论著中写道："生活向学校提出的任务是如此复杂，如果没有整个社会首先使家庭具有高度的教育素养，那么不管教师付出多大的努力，都无法取得完满的效果。"①要培养适合社会所需的全面发展的人才，需要两个教育者，即学

① 魏智渊．苏霍姆林斯基教育学［M］．桂林：漓江出版社，2014.

校和家庭，密切联系，协调一致。近年来，越来越多的教育工作者和广大家长已经认识到家校合作的重要性，教育部门也把加强家校合作放在教育改革的重要位置。"家长"是学校教育的支持者、合作者和共存者，各行各业、各具才华的家长就是丰富的课程资源、无限的师资力量。在孩子的教育上，他们都倾注着自己最大的精力与热情，他们更了解孩子需要什么，能为孩子提供的帮助和引导非同一般。而家园联系手册是教师与家长共同为孩子发展搭建的重要交流平台之一，是实现家园联系的一种简单而有效的形式。家长把老师对孩子的评语念给孩子听，从正面分析老师的话，树立孩子良好的自尊心和自信心。家园联系手册是家长和老师沟通的好帮手，我们应该好好地利用这一渠道，老师和家长携手完成家园共育工作，保持家园教育的一致性。只有这样，幼儿教育才会有效，才能使幼儿在和谐一致的教育环境氛围中健康成长。

（案例来源：中共广西壮族自治区委员会机关保育院　阳莉）

【拓展检测】

1. 根据幼儿园保教计划，撰写周计划。
2. 在见实习期间书写观察记录。

班级信息管理

【情景导入】

　　午餐时间，小班的保育员林老师领着睿睿小朋友神色慌张地跑到保健室，气喘吁吁地说："医生，您看看睿睿这是怎么了？吃饭前还好好的，后来一直说嘴巴和脸痒，身上还起了红疙瘩。"保健医生耐心地询问道："午餐都吃了什么？"林老师答："鸡蛋、肉末、青菜……"保健医生查看后说："孩子可能吃鸡蛋过敏了，家长在《幼儿新生入园登记表》上写有鸡蛋过敏吗？"

　　林老师赶紧查看《幼儿新生入园登记表》，上面的确记录了睿睿对鸡蛋过敏。保健医生语重心长地说："林老师，睿睿对鸡蛋过敏，不能吃含鸡蛋成分的任何食物，作为老师一定要了解班级每一位幼儿的基本信息，特别是要将全班所有对食物过敏的幼儿做重点的筛查与登记。这次幸好你发现及时，疹子刚起，你马上联系孩子的爸爸妈妈，把情况告知他们。以后一定注意噢！"

　　思考：幼儿园班级信息管理有何意义？

【学习概要】

　　幼儿园班级信息既包括班级幼儿基本信息、教育活动信息以及班级日志信息，也包括与幼儿相关的社会、社区及其家庭的相关信息。幼儿园班级信息管理主要是教师对班级信息的搜集、整理、存储和使用等的管理活动。班级管理一定要高度重视信息管理，其有助于班级教师对班级的情况一目了然，细致了解每个幼儿的发展状况，及时发现与改进教育中存在的问题，密切家园联系，促进幼儿的健康全面发展。班级信息管理还有助于为幼儿园的发展提供原始的、丰富的宝贵资料，是幼儿园信息管理不可缺失的组成部分。

【学习准备】

1. 文件

《幼儿园教育指导纲要(试行)》《3—6岁儿童学习与发展指南》《幼儿园工作规程》《幼儿园教师专业标准(试行)》《幼儿园保育教育质量评估指南》。

2. 书籍

福建幼儿师范高等专科学校附属第一幼儿园．幼儿园管理实用手册［M］．福建：福建教育出版社，2016.

朱敬．幼儿教师的信息素养［M］．北京：北京师范大学出版社，2018.

 【学习目标】

知识目标	了解幼儿园班级信息管理的意义
能力目标	1. 掌握幼儿园班级信息的基本内容与管理方法 2. 能够制作幼儿入园基本情况档案等与班级信息管理有关的表格 3. 能够学习和使用信息化手段完成班级信息管理
素质目标	1. 形成信息收集与管理的素养，成为"互联网+"时代的新时代幼儿园教师 2. 感受信息技术对班级管理带来的积极影响，提升工作效率

【学习内容与实施】

一、幼儿信息管理

幼儿信息管理，也称幼儿档案管理，是对幼儿成长信息的记录和管理。它既是班级信息管理的核心部分，也是幼儿园档案管理的重要部分。幼儿园信息管理主要包括幼儿学籍档案、幼儿成长档案、特殊幼儿信息等。

（一）幼儿学籍档案

学籍档案管理是指幼儿从入园到毕业离园期间幼儿学籍的增加、查询、删除、修改等管理工作。幼儿的学籍信息包含幼儿的入学年月、幼儿的基本情况，如幼儿的姓名、性别、出生年月、住址、家庭成员以及家长的联系方式等。

学籍档案为教师了解幼儿提供了第一手资料，在登记幼儿基本信息时，幼儿的家庭成员的构成、学历、工作情况等应如实、详尽、正确地登记，保证真实、准确反映幼儿成长环境、成长状态、家庭教育的状况。班级教师为幼儿建立学籍档案，每学期根据幼儿家庭住址、家庭变化、联系方式进行更新，保证信息的真实性、时效性。

表 4-4 幼儿学籍档案管理基本信息采集表

幼儿学籍档案管理基本信息采集表（带星号为必填）					
编号	项目名称	基础数据	编号	项目名称	基础数据
幼儿个人基础信息					
1	姓名★		7	国籍/地区★	
2	性别★		8	身份证件类型★	
3	出生日期★		9	身份证件号★	
4	出生所在地★		10	港澳台侨外★	
5	籍贯★		11	健康状况★	
6	民族★		12	政治面貌	
幼儿个人辅助信息					
13	曾用名		16	户口所在地★	
14	身份证件有效期		17	户口性质★	
15	血型		18	非农业户口类型	
幼儿学籍基本信息					
19	班级编码		21	入园日期★	
20	班内学号		22	就读方式★	
幼儿个人联系信息					
23	现住址★		25	邮政编码★	
24	联系电话★				
幼儿个人扩展信息					
26	是否独生子女★		29	是否孤儿★	
27	是否留守儿童★		30	是否残疾人★	
28	是否进城务工人员随迁子女★		31	是否烈士或优抚子女★	
家庭成员或监护人信息一					
32	姓名★		38	户口所在地★	
33	关系★		39	联系电话★	
34	关系说明		40	是否监护人★	
35	民族		41	身份证件类型★	
36	工作单位		42	身份证件号★	
37	现住址★		43	职务	

续表

编号	项目名称	基础数据	编号	项目名称	基础数据
家庭成员或监护人信息二					
44	姓名★		50	户口所在地★	
45	关系★		51	联系电话★	
46	关系说明		52	是否监护人★	
47	民族		53	身份证件类型★	
48	工作单位		54	身份证件号★	
49	现住址★		55	职务	
特殊教育学生信息					
56	残疾类型★		59	特教学生就读类型★	
57	残疾证明类型★		60	残疾程度	
58	残疾证书号		61	残疾情况描述	
幼儿家长签字： 班主任签字： 院长签字： 填表日期：					

（资料来源：中共广西壮族自治区委员会机关保育院）

表 4-5　幼儿园新生入园登记表

幼儿园新生入园登记表					
幼儿信息	姓名		性别		民族	
	出生日期		年龄		籍贯	
	家庭住址					
家长信息（包括主要接送人和紧急联络人）	姓名	关系	工作单位		联系电话	
幼儿入园前状况	是否上过幼儿园					
	入园前主要看护人					
	是否会自己穿脱衣服					
	午睡是否有特殊习惯					
	是否能够自己吃饭					
	是否挑食					
	是否有过如厕训练					

续表

健康状况	您的孩子健康状况为		您的孩子智力情况为	
	是否有先天性遗传疾病		是否有高热惊厥病史	
	是否有无过敏史		有无漏接种防疫针	
	其他(请写明疾病名称)			
特殊告知事项				
家长签字：		医生签字：	园长签字：	填表日期：

（资料来源：中共广西壮族自治区委员会机关保育院）

(二)幼儿成长档案

幼儿成长档案是对幼儿成长过程的记录。包含幼儿在幼儿园生活、学习、游戏过程中的照片、观察记录、孩子作品、教师评语、家长信息反馈以及语音、视频等材料。幼儿的成长档案能及时反映幼儿的兴趣特长、爱好、参与活动的态度及状态，以及活动的完成情况、发展状况、成长情况。成长档案的时效性、发展性、过程性符合发展性评价的理念，将评价过程与结果融为一体，通过观察、谈话、作品分析、追踪记录等实时、全面、真实记录幼儿成长的过程。

图 4-35　成长记录册(1)

图 4-36　成长记录册(2)

幼儿成长档案分类维度不同，形式也不同。从使用者角度可分为教师篇、幼儿篇、家长篇；从操作方式可分为图表类、文字类、作品类、影片类等；从内容形式上可分为实录式、对话式、评价式、交流式等。成长档案一般包括反映幼儿具体生长发育、智力发展、操作能力发展、语言发展、认知发展及艺术活动发展等资料，所涉及的内容是最为丰富的，既包括教师对幼儿在园生活与学习的记录与评价，家长对幼儿在家庭中的行为趣事记载，还包括幼儿自己对各种作品的收藏、活动记录等，是多种教育资源的综合利用过程。

在收集整理幼儿成长档案时，教师应调动家长的积极性，使他们积极、主动地参与幼儿成长资料的收集，对教师观察记录、活动情况、教师评语做出积极的回应，并及时提供幼儿回家以后的活动材料及有趣的、特别的成长故事，丰富幼儿成长档案的内容，一起分享幼儿成长的点点滴滴，为幼儿留下一份美好的回忆。

（资料来源：中共广西壮族自治区委员会机关保育院　宁韬杰妈妈）

（三）特殊幼儿信息

幼儿园的教育是为所有在园幼儿的健康成长服务的，包括为有特殊需要的幼儿提供积极的支持和帮助。特殊幼儿包括有疾病史、过敏史、高热惊厥史、发育迟缓、挑食和多动、自闭等生理或心理异常的幼儿。作为班级教师，一定要积极关注特殊幼儿的管理，除对其进行一般的学籍管理与成长管理外，应加强重视其健康管理，特殊幼儿的身体发育情况、患病情况、治疗情况、家庭教育情况都需要家长如实提供，为教师制定教育策略提供有效的依据。

二、幼儿家长信息管理

幼儿家长信息是幼儿园班级信息中重要的组成部分，班级教师有针对性地收集相关资料，如家长姓名、工作、住址、联系方式、特长以及家长的教育观念等。这些信息有助于教师了解每个家庭的教育方式，有针对性地指导家长；有助于教师更好地了解来自不同家庭背景的幼儿，在教育中做到有的放矢；有助于充分挖掘家长资源，利用家长的职业、特长为班级活动提供有力支持。

另外，对于涉及幼儿、家长隐私的信息，应做好保密工作。教师在收集家长信息的时候应注意不过多打探家长隐私，做好信息的保密工作，不随意公开家长信息。

表 4-6　班级家长会议记录表

2021 年秋季学期

班级	中 117 班	会议主持人	沈艳芳
时间	2021 年 10 月 28 日	记录人	李慧玲　韦姝丹

续表

会议 内容	一、班级概况 1. 班级人数，男女人数。介绍三位新插班小朋友(个人照及全家福) 2. 介绍幼儿发展情况 二、本学期幼儿园大活动安排 1. 每月大活动安排 2. 特色活动安排 三、《中华人民共和国家庭教育促进法》颁布，强调亲子陪伴，发挥父母双方作用。 四、本学期班级工作和家园共育重点 1. 教育教学方面——五大领域基础课程+园本课程+班本课程《我们在长大》 家长配合： 我是爸爸妈妈的小帮手。 (2)小时候的我(收集相关图片和视频资料)。 2. 区域活动方面(教孩子学会观察生活中的细节，如医院看病的流程、去餐厅吃饭时老板和顾客的对话等) 3. 养成教育方面 (1)计划与自我管理能力 (2)倾听能力和专注力 (3)体能训练 4. 其他方面
照片 截图	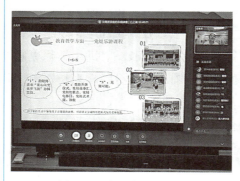  图4-37 线上家长会(1)　　　　　　图4-38 线上家长会(2)

(资料来源：中共广西壮族自治区委员会机关保育院　沈艳芳 李慧玲 韦妹丹)

【案例 4-11】

"爱在春天，乐游南湖"

——小班户外亲子活动方案

活动时间：××年×月×日×时

活动地点：××公园草坪

活动人员：××班全体家庭，特邀××老师参与

活动筹划：××班家委会

活动内容：户外亲子活动

活动目的：为进一步增进各家庭间的交流，促进宝贝们的交往，增进亲情、友情，提高班级凝聚力。

活动流程：

时间	具体内容	备注
8:30	全体人员在××公园草坪集合，签到	
8:40—9:30	1. 早操表演 2. 自我介绍 3. 故事绘本欣赏 4. 拍摄集体照	音响、话筒 自带野餐垫
9:30—11:00	1. 热身游戏(彩虹伞、桃花朵朵开) 2. 分组，团队建设 3. 分组游戏(揪尾巴、溜溜布爬行赛等)	团队建设 道具准备 增进团结协作
11:00—11:30	颁奖活动纪念品	每个孩子一份奖品
11:30—12:30	草坪休闲交流、活动自然结束	每家自带零食小吃

注意事项：

1. 本次活动由家长自己负责幼儿的安全，请看管好自己的孩子，切勿靠近危险区域，按要求做好个人防护措施。

2. 亲子游戏环节，爸爸妈妈们与孩子共同参与游戏，请穿上便于运动的衣裤、鞋子。为了您的健康安全，请不要穿高跟鞋。请自备饮用水并带好汗巾等物品，谨防感冒。

3. 请大家做好防晒、防蚊措施，以备不时之需。

4. 本活动不涉及门票费用，草地野餐美食自备，其他活动用品、纪念品等开支由班费统一支出，活动结束后家委会财务组将公示开支明细。

（资料来源：中共广西壮族自治区委员会机关保育院　沈艳芳）

三、班级教育信息管理

（一）班级教育信息的内容

班级教育信息主要是指班级在教育教学活动中形成的具有参考价值和保存价值信息的收集、记录和整理。例如，教研活动的反思、亲子活动的照片、班级参加的春游、歌舞表演活动等。班级教育信息管理为教师提升教育教学能力与专业水平提供了重要的借鉴资料，促进了更高效教育活动的组织与开展，也为班级教育活动评估及后续活动的开展提供了重要的依据和参考。

（二）管理班级教育信息的方法

1. 多种途径收集信息，信息要全面、有效

当今社会已进入信息化时代，教师一定要具备信息的收集和鉴别能力，既关注社会大环境，又善于利用幼儿园内部的各种资源。充分利用网络、家长、园长、同事等资源，捕捉、收集、整理有价值的信息，学习新的理念、新的方法、新的经验、新的做法，开阔眼界，转变理念，丰富专业知识，提升教育能力。例如，通过网络学习国内外幼儿教育界的新思想、新经验、新做法，通过家长了解一些不错的幼儿图书或玩具购买点，通过园长获悉培训学习的机会，通过同事推荐浏览一些优质的幼教网站或参考用书。

2. 明确分工，责任到人

班级中可安排固定的老师负责班级教育信息的管理工作。负责班级教育信息管理的教师要有责任心、细致、认真，在工作中做个有心人，凡是在班级活动中，能反映本班教育情况的、具有价值的照片、材料、文件都要纳入班级教育信息管理。

3. 做好计划，便于查阅

对于收集到的信息，教师还应该做好信息管理工作。首先，要制定计划，对每个月开展哪些主题及活动，需要收集什么资料做到提前规划，并将一些重大事件单独列出，及时与人沟通。其次，将这些教育信息进行整理、分类。根据信息的使用频率利用标识、颜色等科学管理、放置信息资料，方便使用、查阅资料。最后，在学期末的时候，

对整个学期信息管理的工作进行总结和完善。班级教育信息既是幼儿园里档案材料的重要组成部分，又是教师教育教学的宝贵经验，对教师的成长具有重要的意义，因此一定要装订、保存好。

4. 家园合作，完善信息

家长是幼儿园重要的合作伙伴，更是班级中不可或缺的重要组成部分。班级活动的开展都离不开家长的支持与配合，家长是重要的信息收集渠道。因此班级教育信息的收集应充分调动家长的积极性，并能积极配合提供真实、有效的信息，为教师制定教育教学计划、实施一日活动、指导家庭教育提供保障。如，在开展的主题活动中需要家长和孩子共同收集活动材料、查阅主题活动信息，没有家长和幼儿的参与，活动无法保障。在有疫情的情况下，教师可以通过班级微信群或 QQ 群，建立家园共育平台，让家长能通过多种方式积极地参与教育信息的收集工作，既密切了家园合作，又保障了班级信息的丰富性和全面性、完整性。

图 4-39　班级家园联系栏

图 4-40　班级家园联系栏

四、班级日志管理

(一)班级日志的内容

班级日志主要是根据班级具体情况，每天如实记录班级一日活动的过程以及幼儿一日在园发生的情况等。班级日志一般包括班级、时间、主班教师、配班教师、保育员、幼儿出勤数、幼儿请假信息、幼儿健康状况、当天突发事件等基本信息记录。班级日志必须翔实，便于教师间的相互沟通，也便于园领导及时了解班级情况。

(二)管理班级日志的方法

1. 责任到人，按时记录

班级中应该安排固定的老师负责班级日志的记录和管理工作，当该教师有特殊情况不能及时记录时，一定要与其他教师做好交接工作。

2. 分档分类，一目了然

班级日志涉及哪些方面，需要分几本记录，在什么时间完成，负责人要了于指掌，并及时完成。如《幼儿考勤表》一定要在做完晨检之后及时记录。

3. 存放规范化，便于查阅

班级日志可以根据情况，一月一存、一季度一存、一学期一存，做好标签，便于查阅和存档。

【资源链接】

表 4-7 幼儿来园情况登记表

幼儿来园情况登记表

班级名称：＿＿＿＿＿＿＿＿　　填表时间：＿＿＿＿＿＿＿　　当班教师：＿＿＿＿＿＿＿

班级人数		实出勤人数		缺勤人数	
缺勤原因	事假＿＿＿＿＿＿人，病假＿＿＿＿＿＿人				
缺勤情况明细					
幼儿晨检情况明细					
家长特别要求					

表 4-8 幼儿接送登记表

幼儿接送登记表

班级名称：　　　　　　教师：　　　　　　　　　填表时间：第　　周

幼儿姓名	入园离园	星期一 家长签名	星期二 家长签名	星期三 家长签名	星期四 家长签名	星期五 家长签名
	入园					
	离园					
	入园					
	离园					
	入园					
	离园					

表 4-9 幼儿一日生活观察记录表

幼儿一日生活情况记录表

主班教师：＿＿＿＿＿＿　　　　配班教师：＿＿＿＿＿＿

内容	教师工作	幼儿表现
晨间接待		
早餐及餐后活动		
区域活动		
生活活动		
早操		
生活活动		
午餐及餐后活动		
午睡		
生活活动		
午点		
集体活动		
晚餐及餐后活动		
离园		

表 4-10　在园生活反馈表

南宁市邕宁区稚慧明珠幼儿园幼儿在园生活反馈表

主班教师　　　　　　　　午睡值班教师　　　　　　　　时间：　　年　月　日

学号	姓名	早餐	午餐	晚餐	午睡	在园常规情况	学号	姓名	早餐	午餐	晚餐	午睡	在园常规情况

温馨提示：

"A+"表示：独立进餐，能添食物，用餐安静，并能保持干净整洁/12：20—13：10 之间能独立入睡/能自觉遵守班级规则，自主、自信地参与游戏。

"A"表示：基本能吃完自己的饭菜/13：10—13：30 之间能入睡/基本能遵守班级规则。

"B"表示：需要老师喂，剩饭菜/无法安静入睡，影响他人；或睡眠时间为 1 个小时以下/需要老师提醒才能遵守班级规则和游戏活动。

表 4-11　学生因病缺课联系卡

南宁市_____学校学生因病缺课联系卡

学生 信息	姓名：　　　　　　　班别：　　　　　　　性别：　　年龄：　　岁
情况 告知	_____年___月___日，_____同学因_____，建议家长带孩子及时就医，并让孩子居家健康观察。居家观察时间从孩子生病之日起，退烧后体温连续正常 72 小时、疾病症状消失（　　）小时后（注：具体时间由校医或保健老师根据所患疾病填写），方可申请返校复课。（注：如孩子患的是传染类疾病，则按照传染病防控要求实施健康管理。） 　　返校日请孩子持本《联系卡》和就诊记录复印件或医院疾病证明、核酸报告单（发热者必须）给校医审核，校医审核通过后方可回班级复课。 　　　　　　　　　　　　　　　　签名： 　　　　　　　　　　　　　　　　202　　年　　月　　日

居家健康观察记录	1. 孩子居家起始日期：＿＿＿年＿＿＿月＿＿＿日。 2. 孩子体温正常、疾病症状消失日期：＿＿＿年＿＿＿月＿＿＿日。 3. 孩子申请返校复课日期：＿＿＿年＿＿＿月＿＿＿日。 4. 孩子居家期间体温检测情况：

月	日	月	日	月	日	月	日	月	日
早	℃	早	℃	早	℃	早	℃	早	℃
晚	℃	晚	℃	晚	℃	晚	℃	晚	℃
月	日	月	日	月	日	月	日	月	日
早	℃	早	℃	早	℃	早	℃	早	℃
晚	℃	晚	℃	晚	℃	晚	℃	晚	℃

以上情况真实属实。

监护人签名：

联系电话：

年　　月　　日

【案例 4-12】

关于新生家访

【案例描述】

来自老师的心声：

小班新生即将入园，班级三位老师要逐一到新生家中进行入园前家访。我们都意识到与家长和孩子沟通的重要性，但入园前需要和家长沟通的内容太多了，有时家访回来才发现有些关键问题没了解清楚。新生家访对我们年轻老师来说，并不是件轻松的事啊！

来自家长的心声：

我的孩子马上就要上幼儿园了，第一次离开我们，孩子和家长都难免会有焦虑、不安，我们自己也会有关于孩子未来集体生活的诸多疑虑。幼儿园的生活是什么样的？我们该做什么准备？如何让老师知道我孩子的生活习惯呢？老师会喜欢我的孩子吗？

【案例评析】

上述案例中，教师家访结束后才发现有关键问题没有问清楚，这是因为家访前没有做好充分的准备。新生家访指新生正式入幼儿园前教师的家访。它是一个深入了解新生个人具体资料，了解新生的家庭教育状况，与家长沟通教育观念，帮助新生尽快适应幼儿园生活的必不可少的环节。

新生家访是老师和家长、孩子之间的第一次直接接触沟通的机会，在家中孩子会比较自然，我们也有很多问题想要和家长交流。家访前，我们可以借助《新生入园登记表》《幼儿家庭情况与行为调查表》《幼儿学籍档案管理基本信息采集表》等了解幼儿和家长的相关信息资料，如孩子的身体情况、生活行为习惯、兴趣爱好、个性特点等，做到心中有数。对特殊信息，如单亲、有生理缺陷、特异体质等情况要特别关注，对家长辅助说明的有关事项也应一并了解清楚。这样家访内容紧扣主题，不会无话可谈，也不会遗漏关键问题，有利于全面高效地完成家访。

《新生入园登记表》可以在家访后由家长自行填写，开学时交给班级教师。班级教师在回收表格时还需要仔细再看一看，和另一位教师做好幼儿相关信息的及时交流。如此一来，孩子入园前可以熟悉教师；家长也可以将孩子的基本情况与教师进行沟通；教师对班上孩子的性格、爱好等均有了较为深刻的印象。以上这些信息准备，是今后家长工作顺利开展的重要基础，为孩子顺利入园提供了一个良好的开端。

🧰【资源链接】

幼师的基本功从班务管理做起

班务管理就是班级教师通过组织、计划、实施和调整等环节，把园内与班级有关的各种事务和资源充分运用起来，进行合理的组织和调配，以达到班级的教育和管理目标，提高班组服务质量的综合性活动。

1. 精计划

古人云：预则立，不预则废。作为班级教师，每接一个班，都要仔细分析班级情况，熟悉孩子与家长的个性。制订各类计划，无论是班级计划，还是周计划和一日活动计划，都要注重目标与措施的匹配度。

此外，还要把握好每一次面对其他教师或家长的机会，并借此提升自己的专业能力。如每学期的家长会，就是青年教师亮相展示的一个平台，青年教师要抓住这个契机，事前和班组长或带教师傅沟通讨论，写好详细周全的家长会发言提纲和发言稿，以充分的准备增强专业自信。

2. 勤实践

从来园时的班级点名，到召开家长会、策划亲子活动、组织家长开放日活动等，都是班务管理的重要内容。勤实践就是要身体力行，把孩子和家长的事情时刻放在心上。

勤实践还需要耐心处理班级小事和琐事，如把家长的要求记在小本子上，不能忘记；当孩子忘记带回需要服用的药品时，主动送药上门，并对自己没有及时提醒表示歉意；将孩子每月的学习用品、票据等及时交给家长等。很多言行都能体现教师在班务管理中的细心与责任心。

确实，班级管理无小事，事事皆重要，牵一发而动全身。青年教师应学着及时处理班级的偶发事件，不要等到问题成堆，才着手解决。因此，积极主动负责有助于家长对教师建立信任。

3. 抓常规

班务管理是幼儿园管理的基础，也是提高全园保教质量的保证。一些青年教师刚带班时常常忽视建立教育常规和孩子的习惯培养，因此所带班级的孩子调皮捣蛋，教师就是喊破嗓子也无法使孩子安静下来。就班务管理而言，建立良好的班级常规十分重要。一个班级良好的秩序需要强有力的班级常规的约束，在大年龄幼儿的班级里，教师应该尽量让每一个孩子都有参与讨论和表达意见的机会，然后根据讨论的结果，共同制订全班都应遵守的处事规则。

班规一经确立，就要求共同遵守。尤其是有些涉及良好行为培养的规则，教师自己更应带头遵守，如要求孩子轻轻讲话，教师自己就先要做到轻声细语；要求孩子保持班级环境整洁，教师更应该时常整理自己个人用品，保持电脑桌和工作环境的整齐等。

班务管理是一门艺术，班务管理也与教师的生活态度与价值取向有关联，一些看似细小的事情更需要教师的细心、耐心以及敏锐的观察力和处理问题的能力。"班务不精，何以精技能？"所以，教师的专业基本功，请从班务管理做起。

（资料来源：广东省宋小群名园长工作室 https：//mp. weixin. qq. com/s/B1LOS34tvaeXkKgnJBQRcQ，2015-11-06）

🍵【拓展检测】

1. 分年龄段，分别设计小、中、大班母亲节亲子活动方案。

2. 尝试结合春季传染性疾病预防情况，编辑一条家长通知，说明家长需要配合的注意事项。

模块五：

专项活动管理与案例评析

本章专项活动主要包括四个方面：缓解新生入园焦虑、科学实施幼小衔接、幼儿园大型活动组织与实施、特殊幼儿的个别照顾。旨在帮助我们了解上述活动的策略及经验。

缓解新生入园焦虑

【情境导入】

张燕同学 9 月份入园实习，被分配到小班，最近非常苦恼，因为小班幼儿刚入园经常哭闹，还不断说着"找妈妈""我要回家"……一不注意就往外面跑。有的孩子吃饭、睡觉时一定要拿着自己的某件物品，如毛绒玩具或者小被子，否则就哭。还有的幼儿选择沉默，不愿意参加集体活动。面对这些情况，张燕手足无措，不知道该如何安抚这些孩子。

思考：

如果你是小班的老师，你会如何缓解幼儿入园焦虑？

【学习概要】

入园焦虑也被称为分离焦虑，指幼儿进入陌生的环境中接触不同的人或环境时，会对主要抚养人产生强烈的依恋，表现出紧张、不安、失落的情绪。缓解入园焦虑有多种途径：入园前的家访、开学家长会、逐步入园制度、掌握不同表现幼儿的指导策略等。

【学习准备】

1. 文件

《幼儿园教育指导纲要（试行）》《3—6 岁儿童学习与发展指南》《幼儿园保育教育质量评估指南》

2. 文章

《面对新生入园焦虑，你有没有关照过孩子和大人的真实心境？》（节选自高美霞 . 幼儿园读什么——幼儿园入园课程探究[M]. 北京：北京师范大学出版社，2017.）

【学习目标】

知识目标	了解新生入园焦虑的表现、原因
能力目标	掌握缓解新生入园焦虑的策略
素质目标	具备缓解新生入园焦虑应有爱心、耐心与细心的素养

✍ 【学习内容与实施】

当幼儿刚进入幼儿园，离开熟悉的家庭和家长，进入陌生的环境中接触新的同伴、老师时，会产生紧张、不安、失落等不适应的情绪。这时他们对家人的依恋感特别强烈，就会产生"分离焦虑"，即入园焦虑。

一、新生入园焦虑的表现及原因

表 5-1　新生入园焦虑的表现及原因

入园焦虑的表现	入园焦虑的原因
拒绝入园 哭闹 恐惧 紧张 缄默 宣泄(如满地打滚、推翻食物、攻击他人等) 不让家长离开 依恋老师或者某件物品 独自游戏(不愿意接近老师或小朋友) 倒退性行为(如尿床、吃饭要喂等行为习惯倒退现象) 入睡困难、易惊醒或拒绝睡觉 不正常吃饭等	1. 与亲人较长时间的分离。幼儿对亲人，特别是对母亲等主要抚养人有强烈的依恋感，第一次长时间与家人分离，就会产生分离焦虑 2. 生活环境与人际关系的变化及日常行为规则的变化。幼儿在家庭中的活动内容、时间、方式、范围都比较自由，规则也比较灵活、随意。而幼儿园则对一日活动有常规要求，对幼儿有一定的约束力。幼儿不适应新的环境，出现入园焦虑 3. 幼儿性格敏感。这类孩子对环境、人际关系的变化更敏感，感知较强烈，更容易紧张、不安。而大部分孩子不善于表达自己的需求，只能用哭来表达自己的情绪 4. 能力上的不适应。幼儿入园前不会自己吃饭、不会自己如厕、不会自己穿脱衣服、有需要时不会表达等能力上的欠缺，会使幼儿产生心理压力，害怕上幼儿园 5. 家长焦虑。家长送孩子入园也会担心孩子适应情况，出现犹豫、担心、害怕、不安、唠叨等表现。有的家长不坚持送园，也导致幼儿无法循序渐进适应幼儿园

二、缓解新生入园焦虑的策略

(一)家长方面

1. 引导幼儿做好入园前准备

（1）做好心理准备

家长自己做好心理准备，调整好心态，不要把焦虑情绪传染给幼儿，给幼儿积极的心理暗示。如，可以利用绘本、幼儿故事、童谣等经常与幼儿谈论幼儿园的事物，让幼儿先对幼儿园有一定的了解和期待；也可以带幼儿去幼儿园及周围看看、玩玩，让幼儿对真实环境有一定的熟悉感。

（2）做好生活准备

入园前，为幼儿准备好柔软宽松、方便穿脱的衣物以备需要时更换，并写上名字。准备幼儿喜欢的被子、垫背、枕头、席子等，让幼儿觉得新鲜、愉快，增进入园的亲切感。

同时，培养幼儿生活自理能力，调整幼儿作息时间。幼儿入园焦虑更多来自对亲人的"依恋"，因此，家长在家应该给幼儿独处的时间和空间，培养幼儿独处能力；培养幼儿一定的生活自理能力，如独立如厕、吃饭、午睡、穿衣等，幼儿减少对家人的依赖。入园前的两三个月中逐步把孩子在家的作息习惯调整到与幼儿园一致，主要包括：早睡早起，每天午睡，独立入睡，午餐安排在11:30，12:00午睡，14:30起床，以便幼儿较好适应幼儿园。

（3）培养幼儿自我表达能力

幼儿入园焦虑的一个原因是还不能较好表达自己的需求，继而用哭等方式来自我表达。因此，引导幼儿学会表达自我需求是适应新环境的重要能力。如，身体不舒服时会说出或用手指出具体的地方（例如：头痛、肚子痛等），喝水、大小便能告诉大人。平时可以提问幼儿："告诉妈妈，你想干什么？""你刚才玩什么呀，给爸爸讲讲好吗？"通过这些方式培养幼儿的表达能力。平时，家长可以带幼儿多和家人以外的同伴进行交往，培养幼儿的社会交往能力和语言表达能力。还可以利用绘本、故事等引导幼儿学习表达自我需求的正确方式。

2. 入园后主动与教师合作，鼓励幼儿积极入园

幼儿入园后，家长可经常与幼儿谈论幼儿园有趣的事情，给幼儿积极的暗示，了解幼儿的心理感受，及时帮助幼儿缓解消极情绪。鼓励幼儿与教师、同伴交往，还要引导幼儿与老师、同伴交往，正确表达自己，如"我想喝水"，"我可以和你一起玩吗"。及时与幼儿园教师沟通，了解幼儿的表现，及时解决遇到的问题。

另外，家长接送幼儿要准时，坚持送幼儿入园。幼儿入园后都期待能在接送时间见到家长，因此，家长应该按时接幼儿，并坚持送幼儿入园，帮助幼儿尽快适应幼儿园。家长送幼儿入园后，应立即离开，逗留反而会引起幼儿依恋情绪。

(二)幼儿园方面

1. 建立新生入园适应方案

为了让幼儿能更好适应，幼儿园需要做好入园适应方案，如来园时间、来园活动安排等。目前常见的新生适应方案是逐步入园，旨在顺应幼儿的年龄特点和心理需求，分周逐步延长幼儿在园时间，避免幼儿一入园即长时间与家人分离，以此达到有效缓解入园焦虑的目的。

例如，某幼儿园开展的"逐步入园"的活动，具体方案如下：

第一周：第 1 天上午 8:20—11:30 家长陪伴孩子参加"亲子半日活动"，认识老师和朋友，熟悉环境。第 2—5 天幼儿在家吃早餐后 8:20 入园，与老师同伴开展活动、进午餐，12:00 由家人接回家里。

第二周：幼儿在家吃早餐后 8:20 入园，与老师同伴开展活动、进午餐，在园午休后 3:20 由家人接回家里。

第三周参照全园幼儿作息开展一日活动：

7:40—8:00 入园

8:00—8:30 吃早餐

8:30—17:10 在园活动

17:10 离园

除了时间上的逐步入园外，新生入园后，幼儿园还需要组织全体新生展开一系列的活动，如亲子活动、游园活动、"大带小"活动等，增进幼儿对幼儿园的熟悉感和归属感。

2. 召开新生家长会

家长会是家园共育，共同缓解幼儿入园焦虑的重要途径。新生家长会主要包括四个方面：第一，园长向家长介绍幼儿园办园理念、师资队伍、课程设置、幼儿园配置和设施等；第二，业务园长从专业的角度介绍幼儿的入园焦虑及提出一些有效的应对策略，让家长在了解的同时做好心理准备、物质准备；第三，保健老师让家长了解园所的一餐两点、晨检和委托服药等具体日常保健事宜；第四，幼儿来园遇到的常见问题等。

 【资源链接】

幼儿园层面新生家长会(PPT)

（三）教师方面

1. 做好新生入园前家访工作

入园前教师要对幼儿进行家访，一方面了解幼儿的基本情况，如有无乳名、饮食有无禁忌、睡眠、既往病史、有无过敏史、主要接送人等基本情况，并交流、传达入园准备要求。引导家长做好入园准备，包括：心理准备，即引导幼儿对幼儿园生活的期待和认识，提前带幼儿园参观幼儿园环境；生活准备，即逐步调整幼儿，这样就能让幼儿进入幼儿园也能较快适应；沟通准备，一方面是培养幼儿学会表达自己的需求，另一方面是指在家访中充分与教师交流幼儿的个性特点、生活习惯、喜好等，帮助教师更好地了解孩子，建立幼儿对教师的初步信任感。

2. 创设温馨、安全的班级环境

为幼儿营造熟悉且安全温馨的环境，如娃娃家投放软垫、小床、幔帐等如家般的温馨环境（如图 5-1 所示）；图书区投放幼儿喜欢的绘本、播放幼儿喜欢的音乐等，树立"家"和"集体"的归属感。除此之外，教师还可以带领幼儿参观幼儿园，了解幼儿园环境，激发幼儿的好奇心，转移注意力，如介绍种植园、大型活动区等。还可以带领幼儿观看中大班活动，既能引发小班幼儿榜样模仿，也能激发小班幼儿参加活动的兴趣，缓解入园焦虑。

图 5-1　环境创设

3. 召开新生家长会

班级家长会可分别在开学初期、中期、终期召开。开学初期老师就开学初班级的工作与家长进行沟通，家长会内容可包括：教育理念、小班幼儿的特点、月计划等，月计划中就包括入园适应问题及教师、家长双方合作的策略等。利用家长会教师还可以同家长交流缓解入园焦虑的经验，探讨幼儿入园会遇到的各种问题，帮助家长了解幼儿入园焦虑及如何做，这样家园合作才能更加深入、顺利。

另外，通过多种形式加强家园合作，如家园联系栏、QQ 群等形式，加强与家长沟通入园准备事宜，引导、缓解家长焦虑，家园联系栏是进行家长教育、双方联动的重要桥梁。

【资源链接】

幼儿园班级层面新生家长会（PPT）

4. 开展入园适应的主题活动，设计丰富的游戏活动

幼儿入园后，一些幼儿刚接触新的环境和人，具有好奇心和新鲜感，因此，还不会马上出现哭闹、拒绝入园等焦虑行为。而大部分幼儿也容易被有趣的游戏和玩具吸引注意力，就会忘记想家人、想回家等情绪。因此，在幼儿入园后，教师设计有趣的主题活动和游戏，引导其更好地适应幼儿园的常规，显得尤为重要。如"我上幼儿园"主题活动，以五大领域、家园、区域等形式，围绕主题开展系列活动，促进幼儿入园适应在认知、情感、能力三个方面的变化、发展。同时，利用生活活动培养幼儿生活自理能力；开展户外种植活动和体育器械活动等丰富的游戏活动，让活动多样化，营造快乐的心理氛围，缓解幼儿入园焦虑。

【资源链接】

小班入园适应主题活动：嗨，你好（PPT）

5. 掌握幼儿哭闹不同类型的应对策略

不停哭泣型。转移注意力，如玩玩具、去户外；多抱抱他增加安全感或适当冷

处理。

又哭又闹型。先安抚情绪或冷处理，后讲道理，让他认识到这么做不对，并给予适当的奖励或鼓励。

几天后才哭型。这类孩子喜欢新鲜的环境，性格偏向活泼开朗，喜欢探索。可以通过游戏活动、新奇的事物转移注意力。

默默流泪型。这类孩子要多聊天，多关心，建立感情，培养安全感，消除孩子的恐惧感和不安。并多鼓励，让他参与活动，学会表达自己的需求。

受人影响型。这类孩子易受他人的影响，可以暂时带离教室，和爱哭的孩子暂时分开。

【案例5-1】

我要"毛毛"

【案例描述】

开学第一天洋洋很早就来幼儿园了。他抱着妈妈的脖子依依不舍地说再见，手却始终抱得紧紧的。在老师的安慰下刚坐到椅子上他就大声哭着说："我要毛毛，我要毛毛。"我一边帮他擦拭泪水一边帮他从书包里找出来那条毛巾。洋洋接过"毛毛"之后紧紧地攥在手里。无论是洗手、吃饭、上厕所、睡觉都带着它，一直到活动结束都没离开过自己。

入园后的一天早上，洋洋和妈妈来得比其他的小朋友早，我让妈妈带着洋洋去参加晨间活动，洋洋玩得非常高兴，与妈妈告别时也没有"拖沓"。但不一会儿他又从书包里拿出"毛毛"抱在手里，这时是区域时间，我知道洋洋特别喜欢光头强的枪，于是我用玩具做了一把，拿过去对他说："洋洋，你看这是什么?"洋洋高兴地说："是手枪。给我!""好啊，那拿你的毛毛和我的枪交换，好不好?"洋洋思考了很久，点了点头："等会要把毛毛还给我。"我说："好的。"区域活动结束了，洋洋对这把枪爱不释手，我让他收拾玩具，他这时又想起了"毛毛"，"我的毛毛呢?""喏，它在晒太阳。等会吃完午饭你再去找它吧!"他挣扎了很久，同意了。玩完户外体育游戏直到午饭后，他才去找"毛毛"。

午睡时，其他孩子差不多都入睡了，洋洋把"毛毛"的一角含在嘴里，不停地咬着，我想把它拿走，可是洋洋不同意，喊着说："我要毛毛，我要毛毛。"无奈之下，我只好给他拿着睡觉。不一会儿洋洋便呼呼入睡了，我去拿掉"毛毛"时，"毛毛"的一端已经湿透了。

入园两周后，我把妈妈放在书包里的"毛毛"藏了起来。早上来园时还可以，但一到午睡时间，他还是翻来覆去寻找那条毛巾，迟迟不能入睡。哭声不断。我告诉他："毛毛很脏，拿去洗了，你睡醒了就见着它了。"听完后，他把自己蒙在毛巾毯里，抽泣一阵后睡着了。在随后的几天里，我都没有拿"毛毛"出来，洋洋每到午睡时间总表现得很不安，时而会咬咬毯子和枕头，随后也能安然入睡，但时间都晚于同伴。

【案例评析】

刚入园的孩子第一次离开家人，到完全陌生的环境中时就会紧张、不安。其最常见的形式就是哭，此外还会出现不愿大小便、喝水少、吃饭难、不参与教师组织的游戏活动、对某一物品特别依恋等多种不适应行为。案例中的教师为了帮助幼儿更好适应幼儿园，做到了这几点：

首先，善于把握教育契机。注重孩子的个性差异，善于观察，设计符合孩子刚入园时心理特征的游戏活动以及温馨和谐的环境创设。同时更注重营造宽松的心理环境。老师一句亲切的话语、一个和蔼关切的动作都能给焦虑的孩子一点安慰，使孩子在集体中感到自由、亲切、有序。这样就能使孩子对物品的依恋逐步转移，让他们快快乐乐地适应幼儿园生活。

其次，注重与孩子家庭进行沟通。针对洋洋的"恋物"行为表现可专门和父母进行深入的交流，让家长了解"恋物"行为的利弊，更明确其长期发展可能产生的不利影响，达成逐步矫正宝宝"恋物"行为的共识。另外，请爸爸妈妈花更多的时间陪伴孩子，特别是在孩子入睡前或孩子急切地需要该物时，分散孩子的注意力，而不再是让洋洋独自抱"恋物"入睡，使孩子渐渐减少对该物的依恋，使恋物习惯慢慢被纠正。

再次，注意循序渐进的原则。不能要求幼儿马上就放掉依恋物，教师可以转移孩子的注意力，提供更丰富的游戏或有趣的玩具。在午睡时，可以通过眼神、安抚动作帮助他入睡。案例中，经过一步步引导，洋洋开始慢慢接受没有"毛毛"的存在，从一开始的排斥转变为可以接受。

【案例 5-2】

管"哭"的开关

【案例描述】

别看乔妹长得小巧斯文，还是个小班的孩子，但她的嗓门可不小，哭起来"惊天动地"。有一天我上早班，在教室门口就听到楼下她的哭闹声："我要爸爸，我要回家！"

只见乔爸抱着乔妹走上楼来，孩子的双臂紧紧搂着爸爸的脖子不撒手，我怎么给她讲道理都不听，赖在乔爸的怀里不肯下来，最后还是乔爸费了半天劲强行把孩子塞给我，然后"落荒而逃"。

我看着还在哇哇大叫的孩子，灵机一动，就用食指去按按她的手臂，故意奇怪地说："咦，乔妹，怎么你身上管'哭'的开关失灵了，我怎么都关不了呢?"她听我这么一说，停下哭闹看着我，脸上一副难以置信的表情。我马上又说："哦，原来是老师搞错了，开关好着呢，我一按你就不哭了。""老师，你身上也有这样的开关吗?""有啊，要不你试试?"我拉着她的手指在我的手臂上也按了几下，然后马上闭起眼睛学着她哭喊着说："我要爸爸，我要回家!"见我这样，乔妹连忙又按了按我的手臂，我立刻收声停止，笑眯眯地看着她说："是不是很神奇啊?"乔妹回应我一句："老师，真好玩!"我见孩子不哭了，就问她："乔妹，今天怎么哭着来上学呢?""我想爸爸，我要爸爸陪着我。""乔妹，老师知道你很爱爸爸，不想和爸爸分开，可是爸爸必须去上班。爸爸也舍不得你，看到你哭他会很难过的。"乔妹认真听着，似乎听懂了我的话。"乔妹以后来到幼儿园自己把'哭开关'关上好不好?"她点点头，轻轻"嗯"了一声。我又说："乔妹，你知道吗，你笑起来像'爱莎'公主一样美哦!"乔妹"啊"了一声望向我，眼里满是喜悦感。我又向她伸出小手指说："老师喜欢说话算数的乔妹公主，我们拉钩上吊，一百年不许变哟!"孩子笑眯眯地跟我拉了勾。至此以后，乔爸送乔妹来上学，她再也没有哭闹过，还能痛快地跟爸爸说"再见"。当然，对于她的进步，我也会及时给她一个拥抱，一句赞扬，鼓励她带着笑脸高高兴兴来上幼儿园。

【案例评析】

1. 尊重幼儿，站在幼儿的立场上理解幼儿内在感受和表现。小班幼儿尽管已经入园多时，但是环境的改变仍会给他们带来诸多的不适应，这种不适感会让幼儿感到不安、难受、无安全感、分离焦虑……这种种心理其外在最突出的表现就是幼儿来园的哭闹现象。对于爱哭闹的孩子，我们应持理解和宽容之心，承认孩子情感的真实性，允许孩子有产生和表达这种情感的权利。

2. 巧妙方法化解分离焦虑。在帮助和引导幼儿适应的过程中，首先需要教师的爱心和耐心，尽量平静对待哭闹的幼儿，多想办法，通过转移注意力来安抚孩子的情绪。其次是巧妙利用一些技巧方法缓解幼儿入园焦虑。案例中的老师，巧妙借用"身体开关"比喻和游戏来转移孩子注意力，并暗示幼儿哭的时候可以在成人的安抚下平静下来。

教师要带着一颗童心走进幼儿的世界，巧借游戏和幼儿熟悉和喜欢的动画形象进行引导教育，这样收到的效果要比单纯的说教更能让幼儿接受。还有，爱哭的孩子更敏感，敏感的孩子需要更多情感上的呵护，因此，老师要多用语言鼓励和肢体动作的亲密接触来表达对幼儿的关爱之情，这一点，对于小班幼儿尤为重要。

（案例来源：中共广西壮族自治区委员会机关保育院　严芳洁）

【案例 5-3】

妈妈出差了

【案例描述】

"林老师，你快去楼梯转角看看，君君在冲奶奶发脾气，不愿意上幼儿园。"一大早刚入园时，千雅便急冲冲地跑到我面前告诉我上学路上看到的这一幕。我急忙告知班上的另一位配班老师，立即往楼梯转角走去，只见君君对着奶奶又打又闹。一问原因，原来君君的妈妈出差了，出发时间比较急，没能及时告知君君。我满脸笑意地走到君君跟前蹲下，君君看到我，情绪一下子也平复了不少，但仍一个劲儿地说："妈妈出差不告诉我，我想妈妈，我要妈妈，我不要奶奶，我也不想上幼儿园，我要去找妈妈。"君君诉说着内心的不满，说完又抽泣起来。一旁站着的奶奶很是着急，情绪也十分低落，但还是不停地安慰道："昨晚妈妈不是已经和你视频了吗？说明天就回来了，让你乖乖上幼儿园，她会带你喜欢的礼物回来的。"而此时的君君似乎完全没把奶奶的话听入耳，眼里含着泪，低着头，嘴里不停地念叨着："我要妈妈，我想妈妈！"

我搂着君君笑着说："哇，妈妈昨晚已经和你视频了呀，可以和我说一说都聊了什么开心的事情吗？"然后对着他的耳朵悄悄地问："是不是聊了带礼物的事？"只见君君眼睛一亮，然后对着我点头道："嗯！"我接着说："妈妈明天就回来了，君君要高高兴兴上幼儿园，妈妈事情办完了就可以快快地带着礼物回来了。如果你哭闹，妈妈心里就会挂念着你，办事情就不会那么快。君君想不想妈妈快点回来呀？""想。""那我们就好好吃饭、睡觉等妈妈回来。待会儿我们也可以去做一件礼物送给妈妈。"于是，君君收起眼泪，吸吸鼻子与奶奶道再见，和我一起朝着教室走去……

【案例评析】

在孩子的成长过程中，妈妈这个角色是至关重要的，妈妈能够带给孩子非常大的安全感。作为老师，我们也要让孩子感受到老师如妈妈般的存在，感受到老师如妈妈般的温暖，遇到类似情况家长可以这样做：

1. 提前做好沟通

每次出门前或因工作需要出差，都要提前和孩子沟通，希望他能够理解你所做的事情。如果可以的话，在分别前来一次郑重的道别，告诉他你回来的时间，而且告诉他你们还能够通过视频相见，不必过于担心。

2. 给孩子一个回来的惊喜

不妨可以和孩子约定，回来一定会给他一个拥抱、亲吻，从中增加亲子的感情，促进关系，还可以给孩子一个大大的惊喜（礼物）。但不是每次回来都要给惊喜，若是孩子形成定式思维那可不好了。

3. 要允许孩子发泄情绪

面对分离，孩子定是有很多情绪要宣泄，当孩子因此哭闹发脾气的时候，家长不能以粗暴的言行对待，否则会适得其反，从而加重孩子没有安全感的内心。面对这种情况，家长要耐心地安抚孩子，空闲下来可以和孩子一起视频、语音，陪孩子聊聊天，这样就给孩子一种家长从来没有离开过的感觉。

4. 找另一半合作

如果是妈妈要远行，孩子有分离焦虑症的话，不妨可以找爸爸帮帮忙。平时在家里爸爸多陪孩子做亲子活动，如此一来孩子对妈妈的依赖并不会太强烈，分开的时候也不会难舍难分。也可以让爸爸和孩子讲讲道理，多尝试，孩子就能够适应妈妈不在身旁的时候了。

（案例来源：广西医科大学幼儿园　林洁）

【案例 5-4】

高高睡觉了

【案例描述】

新的学期开学两周过去了，大部分的幼儿已能逐渐适应幼儿园午睡的环境，慢慢能在教师的陪伴下入睡。高高是一个男孩，他从开学至今一直很抗拒躺到幼儿园的床上，宁愿坐在教师的身旁，也不愿意闭上眼睛，实在很困的时候偶尔坐着打个盹后又清醒了。为了让他能尽快适应幼儿园的生活，逐渐适应幼儿园午睡的环境，养成午睡的习惯，教师开始和家长进行约谈沟通。教师经过跟他父母约谈后了解了一些重要信息：高高的父亲是医生，母亲在机场工作，父母的上班时间不规律，且经常需要上夜班，高高晚上经常跟着一个阿姨在家里睡觉，和这位阿姨的关系非常亲密。了解到这些信息后，教师判断高高由于长期缺少父母的陪伴，比较缺乏安全感，对阿姨也非常依赖，于是开始寻找高高在幼儿园午睡的"最近发展区"，据此制定了以下"四步曲"并执行。

第一步，家长来园陪伴。教师和家长协商后让阿姨中午来幼儿园陪着高高入睡 3 天。高高的阿姨如约在中午 12 点左右来到幼儿园，高高很配合地跟着阿姨躺在幼儿园的小床上，阿姨在旁边轻轻拍拍高高的背部，偶尔在他耳边说几句话。20 分钟左右后高高睡着了，而阿姨也按照"约定"回家了，高高起床后并没有问起阿姨的去向，而是和其他小朋友一样起床做事，这样的做法持续了 3 天。

第二步，教师尝试陪幼儿入睡。第 4 天的时候，教师不再需要阿姨来陪高高睡觉了。午睡的时间，教师尝试牵着高高的手让其躺到床上，但是高高仍然表示抗拒，于是教师抱着他坐在床边，学着阿姨的方式拍拍他的背并偶尔和他说话，十多分钟他就在教师的怀里睡着了，等高高进入深睡眠状态后，教师把他平放在床上，这样的做法持续了 2 天。

第三步，教师陪在床边入睡。经历了前面两步，教师开始鼓励高高躺到床上睡觉，这时候的高高已愿意在教师的陪伴下躺到自己的床上，但他会拉着教师的手入睡，教师一边拉着他的手，一边轻轻拍他的后背高高逐渐睡着了，这样的情形持续了 3 天。

第四步，幼儿独立上床睡觉。教师在午睡的时间开始有意识"忽略"高高，高高在睡觉房喊着："老师陪！"教师一边安顿其他孩子一边说："高高先躺到床上，等会老师就来。"高高"无奈"之下，只好乖乖躺到自己的床上，等教师安顿好其他孩子后过去看高高时，发现他已经睡着了。

【案例评析】

首先，案例中，小班新生高高开学两周后仍不愿意躺到自己的床上，甚至出现很抗拒的现象，教师根据带班经验判断该幼儿这种现象背后有一定的原因。老师及时与家长约谈沟通找到了原因，那就是"幼儿长期缺少父母的陪伴，特别是晚上入睡父母经常不能陪着入睡，比较依赖阿姨"。从而出现了高高在幼儿园入睡比其他孩子更难适应的情况。在寻找具体解决问题策略的过程中，教师根据该幼儿的"最近发展区"，最终确定了问题解决的方案。

其次，在问题解决过程中，尊重幼儿的身心发展规律，循序渐进，通过"四步曲"，即家长(阿姨)陪在床边入睡——教师抱着入睡——教师陪在床边入睡——幼儿独立上床入睡，逐步帮助幼儿适应、过渡，最终幼儿在幼儿园自主午睡，养成了在幼儿园按时午睡的习惯。

（案例来源：广西幼儿师范高等专科学校实验幼儿园　白秋珍）

【资源链接】

小班新生入园指南

【拓展检测】

1. 小组讨论，设计一个缓解入园焦虑的主题活动方案（包括家园合作、区域活动、环创等）。

2. 小组情景模拟：不同类型入园焦虑幼儿的缓解、安抚策略。

科学实施幼小衔接

🎓 **【情境导入】**

在大班新学期的家长会上，教师为了更了解家长对幼小衔接的看法，请家长们对在大班阶段要为小学做些什么准备进行讨论。家长们纷纷表达自己对幼小衔接的焦虑：有的家长已经在到处打听有什么名校；有的家长说现在已经给孩子做一年级的习题了；还有家长建议老师应该在大班这一年里提前让孩子学习小学一年级的拼音、写字、算数，写家庭作业，这样才能让孩子适应小学的学习……作为大班老师，你会如何引导家长放松心情，淡定而科学地面对孩子的入学，建立科学的幼小衔接观念呢？

🏅 **【学习概要】**

幼儿园要贯彻落实《3—6岁儿童学习与发展指南》和《幼儿园教育指导纲要（试行）》，促进幼儿身心全面和谐发展，为入学做好基本素质准备，为其终身发展奠定良好基础。本任务主要讨论科学实施幼小衔接的原则、存在的常见问题以及目标与内容。

📖 **【学习准备】**

1. 文件

教育部2021教基4号文：《教育部关于大力推进幼儿园与小学科学衔接的指导意见》及附件1《幼儿园入学准备教育指导要点》

2. "幼小衔接"学前教育宣传片

2016年学前教育宣传月宣传片《幼小协同 双向衔接》

2019年学前教育宣传月宣传片《科学做好入学准备》

2022年学前教育宣传月各地宣传片《幼小衔接 我们在行动》

🏛 **【学习目标】**

知识目标	学习科学实施幼小衔接的四个准备、发展目标、具体表现和教育建议
能力目标	1. 尝试设计3—6岁循序渐进和大班年级突出重点的幼小衔接教学方案 2. 尝试对家长进行科学的幼小衔接家庭教育指导
素质目标	认识和树立幼小衔接的目标和科学理念

【学习内容与实施】

一、科学实施幼小衔接原则

《幼儿园入学准备教育指导要点》(以下简称《幼儿园指导要点》)中提出：3—6岁是为幼儿后继学习和终身发展奠基的重要阶段，也是为幼儿做好入学准备的关键阶段。帮助幼儿科学做好入学准备教育，是幼儿园教育的重要内容。幼儿园应深入贯彻落实《3—6岁儿童学习与发展指南》和《幼儿园教育指导纲要》，充分尊重幼儿身心发展规律和特点，实施科学的保育教育，同时将入学准备教育有机渗透于幼儿园三年保育教育工作的全过程，帮助幼儿做好身心各方面准备，实现从幼儿园到小学的顺利过渡。

科学实施幼小衔接要坚持以下原则①：

1. 儿童为本。关注儿童发展的连续性，尊重儿童的原有经验和发展差异；关注儿童发展的整体性，帮助儿童做好身心全面准备和适应；关注儿童发展的可持续性，培养有益于儿童终身发展的习惯与能力。

2. 双向衔接。强化衔接意识，幼儿园与小学协同合作，科学做好入学准备和入学适应，促进儿童顺利过渡。

3. 系统推进，全面准备。整合多方教育资源，行政、教科研、幼儿园和小学统筹联动，家园校共育，形成合力。幼儿入学准备教育要以促进幼儿身心全面和谐发展为目标，注重身心准备、生活准备、社会准备和学习准备几方面的有机融合和渗透，不应片面追求某一方面或某几方面的准备，更不应用小学知识技能的提前学习和强化训练替代全面准备。

4. 把握重点。入学准备教育是一个循序渐进的过程，幼儿园应从小班开始逐步培养幼儿健康的体魄、积极的态度和良好的习惯等身心基本素质。同时，应根据大班幼儿即将进入小学的特殊需要，围绕社会交往、自我调控、规则意识、专注坚持等进入小学所需的关键素质，提出科学有效的途径和方法，实施有针对性的入学准备教育。

5. 尊重规律。幼儿园应充分理解和尊重幼儿学习方式和特点，把入学准备教育目

---

① 教育部2021教基4号文：《教育部关于大力推进幼儿园与小学科学衔接的指导意见》及附件1《幼儿园入学准备教育指导要点》。

标和内容要求融入幼儿园游戏活动和一日生活，支持幼儿通过直接感知、实际操作和亲身体验等方式积累经验，逐步做好身心各方面的准备。

二、幼小衔接常见的问题

（一）衔接意识薄弱，单向衔接

小学、家长、幼儿园衔接意识薄弱，小学和幼儿园教育分离，幼儿园、小学协同合作机制不完善，合作停留在表面不深入，甚至出现只是幼儿园向小学的单向衔接，小学没有和幼儿园衔接，教学理念、教学内容、教学方法差异较大，不注重低龄孩子入学适应问题，导致孩子入小学后学习困难。也有家长不注重幼儿入学准备，孩子进入小学后会出现独立性差、自理能力不足、生活习惯不良、学习习惯差、自我控制能力弱、注意力不集中、语言表达能力差、社会交往技能弱等问题。

（二）片面衔接，过度重视知识准备，出现小学化倾向

面对上小学的问题，部分家长担心幼儿园和小学学习方式和内容的较大差异，幼儿进入小学不适应，因此让孩子提前学习小学知识和写字等小学内容。也有部分家长、幼儿园存在错误的幼小衔接的观念，有幼儿园出现超标教学、超前学习小学知识的状况，家长也常常送幼儿去学习以小学知识教学为主的培训班，并要求幼儿园教小学知识，反而忽略了孩子学习兴趣的培养及自主性的培养。这种重智育轻德育、重知识轻身心和谐发展、重技能技巧忽视幼儿全面发展的现象，不但不利于幼儿入学适应，反而会造成一些问题，如失去学习兴趣，学习"后劲不足"等。

三、科学实施幼小衔接的目标和内容

以促进幼儿身心全面准备为目标，围绕幼儿入学所需的关键素质，科学实施幼小衔接内容主要包括身心准备、生活准备、社会准备和学习准备四个方面①。

---

① 见教育部 2021 教基 4 号文《教育部关于大力推进幼儿园与小学科学衔接的指导意见》、附件 1《幼儿园入学准备教育指导要点》。

（一）身心准备

发展目标	具体表现	教 育 建 议
1. 向往入学	1. 初步了解小学，对小学生活充满期待 2. 希望成为一名小学生，愿意为入学做准备	1. 建立积极的入学期待。发现每个幼儿对小学学习生活的兴趣点，多从正面引导，减少幼儿对小学学习生活的压力和负面感受。如：组织幼儿讨论、分享对小学的认识、期待和担心，通过同伴的交流和老师的针对性引导，强化入学期待，缓解入学焦虑 2. 帮助幼儿初步了解小学生活。大班下学期，通过参观小学，与小学生面对面交流、体验小学课堂等方式，帮助幼儿初步了解小学的学习生活 【资源链接】走进小学，体验成长（幼小衔接活动视频） （二维码）
2. 情绪良好	1. 能经常保持积极、稳定的情绪 2. 遇到困难和不开心的事情，不乱发脾气，不迁怒于他人	1. 帮助幼儿获得积极的情绪体验。成人经常保持良好的情绪状态，感染和影响幼儿。以欣赏、接纳的态度对待幼儿，对幼儿的合理需求给予及时、有效的回应。避免因成人的不当做法给幼儿带来负面情绪，如：在集体面前比较幼儿之间的长处和不足、大声呵斥幼儿、总是表扬别的孩子已经学会了什么等 2. 帮助幼儿学会恰当表达和调控情绪。成人用适宜的方式表达情绪，以平和的心态处理不愉快的事情，为幼儿作出榜样。选择能给幼儿带来情绪情感体验的故事、角色扮演活动等，引导幼儿恰当表达消极情绪，学习积极应对和化解的方法
3. 喜欢运动	1. 积极参加多种形式的户外活动 2. 能连续参加体育活动半小时以上	1. 鼓励幼儿积极参加户外活动。充分保证幼儿每天的户外游戏和体育活动时间。提供方便、灵活多样的体育活动材料，开展多种形式的游戏和体育活动。鼓励、支持幼儿选择自己喜欢的活动 2. 发展大肌肉动作。根据大班幼儿运动能力发展特点和个体差异，适当增加运动量和运动强度，提高动作的协调性和灵活性，增强力量和提高耐力。鼓励幼儿坚持锻炼，不叫苦、不怕累

续表

发展目标	具体表现	教育建议
4. 动作协调	手部动作协调，能使用简单的工具和材料	在日常生活和游戏中鼓励幼儿学会正确、熟练地扣扣子、系鞋带、使用筷子；提供画笔、剪刀、小型积塑等工具和材料，支持幼儿进行画、剪、折、撕、粘、拼等各种活动，锻炼手部小肌肉动作 【资源链接】我会照顾我自己（视频）

（二）生活准备

发展目标	具体表现	教育建议
1. 生活习惯	1. 保持规律作息，坚持早睡早起、睡眠充足 2. 保持良好的个人卫生，有自觉洗手的习惯，有保护视力的意识	1. 逐步调整一日作息。在充分保证幼儿自主游戏时间的前提下，大班下学期适当延长单次集体活动的时间，适当减少午睡时间 2. 帮助幼儿养成良好的卫生习惯。如，不在光线过强或过暗的环境中读写画。连续使用电脑、手机等电子产品的时间不超过15分钟
2. 生活自理	1. 能按需喝水、如厕、增减衣服 2. 坚持自己的事情自己做，能分类整理和保管好自己的物品 3. 有初步的时间观念，做事不拖沓	1. 指导幼儿做好个人生活管理。大班下学期，适当减少一日生活中的统一安排，帮助幼儿逐步学会根据自己的需要喝水、如厕，根据天气变化和活动需要增减衣物 2. 引导幼儿学会分类整理和存放个人物品。成人应指导幼儿逐步学会分类整理和收纳衣物、图书、玩具、学习用品等 3. 引导幼儿逐步树立时间观念。通过多种方式，引导幼儿在日常生活和游戏中感受时间，学会按时作息，养成守时、不拖沓的好习惯 【资源链接】我是整理小能手（视频）

续表

发展目标	具体表现	教 育 建 议
3. 安全防护	1. 能自觉遵守基本的安全规则和交通规则，有自我保护的意识 2. 知道基本的安全知识，遇到危险会求助	1. 增强幼儿自我保护的意识和能力。引导幼儿了解校园、社区、交通等环境中的安全要求，学会保护自己。如：在陌生环境中，学会注意设备设施、人群聚集等情况带来的不安全因素 2. 指导幼儿学会求救的方法。指导幼儿在遇到危险时，能提供必要的信息，选择有效的求助方法，如：知道向成人求助或拨打求救电话 【资源链接】幼儿园各年龄段安全教育活动参考目录
4. 参与劳动	1. 能主动承担并完成分餐、清洁、整理等班级劳动 2. 能做一些力所能及的家务劳动	1. 引导幼儿承担适当的劳动任务。和幼儿一起制定班级劳动计划，鼓励幼儿自主确定任务分工并有计划地完成。教师要关注他们完成任务的情况，及时予以鼓励和指导 2. 鼓励幼儿参与力所能及的家务劳动。如：摆放碗筷、餐后整理餐桌、洗碗、扫地、扔垃圾等，并指导他们学习正确的方法。家长以身作则，分工做好家务劳动 3. 引导幼儿尊重身边的劳动者，珍惜劳动成果。帮助幼儿了解父母及老师、食堂厨师、幼儿园保安等的工作特点，讨论他们付出的劳动给自己带来的服务和便利，学会尊重和珍惜他人的劳动成果 【资源链接】我是劳动小能手（视频）

（三）社会准备

发展目标	具体表现	教 育 建 议
1. 交往合作	1. 能和同伴友好相处，乐于结交新朋友 2. 能与同伴分工合作共同完成任务，遇到困难互帮互助，发生冲突时尝试协商解决 3. 能主动向老师表达自己的想法和需求	1. 扩展幼儿的交往范围。鼓励幼儿和不同年龄的伙伴、成人交往，认识新伙伴。如：组织跨班级、跨年龄的游戏活动，创设自由交往的机会，丰富交往经验 2. 丰富幼儿分工合作的经验。提供材料、创设条件，引导和支持幼儿合作开展活动，体验合作的重要性。同伴遇到困难时，鼓励幼儿提供力所能及的帮助。遇到冲突时，指导幼儿尝试用协商、交换、轮流、合作等方法解决，不争抢，不欺负同伴 3. 营造宽容接纳的师幼交往氛围。用尊重、接纳的态度与幼儿交流，肯定积极想法，满足合理需求，鼓励他们表达自己的想法和需求，不用对错简单评价
2. 诚实守规	1. 能遵守游戏和日常生活中的规则 2. 知道要做诚实的人，说话算数	1. 增强规则意识，提高自觉守规的能力。在日常生活和游戏中培养规则意识，引导幼儿与同伴讨论制定游戏、班级活动规则并自觉遵守。大班下学期，指导幼儿遵守集体活动的基本规则，做到举手提问、轮流发言，别人讲话时认真倾听、不随意打断等 2. 培养诚实守信的品质。对幼儿诚实和守信的行为及时予以肯定。发现幼儿说谎、说话不算数时不要简单批评和惩罚，要耐心了解原因，积极引导，帮助幼儿做到知错就改
3. 任务意识	1. 理解老师的任务要求，能向家长清晰地转述并主动去做 2. 能自觉、独立完成老师安排的任务	1. 强化任务意识。大班下学期，有意识地布置一些与入学准备相关的任务，如：准备明天要带的玩具材料和学习用品、每天自己整理小书包等，为适应小学生活做准备 2. 培养独立完成任务的能力。成人要创造条件，通过持续性的任务安排，鼓励、支持幼儿独立完成任务。教师不宜将任务直接布置给家长
4. 热爱集体	1. 喜爱自己的班级和幼儿园 2. 愿意为集体出主意、想办法、做事情 3. 初步形成爱家乡、爱祖国的情感	1. 培养集体荣誉感。营造温暖的集体氛围，创造条件和机会，鼓励、支持幼儿为班级和幼儿园的集体活动定计划、做准备并积极参与。如：和幼儿共同策划，开展节庆、参观、运动会、主题游戏等多种活动，帮助他们在参与活动的同时体验成就感、荣誉感

续表

发展目标	具体表现	教育建议
		2. 激发爱家乡、爱祖国的情感。以生动有趣的形式开展爱家乡、爱祖国的教育，如：参观博物馆、科技馆等当地文化场馆，帮助幼儿感受与体验家乡和祖国的发展变化；鼓励幼儿结合节假日外出旅行等经历，分享自己家乡的风景名胜、风物人情、特色美食等；结合升旗活动，向幼儿介绍国旗、国歌 【资源链接】赞赞我的国——升旗主题活动（视频） 　　　　　　　　　[QR code]

（四）学习准备

发展目标	具体表现	教育建议
1. 好奇好问	1. 对身边的新事物感兴趣，有好奇心和探究欲 2. 喜欢刨根问底，乐于动手动脑	1. 保护幼儿的好奇心和主动性。接纳、鼓励幼儿对新事物的观察、提问等探究行为，避免简单打断或否定幼儿的奇思妙想 2. 支持幼儿持续的探究行为。分析幼儿在探究活动中可能获得的发展，提供充足的时间、丰富的材料支持幼儿持续、深入进行探究，寻找问题的答案
2. 学习习惯	1. 能专注地做事，分心时能在成人提醒下调整注意力 2. 能坚持做完一件事，遇到困难不放弃	1. 支持幼儿专注持续地完成任务。大班下学期，有意识地增加需要一定专注力和坚持性才能完成的游戏和活动，保证幼儿有充足的活动时间能够专注地完成任务。避免因活动频繁转换干扰幼儿专注做事 2. 鼓励幼儿独立思考。为幼儿提供充分的时间思考、讨论和表达自己的观点，接纳幼儿不同的想法。鼓励幼儿积极补充同伴的观点，并说明理由；对别人的观点有不同意见时敢于大胆提出质疑并陈述自己的观点

续表

发展目标	具体表现	教 育 建 议
	3. 乐于独立思考并敢于表达 4. 做事有一定的计划性	3. 引导幼儿有计划地做事。在一日活动开始前向幼儿介绍当天的活动安排，鼓励他们说一说自己的活动计划，和幼儿一起回顾他们的计划和完成情况，分析原因并调整。鼓励幼儿尝试有计划地安排自己的活动，如尝试安排周末的活动或日程安排 【资源链接】松果园的小大人（视频） （二维码）
3. 学习兴趣	1. 对大自然和身边的事物有广泛的兴趣，努力寻找答案 2. 喜欢阅读，乐于和他人一起看书讲故事，遇到问题经常通过图书寻找答案 3. 对生活情境中的文字符号感兴趣，愿意用图画、符号等方式记录自己的想法和发现 4. 愿意用数学的方法尝试解决生活和游戏中的问题，体验解决问题的乐趣	1. 为幼儿提供广泛接触自然和社会的机会。经常带领幼儿接触大自然，参加一些有意义的活动，帮助幼儿开拓视野，积累丰富的感性经验，培养广泛的兴趣 2. 培养幼儿的倾听和表达能力。教师应给予充分的时间，鼓励和引导幼儿表达，接纳幼儿不同的想法，不轻易打断幼儿讲话。对注意力不集中或不持久的幼儿，通过适当的方式吸引他们参与到活动中来。鼓励幼儿听不懂时要主动提问，对幼儿的提问及时予以回应。帮助幼儿学习按照一定的顺序、比较完整地讲述 3. 培养幼儿的阅读兴趣和能力。根据幼儿的阅读兴趣和活动需要提供和更换图画书，并给予幼儿充足的阅读时间。鼓励幼儿自主阅读，鼓励幼儿根据情节、图书画面对故事结果进行预测或续编、创编故事；通过绘画、手工、搭建、表演等方式再现故事情节、人物关系，促进幼儿语言、情感、社会性等多方面的发展

续表

发展目标	具体表现	教育建议
4. 学习能力	1. 在集体情境中能认真听并能听懂他人说话，有疑问时能主动提问 2. 能较清楚地讲述一件事情 3. 能说出图画书的主要情节，并有自己的理解和想法 4. 在绘画、拼图等活动中，能识别上下、左右等方位 5. 能认识并书写自己的名字 6. 能在教师指导下，尝试运用数数、排序、简单的统计和测量等数学方法解决日常生活中的问题	4. 保护幼儿的前书写兴趣。大班下学期，教师有意识地运用文字和符号辅助幼儿记录和总结游戏的过程、想法，让幼儿感受文字符号在日常生活中的功能和意义 5. 做好必要的书写准备。在绘画拼图等活动中认识上下、左右等方位，通过"跳房子""给小动物找家"等游戏，帮助幼儿认识田字格的结构。不宜要求幼儿提前学写字，幼儿有自发书写行为时，可以示范正确的书写姿势，帮助幼儿学习由上至下、由左至右的运笔技能，但不宜进行机械训练，也不宜简单评判写得对不对、好不好，重在保护幼儿写画的兴趣 6. 引导幼儿尝试用数学的方法解决日常生活中的问题。发现和学习解决生活中和数学有关的问题，如：通过统计每天出勤人数、测量记录身高和体重的变化、自主管理进餐和睡眠时间等方式，帮助幼儿体验运用数学方法解决问题

【案例 5-5】

广西民族大学幼儿园大班幼小衔接方案

【案例描述】

　　资源链接：广西民族大学幼儿园大班幼小衔接工作实施方案

【案例评析】

　　方案主要由前言、培养目标及措施、教师及家园共育工作三个部分组成。培养目标清晰，围绕幼儿核心能力发展，从四个大的方面多个维度展开，同时针对如何开展并实现目标，方案从学习活动、区域活动、游戏活动三个方面具体详细展开说明。另外，方案中还具体、全面说明教师要做的准备工作。教师不仅要创设良好的物质和心理环境，还要进行作息时间衔接，提升自身的素养。方案中家园共育形式多样：开展家长开放周、观察评价反馈，家长会（发放调查表）、家长学校等活动，了解家长对幼小衔接阶段的教养态度、育儿方法、问题困惑等，并向家长宣传和教育幼小衔接工作的重要性；进行幼小衔接的讲座，向家长宣传幼小衔接的相关知识；利用线上及线下多种方式向家长宣传幼小衔接方面的知识；与家长沟通交流幼儿表现，结合幼儿具体情况给予有效的家教指导。建议可以把家园共育工作添加到教育措施中，这样能较清晰、具体地展现出开展家园共育工作的形式，就与方案开展时间和目标相对应。

【案例 5-6】

小小任务我牢记

【案例描述】

　　周五早上，孩子们早早地来到幼儿园，纷纷拿出从家里带来的玩具和同伴开始分享。"我不想进去！我要回家！"未见其人先闻其声。欢欢小朋友在教室外对着奶奶大声喊道。我走出来，俯下身子问道："怎么啦？我的欢欢。"我的语音刚落，奶奶上前抓住我的手，做了一个无可奈何的手势说道："忘记带他最喜欢的玩具来了！"果然，和我猜的一样。这样的情景已经不止一次出现在欢欢的身上了，自从班级有了"玩具分享日"，欢欢已经好几次忘记在周五早上带玩具来园，每次基本都是一样的套路：哭闹，要求家人回家取了再送到园里。奶奶经不得孙子的哭闹，最后都是妥协了事。我向奶奶使了使眼色，示意她先回避。我拉起欢欢的手，走到宁宁的身边问："宁宁，你今天带了什么好玩的玩具来呀？可以和欢欢分享一下吗？"懂事的宁宁把手中的玩具递给了欢欢，还一边介绍："这是我爸爸在网上给我买的天猫精灵，它会播放你想听的音乐。""这么神奇？我不相信！"欢欢停止了哭闹，被玩具吸引住了，便和宁宁玩了起来。我趁机问起天猫精灵："是你的小主人把你带到幼儿园吗？""我听不清楚，请你再说一遍！"天猫精灵回答我，大伙儿被它的回答逗乐了。我转身问宁宁："每周五你都记得带你的玩具到园和大家分享，带玩具这件事是你自己记着，还是爸爸妈妈帮你记着？""当然是我自己记了。"

宁宁爽快地回答道。"那你自己怎么记住的？一周都没有落下。""每次快到分享日，我都会提前一个晚上先把玩具放到我的书包里，这样第二天它就跟着我一起来上学了！"宁宁得意地炫耀。"嗯，这个办法不错，提前做好准备，即使第二天早上遇到其他的事情，带玩具这件事也不会被耽搁。""小杨同学，你又是怎么做的呢？"我问起围观过来的杨子。"我在我家大门上画了两个记号，星期三是还书日，星期五是玩具分享日，每次出门，我都问妈妈，今天星期几呀？哈哈……我和妈妈一起记！""哦，把事情画下来，每天提醒自己，这个办法我也做过，很有效！"大家被我们的聊天吸引住了，纷纷围过来，争着说出自己的好办法。看到欢欢情绪稳定了，我拉起他的手走到奶奶跟前："奶奶，虽然今天欢欢自己忘记带玩具了，但是小朋友会和他分享的，不过下次他应该自己记住周五是玩具分享日，自己提前准备好玩具带过来。"奶奶频频点头，欢欢深深地吐了一口气，沉默不答。

下午离园前，我看到欢欢和奶奶在图书屋登记借阅图书，我走过去："今天借好的图书，欢欢可以自己一直从幼儿园拿到家里吗？不用奶奶帮助拿。""没问题！老师。"欢欢非常开心地答应了。"那下周三还书的时候……"我故意拖长了语气，"我自己拿来啊！"小家伙很快便明白了我的意思。我们俩小手拉拉钩约定好后，欢欢开心地拿起书袋和奶奶回去了。

还书前一天的下午，我看到欢欢从书包拿出一张小纸片，上面歪歪扭扭地画着一本书和一块乐高积木，我问："这是什么呀？"欢欢很认真地告诉我，为了帮助自己记住一些小任务，周末在家和爸爸妈妈商量以后，决定采用小杨同学的办法，把小任务画下来记在纸上。欢欢很得意地说："每次出门我都看看门上的小黑板，这样我就不会忘记带了。"

【案例评析】

《3—6岁儿童学习与发展指南》中指出：对幼儿任务意识的培养应该从小班开始，让幼儿喜欢承担一些小任务，中班的时候幼儿要敢于尝试有一定难度的任务，到了大班幼儿应主动承担任务，在完成任务过程遇到困难能想办法解决，并坚持完成。

目前很多家长在对孩子教育上存在着"重智轻德""重智轻能"的倾向，许多孩子自己应该可以去做的事情都被家长包办代替了，所以常常会看到类似欢欢忘记带玩具来园分享的一幕，在幼儿的日常生活中还会遇到很多这样的场景，这是孩子任务意识薄弱的具体表现。

案例中的老师面对时常忘记小任务的欢欢，首先，善于利用幼儿日常生活的小事件（玩具分享日、值日生、图书归还等）为契机培养幼儿的任务意识。其次，有智慧地运用榜样的力量带动欢欢先模仿学习，初步体验完成任务的成功感。最后，根据欢欢个人的具体情况，加强与家长的沟通，统一做法，鼓励其在家、在园做一些力所能及的事情：早晚刷牙、洗手、洗脸、穿衣、穿鞋等，遇到困难积极想办法去解决，慢慢过渡到独立完成。在这个过程中，我们看到教师对欢欢的任务意识培养是逐步过渡并符合欢欢个人发展特点的。

针对大班幼儿任务意识的培养，可以采用以下方法：

1. 提供各种听说游戏活动提升幼儿完成任务的能力。游戏活动是幼儿最喜爱的学习方式，多开展"传话""看谁记得牢""听得清、做得对"等有趣、有挑战的小游戏，培养其认真倾听、正确理解游戏小任务的习惯，在完成任务的同时增强其自信心。

2. 创设有利于培养幼儿任务意识的外在环境。幼儿的思维特点是以具体形象思维为主，运用图示引导法容易帮助幼儿记住某一阶段的小任务并逐步形成习惯。例如针对离园前四件事：收玩具、收椅子、整理衣物、与老师道别，可以和孩子一起设计相应的步骤图示，让每位幼儿离园前都能看到图示自主完成任务，使幼儿的任务意识成为一种在实践中习得的自觉行为习惯，幼儿的坚持性、责任心也在任务意识的培养中得到了强化。

3. 一起制定计划帮助幼儿完成具体的任务。根据幼儿的一日生活活动的安排，和幼儿一起商量，制定出一些小计划让幼儿参与到活动中来，他们需要一个问题、一个困难、一点时间、一个空间让他自己去解决；在逐步完成计划中培养幼儿的任务意识。

4. 家园配合是培养幼儿任务意识的最佳途径。幼儿任务意识的培养，离不开家长的配合和支持，教师可以多种形式向家长了解幼儿在家中承担任务的情况，家园双方相互配合，如：在家中给孩子分配力所能及的家务劳动；对幼儿园布置收集、观察的任务在幼儿完成任务的前期、中期和后期，给予适时适量的帮助和指导，强化幼儿的任务意识；通过召开家长经验交流会，请有经验的家长分享有效的教育方法，激发家长培养幼儿任务意识的自信心，在班集体和家庭中不断地树立榜样等。

幼儿任务意识的培养不是一朝一夕"长"出来的，它会伴随幼儿的成长而不断成熟。大班的幼儿很快就要成为一名小学生，加强幼儿任务意识的培养，鼓励幼儿尝试有一定难度的任务，让他亲身感受经过自己的努力获得的成就感，培养其做事时的坚持性、时间观念等好品质，为幼儿顺利过渡到小学的学习生活奠定良好的基础。

（案例来源：广西民族大学幼儿园　林夏冰）

【案例 5-7】

我的课间十分钟

【案例描述】

为了让幼儿提前适应小学的上课模式与时间，大班以后我们在班级开展课间十分钟的活动，孩子们在课间可以自由选择活动。

"老师，有人抢我的玩具！""老师，不好了，不好了！有人打架啦！"在今天的课间时间，听到了班上文文大喊起来，我便闻声走过去了解到底发生了什么事情。小翼和鹏鹏都在哭，我便问："你们到底发生了什么事？"旁边的孩子七嘴八舌地说出事情的经过……我说："好了，我想听鹏鹏说一下到底发生了什么事情？"鹏鹏边哭边说："我和飞飞在玩玩具，小翼没有带玩具来，我们不想和小翼玩，他就抢我们的玩具，我们要求把玩具还回来，他就动手打我，我就推了他一把，他摔倒在地上就哭了。""小翼，怎么回事，真是这样吗？"小翼低下头，低声说："他们都不和我玩！呜呜呜……"

通过这一个月的观察，我发现班上每到课间活动的时候，就特别混乱，有的孩子跑来跑去，有的孩子打打闹闹，有的孩子无所事事，老师时刻需要去处理孩子们之间的各种问题和矛盾。为了让班级课间活动更有序，经过与孩子们的沟通和商量，我尝试在班上开展"我的课间十分钟"活动，让孩子们尝试提前一周用绘画的形式做好下一周每天课间十分钟活动的计划，要求孩子们每天按照自己的计划书内容选择相应的课间活动，有绘画、玩游戏、看书、玩玩具、手工等活动。

图 5-2　幼儿设计课间十分钟活动的计划

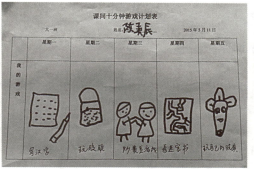

图 5-3　课间十分钟游戏计划表

图 5-4　幼儿课间十分钟活动(1)

图 5-5　幼儿课间十分钟活动(2)

活动初期，有部分孩子不记得自己课间十分钟应该做什么，偶尔又没有按照计划书带玩具来园，需要老师不断地提醒才能完成。但是，班级活动坚持开展4周左右之后，孩子们的自觉性、纪律性、合作能力等方面都有了比较明显的提高。课间十分钟活动的开展，减少了孩子们之间的争吵，班级活动更有序，孩子在自主游戏中自我管理、自我控制，合作能力等得到了不同层次的提高。

图5-6　幼儿课间十分钟活动(3)

图5-7　幼儿课间十分钟活动(4)

【案例评析】

幼儿的生活自我管理是指在日常各个环节及区域活动中让幼儿自主地参与生活管理。对于即将要迈入小学的大班幼儿来说，独立的生活自理能力尤为重要。但现今社会中，家长对孩子宠爱有加，凡事都包办代替，导致现在的孩子在生活自理方面过度地依赖成人，力所能及的事也不愿去尝试、体验。

幼儿园的孩子们处于被照顾的地位，从入园到离园，老师从未离开幼儿，当他们有事时能及时得到老师的帮助，自主的时间其实很少。但小学生活和幼儿园生活完全不一样，凡事都需要孩子自己独立完成。《3—6岁儿童学习与发展指南》指出："幼儿园教育要与小学教育相互衔接。"因此，通过合理有效的方法让幼儿学会自我管理，从而培养其独立能力、自觉性和自信心，为其顺利地从幼儿园迈向小学生活做好充分的准备工作。案例中课间十分钟活动，以游园的形式让幼儿自由选择参与活动，有助于幼儿逐步形成良好的自我管理能力，通过这样的综合活动，幼儿的独立能力提高了，初步学会了如何管理自我、如何与人合作，为幼儿今后进入小学打下了坚实的基础。

（案例来源：广西幼儿师范高等专科学院实验幼儿园　陈莉芸）

【拓展检测】

1. 小组合作，设计一个幼小衔接主题活动方案(包括主题目标、活动内容、家园合作、区域活动、环境创设等)。

2. 小组查阅资料，以"如何做好幼小衔接家园共育工作"为主题，制作 PPT 进行汇报。

任务三

有序组织大型活动

【情境导入】

李老师是一名毕业不满 3 年的青年教师。今天园长提出幼儿园为了本届大班毕业典礼活动组建一个项目组，由项目组的教师们全面负责此次活动的策划和组织。李老师发现，幼儿园每个学期都会有大型活动：节日庆祝、运动会、阅读节、家长开放日……大型活动对青年教师来说是锻炼策划、组织、协调能力的极佳机会，刚好自己的班级也是毕业班，于是李老师积极主动报名，最后入选了。她既兴奋又忐忑，应该从哪入手，把握什么重点，怎样能让毕业典礼活动顺利而圆满地开展呢？

思考：

1. 你认为大型活动与幼儿发展之间有什么关系？

2. 你认为幼儿可以参与大型活动的策划与组织吗？

3. 如果你是李老师，此次毕业典礼你将怎么策划，如何组织？

【学习概要】

大型活动是幼儿园课程的重要内容，大型活动的组织过程就是幼儿园课程实施过程。大型活动可以为幼儿创设展示自我的平台，促进幼儿整体素质的提升；加强幼儿园与家长、社会的沟通与交流；综合展示幼儿园的教育特色与成果，提高社会美誉度。作为幼儿园教师，应掌握相关的组织策略和技巧。

【学习准备】

1. 文件

《关于大力推进幼儿园与小学科学衔接的指导意见》

2. 书籍

李春玲.幼儿园大型活动组织与策划手册[M].北京：中国轻工业出版社，2015.

北京师范大学实验幼儿园.幼儿园大型活动的组织与实施[M].北京：北京师范大学出版社，2015.

王哼.幼儿园大型活动轻松做[M].福州：福建教育出版社，2017.

📖【学习目标】

知识目标	了解大型活动与幼儿园课程之间的关系，熟悉组织幼儿园大型活动的流程
能力目标	能设计幼儿园大型活动方案，大胆组织活动
素质目标	逐步养成考虑周全、精诚合作、耐心细致的工作习惯

🔦【学习内容与实施】

　　幼儿园大型活动，指幼儿园有目的、有计划，具有一定规模的教育活动。幼儿园大型活动有不同的分类，主要有体育类（体育节、运动会、操节展示等）、艺术类（艺术节、合唱比赛等）、语言类（读书月、故事汇、故事比赛等）、科技类（科技节）、典礼类（毕业典礼、周年庆典活动等）、节日类（三八国际妇女节主题活动、九九重阳节等）、亲子类（亲子运动会、亲子讲故事等）、综合主题类（玩具交易会、捐赠活动等）。

图5-8　春节庙会活动

图5-9　国庆节活动

图5-10　阅读月活动

图5-11　健康周活动

一般幼儿园大型活动的组织流程如下：

一、活动设计阶段

明确活动的指导思想和开展依据，确定活动主题。主动向同事、园领导分享和汇报工作思路，收集大家对方案的建设性意见，使方案更加具有完整性和可操作性；设计并撰写出具体活动方案；发布及解读方案。

需注意的事项：

(一)定位准确。大型活动是幼儿园课程的重要内容，活动的设计应该把"是否有利于幼儿发展"摆在首要位置来考虑。深度思考活动与课程之间的关系，挖掘两者之间相互渗透和延伸的关系。以幼儿为主体，提供机会让幼儿参与设计、筹备甚至组织活动。避免将幼儿置身于活动之外逐本舍末的情况，也不能为了活动效果而组织幼儿机械训练，荒废正常的教育教学活动。

(二)主题突出。明确的主题既能彰显幼儿园的办园理念和课程特点，又使所有活动具备整体性和连贯性。比如以"亲子阅读 其乐融融"为主题的"阅读节"，所有活动以"亲子阅读"为主线逐步开展，"我家有个读书区""故事爸爸妈妈进课堂""亲子自制图书展"等活动都积极呼应了活动主题。

(三)集思广益。大型活动参与人员多，影响范围广，计划要符合周密详尽、责任到人的要求。因此，在有明确的方案思路之后宜多征求同事建议，听取领导指导意见，有益于方案的逐步完善。

【案例 5-8】

大班毕业典礼活动方案

【资源链接】

广西民族大学幼儿园"小勇士之夜"暨大班毕业典礼活动方案

广西民族大学幼儿园"小勇士之夜"暨大班毕业典礼活动录像

图 5-12 项目组讨论、制定活动方案

图 5-13 项目组组长向园长汇报活动思路

图 5-14 幼儿自由组合，商量小勇士之夜想玩的游戏

图 5-15 幼儿准备参加小勇士之夜所需物品

图 5-16 设计小勇士之夜系列活动

图 5-17 设计小勇士之夜勋章

评析：毕业典礼于大班幼儿来说是非常有纪念意义的大型活动。在此方案中幼儿园老师大胆创新，结合《关于大力推进幼儿园与小学科学衔接的指导意见》文件中提出的"身心准备、生活准备、社会准备、学习准备"为幼儿精心策划了一个"小勇士之夜——遇见长大的自己"毕业庆祝活动。"夜空下的松果园""晚安松果园""再见松果园"三个系列活动紧紧围绕"小勇士之夜"这个主题开展，主题鲜明。幼儿可以尝试安排自己晚上的活动，体验与教师、同伴共同生活的乐趣，感受独立照顾自己的成就感，锻炼勇敢不怕困难的品质。既仪式感满满，又实现大型活动与课程相互渗透、相互延伸的效果。

二、活动准备阶段

方案发布以后，相关人员需各司其职做好物质、场地、人员、宣传方面的各项准备。此阶段工作质量直接影响大型活动的最终效果，是考验团队执行力和合作能力的关键环节。物质准备包括购买材料、租用道具、领取物资、检查设备等，场地准备包括查看场地、规划路线、现场布置等，人员准备主要指现场各个环节人员的安排及培训，宣传方面包括海报制作、发放宣传单、邀请嘉宾、联系媒体等。建议以上内容周详地写进方案中，以附件内容呈现。幼儿是活动的主体，要预留空间支持各年龄段幼儿参与活动准备。

需注意的事项：

(一)重视安全，做好预案。幼儿年幼，无自我保护能力，故安全保障是贯穿始终的重要事项。各项准备工作都应该紧紧围绕"安全保障"来实施，主动做好各种事项的应急处置办法，如"突遇雨天怎么办？""幼儿突然身体不适怎么处理？"等。

(二)控制流程，有序推进。可按不同内容设置不同工作组，实施组长负责制。组员各司其职，组长全面负责，按照责任到人——分级落实——反馈协调的思路有序推进工作。

(三)宣传到位，有效联动。除了宣传大型活动的内容、时间、地点，还应该多方式向家长解读活动的意义、活动与幼儿发展之间的关系，支持家长参与策划和组织工作。不仅有益于形成和谐的亲子关系，还能紧密与幼儿园的沟通联系，为活动提供丰富资源，提升社会美誉度。

评析：活动准备阶段，幼儿园组织了班级、年级、行政、家长不同层面的多次会议。最后设置了每班7名"班级全程安全管理员"，2名保健医生，5名后勤人员，园内2名保安和园外2名保安，以及一整晚轮流上岗的"家长护卫队"。精心撰写活动安排、

图 5-18　环境布置组布置户外环境

图 5-19　通过班级 QQ 群宣传活动

图 5-20　家长参与筹集帐篷

图 5-21　召开家长义工会议，明确工作职责

活动调查表、知情同意书、家长护卫队报名表等文案，为活动的顺利开展，也为整个大班年级幼儿的安全提供了有力保障。前期班级教师借助家委的力量向家长广泛宣传活动的内容和意义，得到了家长们的高度认同。家长不仅主动提供帐篷、天文望远镜、防护工具等物资支持，还积极踊跃参加"家长护卫队"工作。这些都得益于与家长的密切沟通。在筹备阶段，幼儿园还为幼儿的参与留出空间和机会，支持幼儿自己安排晚上的活动，选择游戏的伙伴、喜爱的电影、甚至和谁一起睡觉……在充分信任和尊重的心理氛围中，更好地达成活动核心目标"遇见长大的自己"。

三、活动举办阶段

在举办大型活动的过程中，园长往往是总调度、总导演，教职工则是对具体活动的执行者、实施者，所有人按方案各司其职，各负其责，才能保证活动圆满进行。

需注意的事项：

（一）遇事冷静，灵活应对。计划再周密也有可能出现计划外的突发状况，遇事冷静判断，沉着应对，默契配合，确保活动顺利开展。

（二）善于观察，及时反思。活动实施过程中主动观察和思考活动存在的不足之处，留待活动结束后总结和调整。

图 5-22　小勇士之夜之"光影奇幻夜"

图 5-23　小勇士之夜之"开心小剧场"

图 5-24　教师在活动中定点指导、看护

图 5-25　家长护卫队夜间巡查

评析：前期幼儿园已经做了周密的计划，但是在教师们的细心观察下，还是发现了帐篷与帐篷的间距过窄不便于幼儿嬉戏玩耍、晚间草地照明不足的问题，他们及时交流和沟通，妥善地解决了这些小插曲。所有成人按计划各司其职，各负其责，体现了优秀的执行力。活动在幼儿欢快的笑声和歌声里落下帷幕，非常圆满。

四、活动总结阶段

活动结束并不意味着工作完结。总结的目的是为了在今后进一步提高大型活动的质量。在此阶段应充分倾听教职工、幼儿、家长对活动的感受和建议，梳理出有益经验和存在的问题，为今后的活动提供借鉴。

需注意的事项：

（一）宣传及时。活动结束后及时将活动成果通过宣传橱窗和网络平台进行发布，让大家直观了解活动成果，感受幼儿成长。

（二）整理及时。整理包括两方面：一方面收集与活动相关的资料存档，以记录幼儿园保教质量提升和幼儿成长的足迹，也为下一次活动提供借鉴意义；一方面清洁场地、整理物资。本着节约原则保存材料道具，以便再次使用。

（三）总结全面。组织园级、年级、班级、部门等不同层面的总结活动，对团队的配合度、家长的参与度以及该活动对幼儿的发展影响方面做全面总结，成功之处通过撰写经验体会、论文等方式总结，不足之处查找原因，以供下次参考。

图 5-26　小勇士之夜活动总结会

评析：次日 11：00 送别了恋恋不舍的幼儿和家长，全体教工进入总结阶段。按照原方案的安排，大家各自收拾整理物品归位、归库，确保了日常教学秩序不受影响。园长召集各部门负责人、大班和中班年级长开展总结会议，大家对此次活动团队的配合度、家长的参与度给予高度的肯定，提出下一届毕业班开展此类活动可以避免的问题和弯路，为今后工作提供宝贵的借鉴意义。最后，各项工作负责人自觉整理资料交给档案管理员归档。大型活动画上了圆满的句号。

【资源链接】

广西民族大学幼儿园健康周活动方案（系列文档）

【拓展检测】

1. 描述：大型活动的主要功能。

2. 分析：结合案例尝试列举出你组织参与的大型活动的四个阶段及需注意的问题。

3. 分享：结合见实习参与大型活动的经历，分享不同幼儿园策划大型活动的巧妙创意。

4. 实操：尝试策划一个全园中秋节庆祝活动。

悉心关照个别幼儿

【情境导入】

李老师是一名刚毕业不久的新老师，在进行班级活动中，她发现有位自闭症的孩子，跟他说话不会回应。在集体教学活动时，这名幼儿经常跑到其他地方，区域活动时也"乱跑"，不会遵守规则；游戏时注意力不集中、多动，经常对指令充耳不闻；对听故事表示出极端厌烦，并常常以哭闹来表示；肢体协调能力差，对细小的东西格外关注，常常喜欢捏在手中捻来捻去。班组长和家长交待李老师对这名幼儿多照顾，可是，李老师完全不知道该怎么和这位幼儿相处。

思考：

1. 自闭症孩子的行为特征有哪些？

2. 如果你是李老师，你会如何去照顾自闭症的孩子？

【学习概要】

随着融合教育发展，幼儿园逐渐接纳一些特殊的孩子与普通幼儿一起学习、生活。主要有自闭症、多动症、智力障碍的幼儿。本任务讨论的这些特殊幼儿在智力、动作发育等方面存在一定程度的迟缓和异化的情况，感觉统合存在失调，需要幼儿园教师根据孩子的特殊情况和需要进行个别照顾，设计全纳性的又能促进不同发展水平需要的活动。

【学习准备】

文件：《幼儿园教育指导纲要（试行）》《3—6 岁儿童学习与发展指南》《幼儿园保育教育质量评估指南》

【学习目标】

知识目标	了解特殊需求幼儿保教的要点
能力目标	学会观察幼儿的特殊需求，并根据幼儿的特殊需求悉心照料
素质目标	具有照料特殊需求幼儿必备的爱心、耐心、细心

一、自闭症

自团症，又称孤独性障碍，被归类为一种由于神经系统失调导致的发育障碍，其病征包括不正常的社交能力、沟通能力、兴趣和行为模式，是广泛性发育障碍的代表性疾病。自闭症严重损害沟通技能，常以刻板的行为、兴趣和活动为特征，一般 3 岁前发病。自闭症的患病率一般为 2—5 人/万人（幼儿人口），男女比例约为 3∶1 至 4∶1，女孩症状一般较男孩严重。

（一）自闭症的特征

1. 社会交流障碍

社会交流障碍分为社交心理障碍、社交功能障碍、社交情绪障碍，分别表现为与人交往时（尤其大众场合下），会不由自主地感到紧张、害怕，以致手足无措、语无伦次，严重的甚至害怕见人，常称为社交恐惧症、人际恐怖症。其中，有些人主要表现为对异性的恐惧，称为异性恐惧症，在社会交往中缺乏自信，总认为自己不行，缺乏交往的勇气和信心，社会交往中过多地约束自己的言行，以致无法充分地表达自己的思想感情，阻碍了人际关系的正常发展。

2. 语言发展障碍

语言发育落后，或者在正常语言发育后出现语言能力倒退，或语言缺乏交往性质，与人语言交流不能顺利进行。

3. 重复刻板行为

刻板行为是指重复的、固定的、无明确意义的行为。通常，这种行为被打断时，会引发强烈的情绪。

（1）刻板动作。比如，反复甩手、反复玩手指、反复摇晃身体、打头自伤等动作的刻板。

（2）刻板思维。例如，积木必须搭成一条线，数数必须从 1 到 10 不能从中打断，讲故事只讲同一个，必须沿着同一路径回家等。此类刻板行为具有一定的秩序性。

（3）刻板语言。幼儿总是重复同样一句话（有自言自语的性质），唱同一句歌词或只会使用单一词汇，如只能表达打开，什么都是打开，拿起苹果也叫打开，画画也叫打开。此类刻板行为不能将语言灵活运用，尤其表现为句子组织能力弱。

（4）刻板规则。例如，到某一餐馆必须吃某种特定食物，没有的话就会崩溃；或者，游戏玩熟练之后，拒绝更改任何规则。

4. 智力异常

（1）70%左右的孤独症幼儿智力发育低下，但这些幼儿可能在某些方面具有较强能力，20%的患儿智力在正常范围，约10%的患儿智力超常，多数患儿记忆力较好，尤其是在机械记忆方面。

（2）各方面能力的发展显著不均衡，而且发展过程和一般幼儿差异较大。

5. 感觉异常

（1）对某些声音、颜色、食物或光线会产生焦躁不安的情绪或反应强烈。

（2）对冷、热、疼痛的反应很弱，所以对危险行为缺乏警觉及适当的反应。

（3）会不断转动身体或用异常的方法探索物件，把自己沉迷在某种感官刺激中。

（4）表现为多动、注意力分散、发脾气、攻击、自伤等。

6. 社交不足

（1）对外界事物不感兴趣，不太能察觉别人的存在。

（2）与人缺乏目光接触，不能主动与人交往、分享或参与活动。

（3）模仿力较弱，未能掌握社交技巧，缺乏合作性。

（4）想象力较弱，极少通过玩具进行象征性的游戏活动。

（5）语言发展迟缓、有障碍，说话内容、速度及音调异常。

（6）对语言理解和非语言沟通有不同程度的困难。

（7）欠缺口语沟通的能力。

7. 行为异常

（1）在日常生活中，坚持某种行事方式和程序，拒绝改变习惯和常规，并且不断重复同一动作。

（2）兴趣狭窄，会只专注于某些物件，或对物件的某部分、某些特定形状的物体感兴趣。

（3）极少与别人有目光接融，也不会注意别人的表情和情绪变化，更难从言语、行为判断他人的想法和意图或理解别人的感受。

（4）有时候会有不恰当的情感表现和社交行为，如在别人不开心时大笑，在某些场合说些不合适宜的话。

（5）会抗拒某种味道、颜色、未曾吃过的食物，因而形成严重的偏食行为。

（二）自闭症产生的原因

1. 先天异常。幼儿出生时脑部发育或神经系统发育不成熟，导致感知觉发展异常或缺陷；也有器质性因素所导致的，比如脑损伤、幼儿早期患过脑炎、免疫系统遭破坏等；研究表明麻疹、风疹、腮腺炎疫苗接种会增加发病率；免疫系统异常；母亲孕期病毒感染、早产难产产伤等。

2. 遗传因素。如染色体异常、父母性格异常、且单卵孪生子发病率高于双卵孪生子等。

3. 环境因素。家庭中父母脾气暴躁易怒或冷淡固执，家庭环境缺乏温暖且教育方法不当，教养形式化，幼儿缺少支持与鼓励。如父母教育中较多使用打骂或惩罚从而导致不会与人建立正常的联系。

4. 其他因素。美国学者最新研究表明自闭症儿童可能存在金属吸收障碍和排泄障碍。例如吸收障碍会引起人体内部无法正常吸收锌、铁、铜，而这些元素恰好就是大脑发育所需的；汞排泄障碍会致使汞排不出去，然后堆积在大脑中，从而引发自闭症。

（三）自闭症幼儿的保教要点

1. 营造良好的融合教育环境

融合教育不仅是自闭症幼儿与正常幼儿一起活动，更是要注重发展幼儿经验，注重课程整合。在课程设置上，要着眼于自闭症幼儿的经验，他们对世界的好奇探索和了解程度都与他们自身的生活经验相关，要开设既适合正常幼儿的课程，又能让自闭症幼儿共同参与的课程，整合资源。而在教师方面，也要具备一定的专业知识，对自闭症幼儿有一定的敏感度，既不过分关注自闭症幼儿，也不忽略正常幼儿，更不以一概全，用正常幼儿的标准来要求自闭症幼儿。应使用"渐进式的融合"观念，营造良好的融合教育环境。

2. 创造友爱互助的集体氛围

首先，由于孤独症幼儿社交功能受损，不善于主动与其他幼儿进行沟通，为了让他们对集体有归属感和安全感，更应该让其尝试接触其他幼儿，融入集体。在与人的交往中发展语言，增强情感体验。鼓励普通幼儿与自闭症幼儿互帮互助，在与同伴接触中学习常识并建立正常的同伴关系与友谊。引导自闭症幼儿接触人群，走出自己一人的世界，在与同伴接触过程中慢慢感受基本的社交活动，包括与其他幼儿游戏。增强自闭症幼儿的各种情感体验，如得到同伴帮助时的喜悦，受到同伴冷落时的伤感等。同时，要让他们逐渐接纳身边的同伴，普通幼儿也要学会接纳他们。比如，一同玩他们喜欢的玩具或游戏，拉着自闭症幼儿的手带着他们去上厕所等，与正常幼儿建立友谊。

3. 有效家园合作

教师与自闭症幼儿的家长能够积极沟通教育的方式、方法。另外，也需要得到其他正常幼儿家长的支持，所以需要幼儿园向广大家长宣传关于自闭症幼儿的特殊性及表现，让家长了解自闭症这个特殊群体，以及融合教育的好处。

4. 设计科学的融合课程

如生活技能课程，这类课程的设置主要包括自闭症幼儿适当的行为、社会交往、安全和日常生活技能等。培养自闭症幼儿常规养成，如便后、餐前洗手，进餐习惯等，在讲解训练的过程中注意给自闭症幼儿心理调控的时间，幼儿做到教师的要求时可以给予拥抱鼓励。对脾气较差的自闭症幼儿要避免强制训练方法。

5. 利用特殊的教育方法

（1）感觉统合训练法

自闭症幼儿存在某些感知觉统合失调，如前庭平衡失调，导致无法控制幅度较大的动作，常常单脚跳，行走时身体摇晃，无法完成过于精细的动作，手指不灵活；触觉防御强烈，厌恶与他人有身体上的接触；无法准确判断当身体受到外界刺激时应该如何回应，不能感受到疼痛等。通过视觉、触觉、前听觉、本体觉等感知觉训练，可以稳定自闭症幼儿的情绪，增进自闭症幼儿语言的发展，增进社交能力。

（2）游戏疗法

有针对性利用游戏提升专注力、社交、语言能力。如通过音乐游戏锻炼幼儿听觉分辨、反应能力及专注力。触觉游戏，如玩沙缓解幼儿的触觉防御。语言游戏增强幼儿语言表达能力。

（3）艺术疗法

一种是音乐训练：如在初次与自闭症幼儿见面时，教师要展现其亲和力，可以蹲下来握着患儿的手唱《你好歌》，将歌曲中的"小朋友"改为患儿的名字，音调宜轻柔舒缓，这样就能让刚进入陌生环境的自闭症幼儿消除不安的情绪，逐渐对老师放下"戒心"。教师可以让患儿选择一种感兴趣的小敲打乐器来练习，并跟着播放的音乐伴奏。有一部分患儿喜欢节奏比较激烈的爵士鼓，特别是脾气易怒、常有攻击行为的患儿更是偏爱爵士鼓。

另一种是绘画训练，此方法可分为以下阶段：

第一阶段为起始阶段，让幼儿信手涂鸦，画水墨画或手指画，可让自闭症幼儿先画直线，在掌握之后再开始画形状，让他能够根据自己的内心想法来为形状涂颜色，再把各色形状组成一幅图。先由简单的开始入手，再随着幼儿的掌握程度慢慢加大难度，逐渐培养患儿的注意力和自我表达能力。

第二阶段就是探索阶段，教师可以让自闭症幼儿在画纸中画出自己心中的妈妈的形象，也可以是关于妈妈的场景，比如妈妈在洗衣服等，让孩子加深脑海中的亲人形象，逐步建立亲情观念。教师在日常绘画活动中引导自闭症幼儿每次为班上的一个小朋友制作生日贺卡。当有小朋友过生日时就把制作好的贺卡送给他。制作贺卡时，教师要把制作重点放在象征符号和生日留言上，因为这个过程能够让自闭症幼儿意识到自己是集体中的一员。

　　第三阶段是发展阶段，在这个阶段可以准备大小不同、形状各异、材质不同的纸供自闭症幼儿随意撕剪，让他们把撕好或剪好的纸根据自己的想法拼贴在背景纸上，设计成为一幅拼贴画。培养他们的兴趣爱好，激发其潜在的创造力。教师可以让幼儿互相欣赏绘画作品，然后鼓励小朋友们将其作为礼物送给朋友，作为友谊的纪念品。这样自闭症幼儿既可以在展示中感到一种成就感，又能在互送礼物中收获友谊。

　　（4）行为干预法

　　如利用强化法、消退法、转移法、系统脱敏法等行为干预法，让幼儿改正错误的行为，让幼儿的行事方式向更好的方向发展。在帮助幼儿纠正错误行为培养新的技能时，要求教师面对幼儿要保持耐心，循循善诱。

【案例 5-9】

航航变化大

【案例描述】

　　航航是这个学期新转来我们班的小朋友，现在 4 岁半。他 2 岁时就被诊断为轻微自闭症。现在他上午在幼儿园生活、游戏，下午就会去特殊儿童康复中心做治疗。航航性格较孤僻，在语言发展、交往能力、生活习惯、情绪表达等方面都有明显的障碍。

　　开学第一天，我们从园门口接航航入园，他没有哭闹，只是用双手捂着眼睛。早餐后的过渡环节，孩子们都在自主选择区域游戏，航航却"嗖"地一下跑进睡房，任由我们三位老师怎么叫他出来玩他都不理，还越跑越远。我静静地观察着他，发现他在自言自语。我快步走到他身边轻声叫他，听到我的声音他转身就继续跑，他完全没有跟我交流的意愿。我没有放弃，又马上追上他说："航航，叶老师带你去玩玩具好不好？"他还是不理我，但终于不跑了。我刚想牵他的手，他马上又想跑，我立刻安抚他："叶老师只是想牵着你的手带你去玩玩具，我们一起去好吗？"终于，他极轻微地说了句"好"。回到活动室，他自己低着头玩玩具，不主动和身边的小朋友交流，小朋友跟他说话，他也不理睬，只自言自语或自顾自地笑。我屡次和他说话，他眼神游离不回应；我轻轻把他搂在怀里，他拼命挣扎想要逃离。他在集体活动中上总爱发出"叮叮"的声音，还时常跑到窗帘旁，用窗帘把自己裹起来。

　　孩子们离园后，我们开了班级会议，分析了航航的行为及其背后的原因。我们发现航航的行为与刚转来我们班还不适应环境有很大的关系。从航航爸爸那里了解到，自闭症幼儿的行为有刻板重复性，要求身边的事物保持老样子甚至拒绝变动，当环境变动时，他们就会难以接受，甚至出现大哭、大闹等行为。

我们讨论和制定了针对于航航的个别教育策略：

1. 帮助航航建立良好的师幼关系。我们要给予他更多的个别关注，发现和尊重他的需求。经常抱抱他，逐步建立他对于老师的依赖和信任，消除航航对于新环境的不适应。

2. 提高航航的语言及社会交往能力。航航把自己封闭在自我的世界里，不愿与外界交流，所以航航的语言能力发展相对较弱。我们要经常主动和航航交流，从最简单的打招呼开始，到活动中的提问，让他能从被动回应到主动交流。

3. 提高航航在集体生活中的规则意识。在进行集体活动或者将要去户外运动时，在给集体发出指令后，再单独给航航重复一遍指令，如："小朋友，我们准备出去玩啦，请小朋友轻轻走到教室外面排好队。航航，我们要出去玩了，请航航跟着小朋友一起去排队。"帮助他形成在集体中认真倾听老师的要求，逐步学会遵守规则。

一年过去了，航航已经没有跑离集体的情况了，每天都能自己走到教室并与老师打招呼，还能跟老师进行简单的交流，说出自己的需求。集体活动时还能跟着老师一起学本领。进步最大的是和小朋友之间开始有交往和互动，会和小朋友一起玩区域游戏，手牵手一起在户外玩游戏。我相信，只要我们一直坚持耐心地教育航航，他一定会取得更大的进步。

【案例评析】

案例中幼儿具有轻微自闭症，老师们发现这名幼儿的相关行为后，马上采取融合教育的策略，引导这名特殊幼儿的成长。

1. 案例中教师善于观察，并具有教育的敏锐度。发现幼儿不同寻常的行为后，能去寻找原因，发现自闭症幼儿较大的特点在于刻板行为，喜欢遵循原有的方式和环境。因此，一旦环境改变，就会发生激烈的情绪问题。为了让幼儿有安全感，教师从师幼关系着手，让幼儿产生安全感，减轻由于环境变化带来的焦虑，并从自闭症孩子核心问题出发，培养幼儿的语言、社会交往能力及集体意识，进一步培养幼儿朝着"正常化"发展。

2. 案例中教师面对情绪不稳定的自闭症幼儿，具有爱心、耐心，能耐心安抚幼儿情绪，并细心为幼儿创设安全的心理环境，并为其设计个别化的教育方案，为自闭症幼儿融入社会生活、学习做较好的引导。

（案例来源：广西民族大学幼儿园 叶华程）

二、多动症

注意力缺陷多动障碍儿童（ADHD）是一类常见于儿童期的神经发育障碍性疾病，存在着认知功能缺陷，主要表现为注意力和认知功能的损害。幼儿注意力缺陷障碍又称幼儿多动综合征，简称多动症，特发于幼儿学前时期。活动量大是明显症状，注意力缺陷障碍是注意力不集中、参与事件能力差，伴随认知障碍和学习困难等表现的一组综合征。世界卫生组织（WHO）在（国际族所分类（第 10 版）（ICD-1O）中命名本病为幼儿多动综合征。

（一）多动症的特征

1. 注意力缺陷

多动症幼儿的主动注意力保持时间达不到患儿年龄和智商相应的水平。注意力很易受环境的影响而分散，注意力集中的时间短暂。注意对象频繁地从一种活动转移到另一种活动，粗心大意、丢三落四。

轻度注意力缺陷时，可以对自己感兴趣的活动集中注意力，如看电视、听故事等；严重注意力缺陷时，对任何活动都不能集中注意力。

2. 活动过多

多数患儿从幼年起就格外好动。在需要相对安静的环境中，活动量和活动内容明显增多，在需要自我约束或秩序井然的场合显得尤为突出。进入小学后因受到各种限制，表现得更为显著。喜欢危险的游戏，爬高下低。

3. 冲动性

多动症幼儿由于缺乏克制能力，常对一些不愉快刺激做出过分的反应，并常做出不加思考的举动。这些幼儿易被激惹，做事不顾后果，喜欢破坏东西等，表现为：幼稚、任性、自我克制力差；行为不顾后果，甚至可能在冲动之下出现危险举动，如伤人或破坏行为；事后不会吸取教训。在情绪方面，他们要什么，非得立刻满足，否则会哭闹、发脾气；情绪不稳，会无故叫喊或哄闹，没有耐心，做什么事情都急躁。

4. 学习困难

多动症幼儿的智力水平大多正常或接近正常，然而由于注意力有缺陷和活动过度，仍给学习带来一定困难。部分患儿存在认知功能缺陷，如视觉-空间位置障碍，分不清主体与背景的关系，不能分析图形的组合，也不能将图形中各部分综合成一整体，左右分辨不能，以至于写颠倒字，"部"写成"陪"，将"6"读成"9"，"b"看成"d"，甚至分不清左或右。多动症幼儿常未经认真思考就回答，认识欠缺，也是造成学习困难的原因之一。

此外，多动症幼儿有 30%—60% 伴有对抗障碍，20%—30% 伴有品行障碍或焦虑障碍，20%—60% 伴有学习技能障碍。

5. 神经系统异常

半数多动症患儿存在精细动作、协调运动、空间位置觉功能缺陷。动作技巧方面笨拙，如翻手、对指运动、系鞋带和扣纽扣等都不灵便，左右分辨困难，但这些症状随神经系统发育成熟会逐渐好转。神经发育异常的少数患儿伴有语言发育延迟，语言表达能力差。神经心理学测验表明，神经发育异常的幼儿在注意力、记忆力、视运动及概括、推理能力方面有发育障碍。

6. 行为品行问题

多动症幼儿往往不听从父母及老师的管教，好挑斗、打架、说谎、虐待他人和小动物、干扰集体活动。多动症的症状多种多样，并常因年龄、所处环境和周围人态度的不同而有所差异。

（二）多动症产生的原因

多动症产生的原因，目前主要有几种观点：

1. 遗传或先天体质缺陷、器官异常。父母的精神病等遗传因素；母亲怀孕和分娩障碍会不同程度地影响孩子的脑功能，或者感官功能失调，造成孩子先天体质的缺陷，从而导致多动。

2. 铅中毒。有的多动症幼儿则是因为铅中毒，有些孩子过多地吸入了汽油燃烧时含铅的气体。

3. 生活环境影响。研究显示，长期看电视和荧光灯的小量放射作用也与多动症有关。

4. 家庭教育的影响。据调查，多动症幼儿的父母经常干涉孩子的活动，在孩子做错事时多用批评指责甚至体罚等方法，由此引起的焦虑会使孩子产生分心、冲动的表现。这类孩子智力一般正常，但存在与实际年龄不相符合的注意力涣散、活动过多、冲动任性、自控能力差等特征，严重影响到他们的学习。

（三）多动症幼儿的保教要点

1. 行为发生前①

（1）教学环境调整。幼儿问题行为发生之前，通过控制环境设施或改变教学方法等

---

① 徐芳. 融合教育环境下改善 ADHD 幼儿专注行为的研究［D］. 杭州：浙江师范大学，2017：33.

进行的干预。一方面，从地理位置调整该幼儿与其他幼儿的距离，将他的位子调在离教师左/右手边较近的位子，并与其他幼儿的板凳间隔6~8cm，尽量降低该幼儿进行不专注行为的可能性，减少其行为对其他幼儿造成干扰。

（2）提前消耗多动幼儿多余体力。如可以安排做值日生、小组长等，让他帮教师做力所能及的事情。在教学过程中让他帮老师做一些小事情(发书、画笔或者统筹安排教具的使用)，一方面可以让他感受到被老师重视并使他有效地融入了集体；另一方面是通过参与教学活动消耗掉他多余的的精力，促进幼儿的专注力。

2. 行为发生时①

行为发生时的策略调整是指在行为发生时，可根据幼儿行为的特点对其进行干预。

（1）在活动转换或任务分配时给予具体明确的任务或指令。教师在进行任务转接或游戏活动的任务分配时，注意力易分散幼儿无法像普通幼儿一样耐心等待，这也是这些注意力易分散幼儿的特质，即需要时刻进行明确的任务或指令安排，让他随时随地有事可做，保证他在活动中的时间里，没有闲下来想要去做别的吸引老师或同伴注意力的行为。

（2）规则意识培养。幼儿在得到奖励后，无法控制自己的情绪，往往出现大喊大叫、蹦跳等兴奋行为，因此在教学过程中，当幼儿想参与活动时，可允许他做第一个尝试者(在保证他保持安静基础上)，但在他进行活动时，让他服从老师的指令。如果允许他参与活动过程中(明确了任务分配)，该幼儿并没有控制到自己的行为，可以采取剥夺活动特权方式(如果你再这样请你回去到位置上坐好，我再叫其他小朋友上来)，逐渐培养其规则意识。如果幼儿的话与教学活动的内容有关则提示幼儿："现在不是让你回答的时间，等老师让你回答的时候会请你举手，你再回答。"如果无关则可这样回复："好了，我知道你的想法了，但现在是上课时间。"

（3）行为强化法或者消退法。幼儿在遵守规则或者符合常规要求时及时鼓励或者表扬。在幼儿出现为吸引他人注意而产生的多动行为时可以根据情况忽略。

3. 开展多种游戏、艺术活动。艺术创作也是一种愤怒、敌视感觉的发泄，一种自发与自控的行为，能够使幼儿的潜能得以释放。游戏活动是指幼儿利用游戏材料进行游戏或与其他人在情景中开展的游戏，包括积木游戏、沙盘游戏、水戏、玩钻土、乱画游戏、角色扮演等。主要的开展形式有单独游戏、同伴游戏、集体游戏等。目的是通过游戏帮助幼儿释放不良情绪，掌握对疾病的控制能力，并提高应对环境的技能。

4. 感觉统合游戏训练。可以通过视知觉、听知觉、触觉、前庭觉游戏，帮助幼儿提高专注力，改善学习障碍，提高学习能力。

---

① 徐芳. 融合教育环境下改善 ADHD 幼儿专注行为的研究［D］. 杭州：浙江师范大学，2017：34-35.

👤【案例5-10】

小小霸王建筑师

【案例描述】

　　在进行区域活动前的谈话时，黛慕举手说道："李老师，我不是选聪慧馆（益智区）的，我之前选了魔方大楼（建构区），不知道是谁把我的区域牌给换了。"我一看区域牌，黛慕的头像确实不在魔方大楼，这时，欣语也举手说道："李老师，我的区域牌也被小朋友换掉了，我今天是跟黛慕说好一起到魔方大楼搭房子的。"因为小朋友平时是自主选择进区游戏的，随意调换别人的区域牌还是第一次发生，于是我便暂停下来，询问小朋友们："有谁看到是哪位小朋友换了她们的区域牌吗？"小朋友们小声议论着，佳羲开口了："我刚刚选区域的时候，看到覃斯羽把别人的区域牌拿下来了……"斯羽小朋友，患有轻微多动症，目前正在进行干预治疗，在园表现为好动、霸道、任性、攻击性强等。他想要的玩具，就会直接从小朋友手中抢过来；自己想坐的位置小朋友不让坐，就把小朋友抓伤；户外活动时，他想玩的地方别人不让他，就抓着小朋友的手咬……

　　我问斯羽："斯羽，是你把小朋友的区域牌换掉的吗？"斯羽扭扭捏捏站起来："我不想跟她们两个一起搭房子，我想跟王宇航一起去搭我们的附属医院……"哦，原来他还把宇航的区域牌也给换了，我便接着问宇航："你今天愿意到魔方大楼搭房子吗？"宇航摇摇头，然后我对斯羽说："你看，今天选择了魔方大楼的小朋友你不让她们玩，而不想玩魔方大楼的小朋友你又非要他跟你玩，而且都没有经过人家的同意，你觉得这样做对吗？"斯羽摇摇头，不说话了。然后，我跟大家说："小朋友都是自主选择进区，在没有经过别人的同意之前，是不可以随意把别人的区域牌换掉的。请斯羽把三位小朋友的区域牌换回原处，请大家继续区域活动。"我请斯羽到旁边，跟他进行单独沟通。

　　"斯羽，你为什么想跟宇航搭房子，而不想跟她们一起呢？"斯羽："因为我喜欢宇航，他是我的好朋友，而且他搭房子比较厉害。"我说："可是他今天不想搭房子呢，下次你想跟他一起搭房子的时候，你可以先怎么做？"斯羽："应该先跟他说。""是的，斯羽，老师觉得，如果你在选区域前先跟宇航沟通，邀请他今天跟你一起搭医院，或许他会答应你哦！而且你今天随意换掉别人的区域牌是很霸道的行为，也是不尊重小朋友的表现哦，如果你想交到更多的好朋友，要先学会尊重别人，别人才会喜欢你哦！"斯羽："嗯，我知道了！""你也可以尝试跟女孩子一起搭房子，你看，她们俩现在也搭得不错哟！"斯羽："好的！"

　　区域活动进行到一半，我看到斯羽跟或然在一起合作，认真地搭着他们的"医科大附属医院"，另外的两个女孩子在旁边用彩色的木块搭起了一座小房子，配上了小花园，浩然则在他们的中间搭了一座停车场，于是我加入了："斯羽，你们的医院搭得真棒，还有住院大楼和急诊科。唉，你看浩然他在搭停车场，还有黛慕她们，你们看看是不是可以把你们的建筑连接起来，就更像医科大附属医院了呢？"斯羽站起来观察，左右走动，过了一会儿，他对浩然说："浩然，把你的停车场连到我们的住院大楼吧，我们的住院大楼旁边真的就有停车场呢……"后来，斯羽又找到那两个女孩子，用马路串联到她们的建筑，那里就是儿科住院部，还设置了幼儿游乐场供生病的小朋友玩耍，他们的医科大附属医院搭得越来越真实，越来越丰富。区域活动结束，斯羽骄傲地举起小手，兴致勃勃地与大家分享他未完工的"广西医科大学附属医院"……

【案例评析】

案例中幼儿出现不良的行为时，教师及时与幼儿沟通，跟他共同分析事情的对与错，积极引导他与小朋友们友好相处。

在本次区域活动中，教师主要通过以下两点对其进行引导：

1. 斯羽没有经过本人同意，就随意更换小朋友的区域，是不正确的行为，也是不尊重小朋友的表现，过后，老师与他单独沟通，首先是不在集体面前批评他，保护他的自尊心。其次，让他换位思考："如果老师现在取消你去魔方大楼的资格，让你去美术苑画画，你愿意吗？"在得到否定的答案后，让他意识到，自己不可以这么霸道，随心所欲，而应该遵守规则，学会尊重他人。

2. 在区域活动进行中，教师的加入，首先是为了引导斯羽主动去跟小朋友交流，发现别人的优点，女孩子也可以把房子搭得很棒的！其次，引导他完善建构活动，增强了斯羽与小朋友的友谊，他自己也有了对成功和自尊的体验，认识到了自己的能力和价值，并通过分享获得了更多的自信。

除此之外，还需要及时跟家长沟通，请家长配合，家园共育，慢慢地引导他养成良好的行为习惯。

作为一名幼儿教师，我们应该时刻关注到每一位幼儿，在一日活动中，用正确的方式、方法引导幼儿，重视个别教育，给予特殊幼儿更多关爱，让幼儿健康成长，养成良好的生活习惯、行为习惯。

（案例来源：广西医科大学幼儿园　李春树）

【案例5-11】

孩子多动怎么办？

【案例描述】

添添是这个学期才转到我们班的，经过观察，我们发现他常常在活动中随意走动。

集体活动前，我对添添说："添添，等会你跟着老师一起做游戏好吗?"添添欣然地答应说："好的。"可过了一会，添添站起来，独自走到走廊，往楼下看了看说："我的朋友在下面。"配班老师过去对他说："添添，我们要先进来噢!"添添听到就马上回到位置上，但是不到 5 分钟，又离开位置走出活动室了，反反复复直到活动结束。进餐时也这样，东张西望或离开位置去玩别的，老师提醒后会回来。户外活动的时候，和小朋友一起排队，看到滑滑梯就要跑到上去玩，需要老师去提醒才下来。

出现上述行为的原因分析：

1. 自身原因：添添在来我们班前已经确诊轻度全面发育迟滞(多动行为)，不感兴趣的事情没办法集中注意力去完成，自控能力弱。

2. 幼儿园教育原因：添添刚到新班级，跟老师和同伴没有建立足够的信任感和安全感。老师对添添的爱好、兴趣了解不足，还需要进一步摸索跟他沟通的有效方式。

3. 家庭教育原因：添添从小奶奶带大，奶奶很少带添添到外面去和小朋友交往，导致添添交往和沟通能力较差，不能将自己的想法及时说给老师听。在家里也比较随性，没有建立合理的规矩，可以任由他乱跑和随时中断活动。

根据原因提出以下教育策略：

1. 幼儿园教育方面

(1)教师继续耐心、细心地对添添进行引导。多和他聊天，了解他的想法和需要，提高他的语言表达和沟通交往能力。鼓励其他小朋友多主动和添添一起玩，让他熟悉班级老师和小朋友，慢慢建立安全感。

(2)教师继续在游戏中吸引添添积极参与，在活动前把游戏规则先提前告诉他。留意他在活动中的表现，表扬他的点滴进步，给予适当奖励，激发他下次继续能够坚持遵守规则的愿望。

2. 家庭教育方面

(1)鼓励家长继续按照医生的建议陪伴他做感统训练，肯定他的点滴进步。

(2)建议家长多带添添到外面去和小朋友一起交往，培养他适应环境、与同伴友好相处的能力。

(3)建议家长在家制定合理的规则，家人对他的要求一致，坚持鼓励添添努力遵守，让他慢慢有遵守规则的意识。

经过老师、家长的共同努力，现在添添的注意力提高了不少，活动中能够坚持坐在位置上认真倾听 5~10 分钟，听指令的意识越来越强了。平时也很喜欢主动跟老师表达自己的想法，他还交到了固定的好朋友，每天能够一起玩区域游戏、进行交流分享，交往能力也有进步。相信通过家园间的不懈努力，添添会取得更大的进步。

【案例评析】

1. 案例中教师具有耐心、爱心。教师发现幼儿具有多动行为，能耐心引导幼儿，给予幼儿安全感，并不急于要求幼儿改变其行为，而是先合理分析幼儿、幼儿园环境、家庭教育三方面影响幼儿出现"问题"行为的原因后，才根据原因提出相应的策略。

2. 针对多动症关键问题，用多种策略改善幼儿行为。案例中，教师通过师幼互动、游戏活动、家园合作等方式，对幼儿在注意力和规则意识等方面加强引导。同时教师也意识到，多动症孩子最大的问题在于注意力不集中影响学习效果，而原因之一是感觉统合失调。感觉统合失调会影响到视觉、听觉等感知觉的信息接收和过滤，继而影响孩子的学习能力和情绪。因此，加强感觉统合训练，既能帮助幼儿从根本上改善多动症症状，也能提高幼儿专注力。因此，案例中，除了幼儿园教师、家长合作提高幼儿的规则意识外，还通过感觉统合训练，提高幼儿的专注力。

（案例来源：广西民族大学幼儿园　何艳玉）

三、智力发育障碍

智力发育障碍是指智力发育不正常或发育迟缓，明显低于一般人的水平，并显示出适应行为的障碍，简称智力障碍。也有人称为智能障碍、智力残疾、弱智等。尽管有所不同，但都是指那些在思考、学习、记忆和解决问题等能力上有困难的儿童。由于智力发育障碍者在不同程度、病因、技能水平和所需要教育、康复方面存在很多差异，因此，教育学将智力落后分为临界、可教育、可训练和养护对象4类，而心理学则依据个体智力和适应行为与常态人群的差距对质量落后进行分级，分为轻度、中度、重度和极重度4级。以下主要讨论的是中轻度的幼儿。

（一）智力发育障碍的特征及表现

1. 动作发育落后。尤其是那些中枢神经系统有损伤的幼儿，大动作及精细动作都存在问题，大动作发展迟缓，走路姿势僵硬、笨拙，动作不协调，步态异常，甚至缺乏行动能力；精细动作发展水平低，手眼不协调，不能够穿针，不能捏物。

2. 语言能力落后。中轻度智力落后的幼儿由于语言积累缺乏，语言表达的自觉性、主动性不强，在日常生活中不愿说、不敢说成为他们语言能力发展的主要障碍。

3. 生活自理能力差。生活自理能力是指孩子在日常生活中照料自己生活的自我服务性劳动的能力，它是一个人应具备的最基本的生活技能，包括自己穿脱衣服、独立进餐、自己洗脸等。

4. 偏激的心理状态。智力落后幼儿偏激的心理状态表现在极易产生冲动和攻击性行为，或恐惧、胆怯、孤僻和退却等完全差异性特征。

（二）智力发育障碍产生的原因

1. 遗传或大脑器质性病变引起智力落后。如父母的精神病等遗传因素；染色体变异；后天疾病引起大脑功能性障碍，如脑膜炎等。

2. 母亲怀孕时期不良的环境或者习惯会不同程度地影响孩子的脑功能，或者感官功能失调。

3. 生活环境影响。出生后不良的生活环境，如空气污染等环境影响。另外，父母教养方式，如父母经常暴力对待孩子，孩子长期情绪压抑，或者长期缺乏大脑外界信息刺激。

（三）智力发育障碍的保教要点

1. 家园共育，加强智力落后幼儿的生活自理能力。幼儿园要和家长一致，积极引导幼儿生活能力的培养。根据幼儿的认知能力和水平设计具体的教学内容，这种做法既体现了个别化原则又有助于他们能力的提高；提高认知课程的比重，幼儿的认知发展是其适应能力等发展的基础，是幼儿缺陷补偿的关键；重视实践，学会一些适应社会的简单技能，让他们实现生活自理。

2. 提供智力落后幼儿语言表达机会。利用生活情境激发幼儿的表达主动性，积累词汇；利用教学引导幼儿的语言规范性，如利用语言的范式，"因为……所以……""一边……一边……"等句式，加强智力落后幼儿语言运用的有效性。

3. 利用游戏，引导智力落后幼儿正常的情感体验。如通过角色扮演游戏，引导幼儿感受与同伴交往的快乐，及角色的不同情绪情感，建立稳定的情绪。通过触觉、视觉、听觉等感知觉游戏加强智力落后的感知体验，打通感觉通路，通过感官游戏信息刺激大脑神经，提升智力落后幼儿的智力。

【案例5-12】

红红拥抱我了

【案例描述】

红红6岁半，转到我们班已经有一段时间。他各方面水平都低于同年龄阶段的孩子，如，还不会穿衣，让他自己穿衣服，有时候手伸不进袖子，或者扣不住扣子，或者扣好扣子后左右不对齐的，甚至有时候拿起衣服就穿，却穿成了领子在腰上，腰爬到了脖子上……画画还像小班幼儿一样胡乱涂鸦。注意力不集中，视听不灵敏，说话经常不完整，有些字词发音不准确。事物辨认能力低，情绪不稳定，会打人、咬人。

红红已经确诊有轻度智力障碍，伴有感统失调。通过观察红红的发展情况，和家长讨论后，我们认为红红的教育必须和家庭一起合作才能更有效。家长带红红继续去特殊儿童中心进行专业干预治疗和感统训练，幼儿园主要从生活、学习方面着手与家长一起提高红红的能力。

首先，加强红红的自理能力。班里老师通过儿歌的方式，利用衣饰架，一步步练习如何穿衣、扣扣子、拉拉链，最终红红能自己穿衣服。平时教师会注意多关注、鼓励红红，如鼓励他帮助老师一起拿餐具、收拾餐桌、洗杯子等生活事物，并大声表扬、鼓励红红，也会给红红一张贴纸或者抱抱表示对他的肯定。另外，也与家长合作，请家长在家中给幼儿独立自主生活能力练习，不包办、不代替。现在红红会主动帮助老师，他的生活能力、卫生习惯也有所提高、改善。

其次，加强红红的表达能力。在平时谈话活动、集体教学活动、区域活动中，我们都会鼓励红红参与到活动中，并给予他机会表达自己，引导他把话说完整，利用绘本等阅读活动，提供更多的词汇和表达方式。老师们也特别注意在生活中随时给红红强化生活性词语，如餐前介绍食谱，与红红交流喜欢的食物等。注意到红红视听等失调问题，经常邀请红红去音乐区、美工区、阅读区等，通过音乐游戏、绘画、阅读等方式改善他的视觉、听觉灵敏度，提高红红的专注力。

经过老师们的努力，红红在认知、专注力、动作发展方面都有所改善。这一天，红红离园时跑过来拥抱了我和另一位老师，我们都高兴极了，眼眶都红了。得到红红的认可，我们也更有信心了。

【案例分析】

特殊幼儿的教育，不仅是需要教师去完成的，更需要家长、心理学工作者、医生、特殊教育老师、社会工作者等人员共同参加。因为需要医学方面(如幼儿的视力、听力、神经系统检查等)、教育方面(如幼儿在幼儿园中的表现和同龄幼儿的交往、学习兴趣等)、心理方面(如幼儿的智力、适应行为、注意力、个性特征等测查)、社会方面(如幼儿的家庭成员状况、生活环境等)情况的评估诊断，找出原因，才能更好提出有针对性的策略，帮助特殊幼儿。

案例中教师抓住智力障碍幼儿的关键问题，从语言交往能力训练：理解别人简单的指示和命令，并表达自己简单的要求和愿望；认知能力训练：提升幼儿认知能力，增加生活常识主要包括颜色、形状、自然常识，认识自己周围的人和事；生活自理能力训练：使幼儿具有初步的生活自理能力和卫生习惯。

另外，还可以配合红红的感统治疗，加强红红的动作训练，包括大肌肉动作和精细动作。如，红红入园时可以鼓励红红多在户外活动，由家长或老师指导他进行一些运动，为了让他感兴趣，也使训练更有针对性，需要加入器械，如平衡脚踏车、滑板、跳绳等。增加他的户外活动时间，通过一些平衡、钻爬、跑跳等游戏改善红红的感统失调和专注力问题。多鼓励幼儿的社会交往，通过游戏发展幼儿的社会认知、社交能力，提高幼儿情绪能力。

【拓展检测】

请小组合作，选择自闭症、多动症、智力障碍、体弱儿等其中一种进入幼儿园实习观察，并围绕该类型幼儿的行为表现、幼儿园教师个别照顾的内容及方法、你的建议等内容，做一份观察报告。

参 考 文 献

1. 书籍

[1]左志宏．幼儿园班级管理[M]．上海：华东师范大学出版社，2015.

[2]张富洪．幼儿园班级管理[M]．上海：复旦大学出版社，2012.

[3]侯娟珍．幼儿园班级管理[M]．北京：北京师范大学出版社，2019.

[4]刘娟．幼儿园班级管理[M]．南京：南京大学出版社，2020.

[5]曹冬．幼儿园安全管理与教育[M]．北京：北京师范大学出版社，2015.

[6]张金陵．幼儿园班级管理[M]．上海：华东师范大学出版社，2015.

[7]晏红．幼儿教师与家长沟通之道[M]．北京：中国轻工业出版社，2018.

[8][美]劳拉·E·伯克．伯克毕生发展心理学——从0岁到青少年[M]．陈会昌，译．
北京：中国人民大学出版社，2018.

[9]刘云艳．给幼儿园教师的101条建议(幼儿心理健康教育)[M]．江苏：南京师范大
学出版社，2014.

[10][美]安·S·爱泼斯坦．学前教育中的主动学习精要——认识高瞻课程模式[M]．
霍力岩，等译．北京：教育科学出版社，2019.

[11][美]汤普森，格蕾斯，科恩．朋友还是敌人？儿童社交的爱与痛[M]．钟煜，译．
北京：中国人口出版社，2017.

[12][美]汤普森，科恩，格蕾斯．妈妈，他们欺负我——帮助孩子解决社交难题[M]．
游戏力翻译组，译．北京：中国人口出版社，2017.

[13]朱家雄．家园沟通实用技巧[M]．上海：华东师范大学出版社，2013.

[14]曹宇．幼儿园班级管理技巧150[M]．北京：中国轻工业出版社，2011.

[15]施燕．幼儿园新教师上岗手册[M]．上海：华东师范大学出版社，2012.

[16]陈时见．幼儿适应性发展课程指导手册[M]．桂林：接力出版社，2011.

[17]雷湘竹．接力宝贝生活渗透式课程资源教师用书[M]．桂林：接力出版社，2016.

[18]何桂香．成长在路上——幼儿园新教师必读[M]．北京：农村读物出版社，2016.

[19]福建幼儿师范高等专科学校附属第一幼儿园．幼儿园管理实用手册[M]．福州：福

建教育出版社，2016.

[20]朱敬．幼儿教师的信息素养[M]．北京：北京师范大学出版社，2018.

[21]李春玲．幼儿园大型活动组织与策划手册[M]．北京：中国轻工业出版社，2015.

[22]北京师范大学实验幼儿园．幼儿园大型活动的组织与实施[M]．北京：北京师范大学出版社，2015.

[23]王婷．幼儿园大型活动轻松做[M]．福州：福建教育出版社，2017.

2. 论文

[1]邱源子．学前教育硕士研究生应对幼儿园突发事件能力研究[J]．科技视野，2015：69.

[2]占毅．关于校园应急演练亟须常态化的思考[J]．中国职业技术教育，2010：38-40.

[3]寇丽平．张小兵．论中小学校园突发事件应急能力建设[J]．中国人民公安大学学报，2013：69.

[4]程秀兰，赵炎朋．幼儿园安全管理的现状、问题及解决对策[J]．学前教育研究，2018(12)：3-13.

[5]宁艾伦．幼儿教师人际关系与自我效能感和职业倦怠感的相关关系研究[D]．哈尔滨：哈尔滨师范大学，2020.

[6]叶鑫苗，张金荣，徐楠，王璐莹，王晨瑜．幼儿园组织氛围对教师情绪劳动的影响[J]．幼儿教育，2018(30)：21-23.

[7]李冬辉，李燕．幼儿园集体教学活动中的师幼互动研究[J]．新课程学习(上)，2012：182.

[8]陈玉妹．在教学中如何实现良好的师幼互动[J]．福建教育，2014：8-9.

[9]张卫民．做一名美丽的幼儿教师[J]．家庭与家教(现代幼教)，2009：39-40.

[10]揭月玲．幼儿社会交往能力的培养[J]．基础教育研究，2020.

[11]贾云，尹坚勤，吴巍莹．同事间信任对幼儿园教师消极情绪的影响：职业延迟满足的中介作用[J]．学前教育研究，2021(6).

[12]杨余香，邹鲁峰，刘媛媛，杨洁琼，黄会敏，吴克芬，张艳霞，钟敏，钱志平，崔玉良，王保萍．如何看待幼儿园同事之间的分歧与矛盾[J]．早期教育(教师版)，2009(Z1)：29-31.

[13]高川．早期教育康复对智力落后儿童生活自理能力的影响[J]．绥化学院学报，2013(1).

[14]张莉．幼儿园班级一日活动安全管理常见问题研究[D]．昆明：云南师范大学，2021.

3. 文件

［1］《幼儿园工作规程》（2016 年）

［2］《幼儿园教育指导纲要（试行）》

［3］《3—6 岁儿童学习与发展指南》

［4］《幼儿园教师专业标准（试行）》

［5］《中等职业学校学前教育专业教学标准（试行）》

［6］《幼儿园保育教育质量评估指南》

［7］《学龄前儿童（3—6 岁）运动指南》

［8］《幼儿园卫生工作条例》

［9］《中小学幼儿园安全管理办法》

［10］《中华人民共和国突发事件应对法》（2007 年）

［11］《国家突发公共事件总体应急预案》（2006 年）

［12］《幼儿园卫生保健制度》

［13］《托儿所幼儿园卫生保健工作规范》

［14］《教育部关于大力推进幼儿园与小学科学衔接的指导意见》